Marga Sánchez Romero

Prehistorias de mujeres

imago mundi

Marga Sánchez Romero

Prehistorias de mujeres

Descubre lo que no te han contado sobre nosotras

Prólogo de El Barroquista

Ediciones Destino Colección Imago Mundi **Volumen 337**

Ediciones Destino, un sello editorial de Editorial Planeta, S. A.
Avda. Diagonal, 662-664, 08034 Barcelona (España)
www.planetadelibros.com
www.edestino.es

Primera edición: octubre de 2022
Primera edición en esta presentación: noviembre de 2024
ISBN: 978-84-233-6645-3
Depósito legal: B. 17.975-2024
Composición: Realización Planeta
Impresión y encuadernación: Gómez Aparicio Grupo Gráfico
Printed in Spain - Impreso en España

A mi madre.
A mis chicos.
A las Pastwomen

Que nada nos limite, que nada nos defina, que nada nos sujete. Que la libertad sea nuestra propia sustancia.

SIMONE DE BEAUVOIR

ÍNDICE

Prólogo de la autora

UNA TRAYECTORIA SORPRENDENTE

Cómo escribir este prólogo sin que suene presuntuoso. No sabes la de veces que lo he empezado, que he procrastinado con esta tarea. No porque no me hiciera ilusión, ojo, he vivido con una enorme alegría cada una de las ediciones de *Prehistorias de mujeres*. Y esta es aún más especial. Si las demás han sido siempre cuidadas y mimadas, incluyendo la edición de bolsillo, en esta verás que hemos dado algo de glamur a estas mujeres, algo que siempre se agradece.

Ahora toca pensar en qué ha pasado en estos dos años con este libro, repasar lo vivido junto a estas mujeres, porque han pasado muchas cosas buenas y bonitas.

Durante este tiempo, hemos viajado por toda la geografía española, hemos recorrido juntas más de cincuenta ciudades y pueblos, hemos estado en librerías, en bibliotecas, en clubes de lectura, en festivales literarios, en universidades, en museos, en ferias del libro... Hemos conversado con la gente y contado sus historias en lugares con varios cientos de personas o con aforos de no más de quince. Estas mujeres han aparecido en los principales medios de prensa escrita nacional y en periódicos locales o provinciales, en los programas de radio más escuchados de este país y en pódcast para todo tipo de audiencias, o en directos en Instagram. Y ahí siguen, llamando la atención y siendo requeridas aún hoy. Nunca agradeceré bastante el hueco y el cariño que se les ha dado a estas mujeres en los medios de comunicación.

En estos dos años he respondido muchas preguntas, algunas hechas desde el asombro y la curiosidad por los datos desconocidos, otras molestas porque nadie les había contado esto antes, otras reivindicativas y orgullosas, felices porque alguien estaba corroborando algo que ellas ya sabían. Preguntas interesadas desde lo intelectual y desde lo cotidiano, desde las experiencias propias o desde la emoción. Durante el primer año y medio de publicación del libro, todos los días me llegaban a través de redes sociales comentarios y fotografías. Incluso hoy, dos años después de su primera publicación, es rara la semana que alguien no sube una foto y hace alguna observación. He recibido imágenes de estas mujeres en la montaña, en la playa, frente a una chimenea, en su sofá, en una mesilla de noche o en el metro. Desde el templo de Ramsés III en Luxor, una librería mexicana o una plaza de Roma. Comentarios sobre lo que les estaba gustando, sobre lo que les había descubierto, sobre lo desconcertadas que estaban. Me dicen que han empezado a leerlo y que no pueden parar. Me cuentan que leyendo el libro se han cabreado, reído, emocionado, llorado, indignado..., igual que yo lo hice cuando lo estaba escribiendo.

Una de las cosas que más orgullosa me hace sentir es que el éxito del libro se debe en buena parte al boca a boca. Estas mujeres se han compartido entre amigas, entre madres e hijas, entre compañeras de trabajo, incluso entre hermanas que se lo han regalado entre ellas el mismo día, tal como te lo cuento. Pero también muchos hombres, sí, hombres que han llegado al libro por casualidad, porque estaba en casa, porque han oído una entrevista en la radio y les ha entrado la curiosidad o por diversos intereses profesionales y personales.

He vivido situaciones de lo más sorprendentes y emocionantes, como estar en casa un mediodía de julio del año pasado, tener puesta la tele de fondo mientras preparábamos la comida y oír a Antonio García Ferreras decirle a José Luis Rodríguez Zapatero en «Al rojo vivo» que, por lo que comenta, ha debido de leer *Prehistorias de mujeres*, y que este diga que sí, que por supuesto. Casi me ahogo con el vino de la impresión. O la media hora larga de conversación que tuve con el expresidente, que me llamó para decirme que había incluido la lectura del libro en su discurso como *honoris causa* en la Universidad de León.

Pero no lo es menos que compañeras y compañeros de profesión me hayan comentado lo felices que están de ver a la gente leyendo un libro que habla sobre prehistoria. Que se entienda que lo que hacemos, que el conocimiento que generamos es relevante para la sociedad actual, aunque lo que estudiamos sucediera hace miles de años.

O profesoras y profesores de todos los niveles educativos contándome que lo utilizan en clase porque es una prehistoria cercana y diferente. Incluso hay quienes lo han utilizado para prepararse las oposiciones y, por lo que cuentan, no les ha ido mal del todo.

Y a madres y padres que leen el libro con sus hijos e hijas y que lo comentan.

Si es la primera vez que te acercas a estas mujeres, te cuento lo que he querido hacer: con *Prehistorias de mujeres* deseaba relatar algo que me ha preocupado desde el principio de mi investigación, a saber, cómo es posible que hayamos construido la historia de quienes somos, la que enseñamos en los colegios e institutos, la que contamos en los grados y másteres universitarios, la que mostramos en los museos... sin hablar de las mujeres. Sin hablar de los trabajos, de las experiencias y de los conocimientos de las mujeres. ¿Cómo es posible? ¿Cómo es posible que las mujeres solo aparezcamos desde el estereotipo, la idea preconcebida o el lugar secundario? ¿Por qué?

Como te explicaré en estas páginas, desde sus inicios como disciplina científica en la segunda mitad del XIX, la Arqueología ha generado imágenes y discursos sobre las mujeres que aún hoy, en el siglo XXI, nos siguen instando a permanecer en determinados lugares porque ha sido así desde el principio de nuestra historia. Si la desigualdad existe desde el principio, si es inherente a lo que somos como especie, si hemos sido siempre así, ¿qué posibilidad, qué capacidad tenemos para cambiarlo?

La reflexión acerca de cómo la Arqueología nos ha cancelado vertebra todo el libro. Intento explicar cómo se nos ha estereotipado, con la creación de iconos universales, como las denominadas «venus» paleolíticas, para referirse a cualquier representación de mujeres en cualquier momento y lugar de la prehistoria, relegándonos al ámbito de la reproducción o de la sexualidad, poco más. Se nos ha negado mediante la creación de discursos en los que las mujeres no estamos en determinadas actividades, conocimientos o prácticas que, casualmente, han sido erigidas como las fundamentales para la transformación histórica. Así que las mujeres no cazamos, no trabajamos en determinadas tecnologías, no participamos en la creación de arte rupestre, viajamos más bien poco y nunca estamos en el frente de batalla. Y nos ha invisibilizado porque, reconociendo nuestra presencia en actividades relacionadas con el cuidado y el mantenimiento de las sociedades, han considerado a estas como irrelevantes, y no dignas de formar parte de la historia de quienes somos. Claro, ¡cómo vamos a poner el cuidado en el centro de nuestra vida social, política y económica!, mejor dejarlo así, escasamente valorado en cualquier ámbito, no sea que tengamos que empezar a reconocer lo que significa y lo poco que duraríamos sin su práctica.

Y todo ello, esto es lo mejor, con mínimo o nulo conocimiento científico detrás.

Pero verás que yo soy optimista por naturaleza, una optimista informada y consciente de lo que la ciencia puede hacer por nosotras. Y, buenas noticias, la misma disciplina que nos ha situado en esos lugares es la que nos permite en la actualidad reivindicarnos y visibilizarnos, porque, junto con nuestra capacidad de obtener datos como nunca se ha conseguido antes con el uso de la bioarqueología, hemos hecho algo mucho más importante: plantearnos preguntas distintas. Es verdad que ahora el ADN, los isótopos o la antropología física nos permiten acercarnos a la biografía de una persona en concreto, pero es que ahora, además, estamos preguntando por nosotras, y no solo por nosotras las mujeres, también preguntamos por los niños y las niñas, por las personas de edad avanzada, por las personas con distintas capacidades... Estamos preguntando por quiénes somos. De nada sirve la capacidad analítica que poseemos si seguimos leyendo el registro arqueológico, la cultura material de las sociedades del pasado, de la misma forma, sin entender que somos tan eficientes y tan competentes como la diversidad que seamos capaces de reconocer y valorar. Porque cuantas más miradas distintas podamos aportar, más capaces seremos de salir adelante.

Al final del libro tienes un capítulo dedicado a los agradecimientos. No los voy a reiterar aquí, pero sí que quiero sumar a todas y cada una de las personas que os habéis acercado a estas mujeres, que habéis considerado que tenían algo que contarnos, que pensáis que son relevantes para saber quiénes somos.

Y ahora también a ti, que tienes este libro en tus manos. Gracias.

Prólogo

LA PREHISTORIA CONTRA EL MASCULINO GENÉRICO

La prehistoria es el periodo histórico más importante que ha vivido la humanidad.

Esta frase no es una hipérbole. Incluso para un historiador del arte como yo, que ha desarrollado siempre su trabajo bastante lejos de esta parte de nuestro pasado común, resulta evidente el apabullante peso histórico que tiene esa larga etapa de nuestra especie que se desarrolló antes de la invención de los sistemas de escritura y que, con cierto romanticismo, todavía llamamos *pre-historia*.

La primera y más evidente muestra de la importancia de la prehistoria como capítulo humano se refiere a su inabarcable magnitud. Nuestra especie comenzó a codificar gráficamente la comunicación a diferente ritmo en las distintas partes del mundo desde hace aproximadamente 6.000 años, aunque existe debate sobre algunas muestras anteriores de protoescritura y su función exacta que podrían adelantar dos o tres milenios las primeras expresiones del lenguaje escrito. Pero incluso con el arco cronológico más generoso, la escritura es algo tremendamente reciente en el devenir de nuestra especie, ya que no se remonta más allá de 10.000 años. Si tenemos en cuenta que los restos más antiguos encontrados de *Homo sapiens* tienen alrededor de 200.000 años de antigüedad, en comparación la escritura parece poco menos que una anécdota en la historia del planeta, y eso sin tener en cuenta a nuestros parientes homínidos anteriores a nuestra especie.

Pero la prehistoria no solamente es clave por haber sido la etapa más larga de nuestro pasado. Es también la más importante a efectos de los avances experimentados por nuestra especie en un lapso de tiempo tan dilatado. Durante la prehistoria emergió y triunfó el *Homo sapiens*: desarrollamos nuestra capacidad para contar historias y la utilizamos para crear mitos que explicasen nuestro origen y nuestra evolución; revolucionamos el planeta en el que vivimos, convirtiéndonos en la especie hegemónica en su ecosistema global; aprendimos a desarrollar los mejores productos de nuestra mente, como el arte, y también los peores, como la guerra; creamos todo tipo de herramientas, dominamos el fuego, diseñamos nuestras primeras viviendas y desarrollamos nuestra capacidad para alimentarnos de los productos de la naturaleza; elevamos el nivel de complejidad de nuestros sistemas de organización social y dimos lugar a las primeras estructuras culturales complejas; en definitiva, por seductores que sean muchos hallazgos e inventos importantes de nuestras etapas históricas, como la imprenta, la máquina de vapor, la exploración espacial o internet, su importancia se relativiza si tenemos en cuenta todo lo que, como especie, hicimos en las diferentes partes del mundo durante la prehistoria.

Puede decirse, sin sombra de duda, que la larga prehistoria es la etapa en la que los seres humanos nos convertimos en lo que somos y en la que definimos la mayor parte de las características con las cuales nos identificamos. Si esto no resulta más evidente para la mayor parte del público se debe, principalmente, a que, además de ser el más extenso de los periodos en los que hemos dividido la historia para su estudio, es también el que peor conocemos, sobre todo por la falta de testimonios escritos. Aunque también es bueno que reconozcamos que parte de la escasa comprensión de esta etapa tan importante se debe al papel relativamente menor que se le da en los currículos educativos (más centrados en elementos culturales más recientes que tengan un mayor valor identitario en el presente) y en los programas divulgativos (más ocupados en difundir los vistosos y sofisticados productos de culturas e imperios más recientes).

Por otro lado, dada su característica falta de documentos escritos, la prehistoria ha sido también un campo abonado a un relato basado en hipótesis deductivas, más o menos interesadas, pronto convertidas en clichés y tópicos. Y ahí, precisamente, es donde este libro de Marga Sánchez Romero viene a colocar las cosas en su sitio. Porque si resulta evidente que los diferentes periodos de la historia son con frecuencia presa de todo tipo de sesgos ideológicos, involuntarios o deliberados, imaginemos lo que ha ocurrido durante siglos con el estudio de la prehistoria, una etapa en la cual ni siquiera contamos con la fuerza probatoria de los documentos como herramienta correctora de todo tipo de excesos y simplificaciones.

En el relato común de la prehistoria, que está tan asentado que incluso se ha trasladado a ficciones de gran éxito popular, se han validado abundantes clichés sin base científica relativos al reparto de tareas, las diferencias de roles y ámbitos sociales e, incluso, el desarrollo de las actividades creativas y rituales de los pueblos que nos antecedieron. Durante décadas de estudio de esta parte de nuestro pasado, la prehistoria se ha visto como una hoja en blanco en la cual se podía teorizar sobre prácticamente cualquier cuestión sin tener en cuenta la necesidad de pruebas tangibles, con el amparo de que todas esas teorías eran difícilmente refutables de manera sólida ante la falta de evidencias que documentasen su error.

A estas alturas a nadie debería sorprender que las principales damnificadas en ese relato consolidado de la prehistoria hayan sido las mujeres y su papel anónimo dentro de las sociedades del pasado anterior a la escritura. Relegadas, marginadas y oscurecidas, la figura femenina en la prehistoria se ha convertido tradicionalmente en un acompañamiento necesario, pero siempre secundario. Desde el tópico del «hombre de las cavernas» hasta el concepto de *ancestro*, un término que según el diccionario de la Real Academia Española no admite forma femenina, se ha silenciado de manera muy eficiente el papel de las mujeres y su colaboración con sus congéneres masculinos en esa larga lista de avances que tuvieron lugar durante la prehistoria. Si su presencia en el relato dominante de las etapas históricas ya ha sido tradicionalmente marginal, la facilidad para borrar a las mujeres de la historia de un periodo tan extenso, en el cual no recordamos apenas nombres y no existen textos que las puedan reivindicar, ha supuesto un verdadero arrase del papel femenino.

Así es como se nos ha contado una prehistoria en la que los hombres son fornidos cazadores y las mujeres se ocupan del espacio doméstico, un reparto de roles de género que responde mucho más a los clichés y tópicos de las sociedades machistas del presente desde el que se inventaban esos relatos sobre el pasado que a las evidencias arqueológicas sobre las culturas prehistóricas. El relato académico consolidado que nos ha llegado sobre la prehistoria se ha centrado mucho más en reflejar, como si fuese un espejo, las desigualdades y discriminaciones propias de la edad contemporánea que en despejar las incógnitas sobre esta etapa con ojos limpios y evidencias científicas. Se nos ha contado que las mujeres estaban allí, porque sería demasiado absurdo negarlo, pero desde luego no se les ha concedido el menor margen de protagonismo en aspectos que no fuesen estrictamente relativos a los espacios domésticos. Y cuando lo han tenido, porque los relatos conservados evidenciaban una identidad femenina fuerte, han sido rápidamente estigmatizadas o encajadas en el cliché de la transgresión.

Esta realidad es más grave de lo que pueda parecer a simple vista. Porque quizá creas que la prehistoria es una etapa tan distante a nuestro tiempo que no nos afecta demasiado lo que se pueda decir sobre ella. Pero si consideramos que estas explicaciones se han utilizado constantemente como herramientas para justificar y consolidar todo tipo de desigualdades y discriminaciones, como si su existencia respondiese a una suerte de orden natural y la prehistoria fuese el aval que consolida esas creencias y actitudes, tendremos una visión más precisa de la magnitud del problema.

En el imaginario consolidado, fueron homínidos de sexo masculino quienes dominaron el fuego. Fueron hombres prehistóricos quienes cazaron y recolectaron para alimentar a su progenie. Incluso en las primeras creaciones artísticas, tanto pictóricas como escultóricas, a pesar de tratarse de tareas que podrían haberse asignado con mayor facilidad a las mujeres según el esquema machista de análisis del pasado, puesto que no están tan desligadas del ámbito doméstico, tanto las esculturas prehistóricas de mujeres como las pinturas rupestres se han atribuido sin mucho pudor a hombres hasta que la reciente evidencia científica ha permitido poner en duda esta idea preconcebida.

Podemos decir que en ningún periodo de la historia el masculino genérico ha hecho tanto daño como en la prehistoria.

Por todo lo anterior, el trabajo de Marga Sánchez Romero que tienes entre tus manos es fundamental. No solo para luchar contra estereotipos que no tienen ninguna base científica, aunque esta misión la ejecute a la perfección desde su dilatada experiencia como investigadora. Tampoco para devolver a las mujeres el papel y la voz que se les ha robado, como la autora declara en su introducción al libro. Estas tareas son fundamentales, desde luego, y este libro las desarrolla con brillantez narrativa y absoluta solvencia académica.

Pero, en realidad, lo más importante que aporta *Prehistorias de mujeres* es que, cuando termines su fascinante lectura, tendrás un conocimiento más completo y profundo de la prehistoria. Básicamente porque, esta vez, nadie te ha robado la mitad del conocimiento y lo ha escondido para que no llegue a ti. Esta vez vas a poder ver la fotografía completa de la prehistoria. Y te anticipo que es apasionante.

Miguel Ángel Cajigal Vera

GRAVETIENSE (31.000-23.000 a.C.)

MAGDALENIENSE (18.000-10.000 a.C.)

CULTURA DE EL ARGAR (2.200-1.550 a.C.)

CULTURA ÍBERA (750 a.C.-0)

PREHISTORIA

Laetoli 3,6 millones de años

Lucy 3,2 millones de años

Chica de la Gran Dolina 800.000 años

Benjamina 530.000 años

Denny 90.000 años

El Sidrón 49.000 a.C.

Hohle Fels 35.000 a.C.

Willendorf 23.000 a.C.

Lauregie-Basse 14.000 a.C.
Kfar HaHoresh 13.000 a.C.
Hilazon Tachtit 10.000 a.C.
Wilamaya Patjxa 7.000 a.C.

Cueva de Els Trocs 5.300 a.C.

Fleury-sur-Orne 4.000 a.C.

Eulau 2.600 a.C.

Egvedt 1.400 a.C.
Pueblos Sausa 1.300-1.530 a.C.

Cerrillo Blanco s. VII a.C
Vix s. V a.C.
Zeneloje s. IV a.C.
Dama de Baza s. IV a.C
Afrodita de Cnido 360 a.C.
Baecula 208 a.C.
Sant Miquel de Llíria s. II a.C.

0

HISTORIA

Amantes de Módena s. IV d.C.

Oseberg s. IX d.C.
Birka s. X d.C.

Catalina Muñoz Arranz 1936

2022

INTRODUCCIÓN

Este no es un libro sobre la prehistoria. O sobre las mujeres en la prehistoria. Empezamos bien, me dirás. En realidad, es un libro sobre las mujeres de hoy y sobre cómo la historia y la arqueología nos han ido situando en lugares poco visibles y marginales, cómo nos han definido y cómo nosotras hemos asumido esos lugares. La premisa que pretendo demostrar es muy simple: las mujeres hemos participado en la vida social, política, económica y cultural en todas las sociedades a lo largo de la historia. Pues vaya novedad, me dirás. Y yo te contestaré: No creas que está tan claro.

Hace unos años, en un seminario que impartía sobre arqueología y mujeres, reivindicaba el feminismo como teoría fundamental para estudiar a las poblaciones del pasado y contaba cómo las distintas sociedades habían generado diferentes estrategias para lograr que las mujeres no quisiesen ser feministas. Entonces un par de alumnos comentaron que quizá lo mejor sería dejar de llamarlo «feminismo» porque tenía demasiadas connotaciones negativas. En ese momento pensé: ¡Qué eficaz es el patriarcado! Ha logrado desvincular a muchas mujeres de la lucha feminista haciéndoles creer, de forma absolutamente intencionada, que el feminismo es una ideología motivada únicamente por el resentimiento, que pretende «arrebatarles» a los hombres algo que tienen por derecho propio cambiando el orden «natural» de las cosas. Lo cierto es que no se mantienen dos mil años de patriarcado si no se convence a las mujeres de que es el mejor de los sistemas posibles, si no se les hace creer que no necesitan el feminismo. Así, comentarios del tipo «No, no, yo no soy feminista, ¡a mí me gustan los hombres!» o «Yo, ni feminista ni machista» o el recurrente «Ya tenéis todos los derechos, ¡qué más queréis!» se convierten en lemas repetitivos que calan fácilmente. Simples y efectivos.

Yo no nací feminista. Como decía Simone de Beauvoir, las mujeres no nacen, se hacen; yo no he sido siempre feminista o, al menos, no lo era de manera consciente. De hecho, tengo que confesar que cuando empecé con la investigación desde esta perspectiva utilizaba muchas más veces la palabra *género* que *feminismo*, porque me daba cierto apuro decir que era feminista, no fuese a pensar alguien que era demasiado intransigente o radical. Sí, yo también caí en la trampa. Lo que a mí me hizo feminista fue darme cuenta de que las mujeres no estábamos, no éramos, no contábamos...

Y eso es lo que vengo a contarte aquí. En este libro vas a encontrar una serie de reflexiones acerca de cómo las mujeres hemos sido ocultadas o estereotipadas en las sociedades de la prehistoria, las razones que han provocado esa mirada sesgada sobre las mujeres y, sobre todo, cómo la arqueología, una disciplina científica que ha sustentado buena parte de las ideas que han justificado históricamente la desigualdad, es un instrumento magnífico para poder resituarnos, para poder vernos, para poder conocernos.

Mujeres y hombres hemos mantenido a lo largo de la historia relaciones de desigualdad, específicamente de desigual ejercicio del poder. Para convencernos de que el patriarcado es el mejor de los sistemas posibles se han utilizado distintas estrategias, entre ellas el discurso histórico, ese relato que construimos sobre los hechos del pasado. La historia no ha sido justa con las mujeres, nos ha minimizado y menospreciado, nos ha hecho invisibles, ha primado determinados valores que ha identificado como masculinos y ha utilizados los opuestos para definir a las mujeres. En esos discursos históricos se considera que las mujeres poseemos un escaso control de la tecnología compleja y que solo conocemos e innovamos en una tecnología secundaria; que poseemos capacidades limitadas para el pensamiento abstracto y la creatividad, explicando así la pretendida ausencia de genialidad o excepcionalidad de mujeres artistas, científicas o pensadoras; que somos un grupo homogéneo con los mismos anhelos y deseos en todas las partes del mundo; que tenemos un papel dependiente y pasivo en las formas de organización social, y que nuestro cuerpo solo se entiende bien a través de la reproducción o bien a través de la sexualidad.

Y ante esto, me rebelo. Así que sí, resulta que a lo mejor soy un poco intransigente con eso de que no cuenten con nosotras en los libros de historia o en los museos. Y sí, resulta que a lo mejor soy un poco radical porque entiendo que si no vamos a la raíz del problema, a entender las razones últimas de esta invisibilidad, de esta negación, no vamos a solucionar nada. Así que sí, resulta que soy feminista y me encanta decirlo. Decía el filósofo Vicent Martínez que la razón principal por la que hacemos ciencia debe ser «la transformación por medios pacíficos del sufrimiento humano». Qué quieres que te diga, me parece la razón más bonita para hacer ciencia que se habrá defendido jamás. Y esa es mi motivación. Cuidado, no digo que lo consiga, pero sí que lo voy a intentar. Porque la arqueología construye el relato de quiénes somos y lo hace a través de la materialidad. La mayoría de las poblaciones que verás en este libro no poseen escritura, solo podemos llegar a ellas a través de sus objetos, de sus cuerpos, de sus representaciones, en definitiva, a través de esa materialidad. De su forma —en algunas ocasiones de manera consciente, en otras casual— de mostrar que estuvieron aquí.

Hace unos años, unos albañiles que trabajaban cerca del campo de concentración y exterminio de Auschwitz encontraron en una botella un mensaje escrito por siete reclusos, seis polacos y uno francés. El mensaje, escrito a lápiz y fechado el 9 de septiembre de 1944, llevaba escritos los nombres, los números de campo y las ciudades de origen de los prisioneros, que tenían unos veinte años en aquellos momentos. La botella se enterró en el interior de un muro de hormigón, en una de las escuelas a las que los reclusos se veían obligados a acudir. Cinco de los prisioneros que escribieron la nota sobrevivieron al Holocausto y tres de ellos aún vivían cuando en 2009 se encontró la nota. ¿Sabes cuál fue su intención al esconder la botella? Dejar algún rastro de su existencia. Un grito silencioso con el que reivindicaban su presencia en el mundo. Pues bien, esa misma materialidad que dejaron las poblaciones del pasado, a veces de manera intencionada y, en la mayoría de las ocasiones, de manera absolutamente inconsciente, es la que voy a usar para hablarte de las mujeres en la prehistoria. Gritos silenciosos con los que reivindicar su presencia.

Un par de apuntes sobre el libro: para facilitar la lectura no he incluido referencias bibliográficas en el texto, verás que mis reflexiones se incardinan con ejemplos sobre las sociedades prehistóricas desde el Paleolítico hasta el mundo de la Edad del Hierro, incluso a veces más modernos. Pero, además de reivindicativo, este libro tiene una profunda vocación científica, y por eso al final del texto encontrarás las referencias a las publicaciones de las que extraigo la información arqueológica, a las autoras y autores en quienes me inspiro y algunos recursos de divulgación que considero interesantes. Porque mis opiniones y mi mirada son, por supuesto, mías. Discutibles, opinables o matizables por ti, pero yo soy científica y muy consciente de que cualquier texto que hable sobre mujeres en este periodo (o en cualquier otro) va a ser observado atentamente. Ya te adelanto una cosa: los hombres son la norma, casi no hay que explicarlos, y las mujeres en los discursos históricos somos la «desnorma»; a nosotras, como te contaré, en ocasiones ni siquiera el ADN nos justifica. Así que en esas últimas páginas encontrarás todo el conocimiento científico y a todas las personas que hay detrás de este libro, conocerás a las que me han facilitado bibliografía, sabrás quiénes han leído partes de él, estarás al tanto de a quiénes he wasapeado a altas horas de la madrugada cuando me surgía la duda; mensajes que empezaban diciendo: «Lee esto cuando puedas»..., y después pensaba: a ver, son las tres de la mañana, a lo mejor no son horas... Os pido disculpas. Y también sabrás de otras muchas personas a las que yo ni siquiera conozco personalmente, pero que han generado todo el saber que me ha servido para componer este relato.

Segundo apunte: hablo de prehistoria, ese larguísimo periodo de la historia de la humanidad. En realidad, casi me gusta más decir (pre)historia. Porque sería injusto decir que esos millones de años han sido un periodo menos relevante o casi en paciente espera de lo que pasó después. Pero son convenciones con las que la arqueología intenta ordenarse de mejor o peor modo. Lo que conocemos como prehistoria acaba en el año 0. El ejemplo más temprano que verás es el de las huellas de Laetoli (Tanzania) de hace unos 3,6 millones de años y llegaremos hasta el 2022. Hasta hoy. Pero no va a ser un viaje ordenado, iremos saltando de un momento (pre)histórico a otro porque lo que quiero contarte es que las experiencias de las mujeres han sido «leídas» siempre de la misma forma, independientemente de que las encontremos en el 3500 a. C. o en el siglo x d. C. Para que no te pierdas te he preparado una guía, una especie de línea del tiempo que he trabajado con el ilustrador y amigo Iñaki Diéguez. Hemos creído que lo mejor era poner en el lateral izquierdo los periodos que más menciono en el texto: dos pertenecientes al Paleolítico superior —gravetiense y magdaleniense— y dos más recientes —la cultura de El Argar y las sociedades iberas—. No son los únicos periodos de los que hablo en el texto, verás ejemplos del Neolítico o de la Edad del Cobre, pero sí los que menciono en más ocasiones. Los dos del Paleolítico superior los he elegido porque son los momentos en los que aparecen con más intensidad las representaciones de mujeres, cuando empezamos realmente a reconocer una primera idea sobre las diferencias sexuales. Los otros dos, por tener un conocimiento muy cercano. La cultura de El Argar, que es como se denomina a la Edad del Bronce en el sureste de la península Ibérica, es uno de los periodos que más he trabajado a lo largo de mi trayectoria y al que he podido plantear muchas de las preguntas que verás en estas páginas. Las sociedades iberas, las poblaciones de la Edad del Hierro en buena parte de Andalucía, las he elegido porque mis compañeras del Instituto Universitario de Investigación en Arqueología Ibérica de la Universidad de Jaén llevan mucho tiempo generando una excelente información sobre las mujeres en este periodo. En el lateral derecho verás cada uno de los ejemplos que voy usando: yacimientos arqueológicos, representaciones o enterramientos singulares. Así podrás tener una referencia temporal más clara de qué viene antes y qué viene después.

Una última cuestión: no aparece todo lo que podría aparecer, ni en lo que se refiere a temas, ni a lugares ni a ejemplos específicos, y es probable que te venga a la cabeza algún otro caso que podría haber utilizado. Los hay, muchos, pero he preferido elegir aquellos que respondían de manera clara a lo que quería contar. Sin saturar.

Mi intención con este libro es mostrar que las desigualdades que aún existen entre mujeres y hombres no son biológicas ni naturales, sino culturales; las hemos construido. Como verás, en un largo proceso de miles de años, las mujeres comenzamos a perder espacios, espacios de representación, de conocimiento o de toma de decisiones. Pero seguíamos estando ahí. La arqueología, la historia, el relato sobre quiénes somos empezó a no contarnos a nosotras, a entender que había sitios en los que no estábamos, sin ningún criterio científico, a infravalorar los sitios en los que sí se nos veía, a sustentar la idea de que esas desigualdades eran primigenias e inevitables, que formaban parte de lo que somos como sociedad. Yo quiero que veas a las mujeres de la prehistoria, quiero que conozcas las evidencias que nos las muestran, quiero que te acerques a ellas a través de lo que nos cuentan sus cuerpos, o los objetos que crearon y usaron, o cómo se representaron. Porque esta es otra historia que también es la nuestra. ¿Me acompañas?

1

LO QUE SE ESPERA DE NOSOTRAS

Imagínate que te pido que me cuentes lo que has hecho durante el día de hoy, que me digas todo lo que te ha pasado y todas las personas con las que te has relacionado: con quién has trabajado o discutido, con quién te has encontrado en la cola del supermercado, a quién has saludado al salir de casa, qué libro has leído o qué serie de televisión has visto, con quién te has tomado una caña o un café, con quién has wasapeado... ¿Todo correcto? Bien. Ahora te pido que borres de ese relato a las mujeres. Y no solo a ellas, sino a todo lo que se supone que se relaciona con ellas. ¿Podrías contarme tu día igual? ¿Crees que tu relato estaría completo? ¿Sería comprensible? Algo así es lo que hemos hecho con el relato histórico: hemos borrado a las mujeres de esa narración y hemos generado una historia incompleta y, en consecuencia, poco comprensible.

Y sí, por supuesto que la historia no es el pasado. En tu relato, tú también habrás omitido algunas situaciones, por pudor, porque las consideras poco significativas o porque, simplemente, no me las quieres contar. Porque, al fin y al cabo, el relato lo estás narrando tú, con tus circunstancias, tus posicionamientos éticos e ideológicos y tu forma de entender el mundo. Igual que quienes nos dedicamos a la historia y a la arqueología también narramos esos relatos desde puntos de vista muy concretos. Aquí es probable que alguien ya se esté mesando los cabellos (sí, arrancándoselos) o que haya caído en la tentación de cerrar el libro. Espera un poco, dame una oportunidad. Llevo años escuchando decir que hacer historia o arqueología desde una perspectiva feminista es hacer política. Claro, porque no incluir a las mujeres en el relato, hablar solo de hombres, no es hacer política, es ser científico y objetivo, es contar lo que pasó y punto. Hablaré de objetividad más adelante, pero, en resumen, nosotras estamos de más porque no hemos hecho gran cosa a lo largo de la historia.

Creo que coincidirás conmigo en que la historia y la arqueología no hablan de nosotras ni se preocupan por las aportaciones, las experiencias, los trabajos y los conocimientos que las mujeres hemos desarrollado. Para comprobar esto solo tienes que abrir un libro de texto de primaria o secundaria, ver algún documental que hable de los orígenes de nuestra especie o visitar un museo. Llevo más de quince años, a veces me aburro yo misma, diciendo que el Museo de Almería es el que más mujeres representadas tiene en nuestro país, un 33 por ciento, es decir, de cada tres figuras humanas, una es una mujer. De ahí, para abajo: el Museo Arqueológico Nacional, remodelado en 2014, en sus salas de prehistoria tiene un 25 por ciento, de manera que, de cada cuatro representaciones, una es mujer. Es verdad que todas ellas tienen actitudes activas, no vale solo con poner mujeres al fondo y quietecitas, pero sigue siendo un número muy bajo. Y el Museo Arqueológico de Asturias, reabierto en 2011, presenta un 12 por ciento. Es decir, de cada diez representaciones humanas, una y un poquito es una mujer. Y esto es solo una pequeña muestra. ¿Por qué sucede algo así?

Las razones son múltiples, podríamos decir que no podemos contar en los museos ni poner en libros de texto lo que no se conoce. Así que la poca presencia de mujeres en estos lugares podría estar justificada por la falta de información científica. Aunque eso no es cierto, la arqueología con perspectiva de género lleva mucho tiempo produciendo conocimiento sobre las mujeres en las sociedades prehistóricas. Pero romper con la norma, con el estereotipo, es muy difícil. Pongo un ejemplo.

En 2009 se descubrió en Módena, en un cementerio tardoantiguo fechado entre los siglos IV y VI d. C., un enterramiento con dos individuos cogidos de la mano. De inmediato, este hallazgo inspiró una historia en la que estos dos individuos, por supuesto hombre y mujer, eran amantes que habían sido enterrados juntos para la eternidad (recuerda que estamos en Italia); los denominaron los «amantes de Módena». Este es el discurso que ha prevalecido desde entonces y así se expusieron los restos en el museo de la ciudad. En realidad, la mala preservación de los huesos impidió que se pudiera identificar el sexo de estas dos personas y, en todo momento, quienes los habían encontrado dejaron claro que no podían afirmar que los cuerpos enterrados fuesen el de un hombre y una mujer. Pero eso daba igual, ¡cómo resistirse!, no había mejor reflejo del mito del amor romántico y eterno.

Diez años después, el análisis realizado en las proteínas del esmalte dental determinó que los cuerpos pertenecían a dos hombres de unos veinte años de edad. Más gente mesándose el cabello. ¿Qué ocurre entonces con la teoría de los amantes? ¿Ya no es válida? Este ejemplo demuestra dos cosas. En primer lugar, que el imaginario de la gente en ocasiones funciona independientemente de la propia investigación científica, incluso a veces en contra del propio conocimiento científico, porque el estereotipo, el relato que entendemos como el natural, el correcto, el bueno, está predefinido. En segundo lugar, y en mi opinión, lo relevante es que, cuando no teníamos los datos científicos, el discurso de los amantes era irrebatible, nadie lo cuestionaba, y ahora que tenemos ese conocimiento las posibilidades interpretativas se abren: ¿eran amantes realmente? En esos momentos la homosexualidad estaba prohibida y eso dicen las leyes, pero... ¿también funcionaba así en lo cotidiano? La prohibición no elimina lo prohibido, solo logra ocultarlo. ¿Eran simplemente dos soldados que murieron juntos en la batalla? Probablemente sea difícil que lo averigüemos alguna vez. O quizá no, porque la investigación científica está constantemente buscando y encontrando nuevas formas de acceder al conocimiento, y en arqueología ahora somos capaces de saber cosas que hace cincuenta años ni siquiera podíamos imaginar, pero lo que me importa de este caso es cómo nuestros prejuicios nos condicionan. Nota: en el museo de Módena en la cartela aún pone «amantes», se ha asumido que es posible que lo fueran y se ha elegido esa interpretación.

Al igual que con esta pareja, nuestra sociedad vive en el eterno prejuicio sobre las mujeres. La desigualdad existe, y en buena parte se debe a que hemos construido un conocimiento sobre las mujeres y los hombres, sobre sus identidades, sus relaciones y sus capacidades, que la justifica. Y la arqueología ha contribuido a construir esos discursos, lo lleva haciendo desde el siglo XIX, cuando se conforma como disciplina científica.

Los primeros arqueólogos, los que dan contenido a la disciplina, son, como en todas las ciencias de la época, hombres de las élites intelectuales y económicas. Y sí, hubo (muy pocas) mujeres arqueólogas, pero quienes instituyeron la arqueología como ciencia fueron los hombres. Unos hombres cuyas preocupaciones e intereses estaban influenciados por las transformaciones sociales, políticas, ideológicas y económicas que se sucedieron a lo largo del fascinante siglo XIX, y que marcarán de manera evidente el desarrollo de la disciplina.

Imagina la Europa del XIX, una Europa que se está reconstruyendo tras las guerras napoleónicas. Los Estados europeos se reconfiguran y reordenan, buscan en el pasado referentes identitarios, buscan a sus antepasados, buscan razones que los refuercen en sus reivindicaciones territoriales y nacionales, que los ayuden a situar la frontera unos kilómetros más allá o más acá. Y ahí el patrimonio histórico, los restos arqueológicos y las obras de arte juegan un papel indiscutible en la generación del concepto de nación. Es en este momento cuando se organizan los primeros museos nacionales de arqueología y bellas artes, cuando se transforman los gabinetes y colecciones reales en colecciones estatales con la función clara de educar a la ciudanía sobre su pasado.

En ese contexto surge el conocido Sistema de las Tres Edades: Edad de Piedra, Edad del Bronce y Edad del Hierro. Esta ordenación de la prehistoria la establece un arqueólogo, Christian Jürgensen Thomsen, mientras ordena los materiales de lo que será el futuro Museo Nacional de Dinamarca. Y es una de las razones que más han influido en la ocultación de los trabajos y las experiencias de las mujeres en las sociedades prehistóricas. Recuerda el momento histórico en el que estamos: acaba de culminar hace unas décadas la Revolución Industrial, un proceso de profundas transformaciones sociales, culturales y tecnológicas que cambia las formas económicas y de producción, transforma las condiciones de trabajo y provoca movimientos demográficos; que está basada, en buena parte, en la extracción y el uso de minerales y carbón. Así que, para la arqueología de la época, que es profundamente eurocéntrica, lo que ha movido el mundo (es decir, Europa) en el siglo xix es lo que lo ha movido en cualquier periodo histórico, y así pone en el centro del progreso humano unas tecnologías muy concretas, la lítica y, sobre todo, la metalúrgica. Ya tenemos claro lo que ha hecho avanzar a las sociedades.

Pero se da una circunstancia más, que tiene que ver con las características de los objetos que se exponen en los museos, los del siglo xix y muchos de la actualidad. Cuando alguien ve una punta de flecha, una daga o una punta de lanza en una vitrina de una exposición casi no necesita leer la cartela que lo identifica, en la que seguramente pondrá eso —*punta de flecha*, *daga*, *punta de lanza*— y no dará más información. Ese tipo de objetos se autoexplican. Sabemos en qué actividades se utilizan. Pero ¿y si vemos en esa misma exposición una raedera o un raspador? En la cartela seguramente pondrá *raedera* o *raspador*. Pues nos hemos quedado igual. Tienes que conocer previamente algo más sobre esas sociedades para saber el tipo de actividades en las que se podían usar esos instrumentos. Por lo tanto, probablemente, saldrás igual que has entrado. De modo que, aunque unas y otras piezas se expongan en un número similar, la información que somos capaces de transmitir es muy diferente en uno y otro caso. Nos quedaremos sin saber que las raederas y los raspadores son útiles de piedra que se utilizan en la producción de cerámica, en el tratamiento de pieles o en el procesado de la carne para consumirla. Empezamos a visibilizar y, por tanto, a valorar las actividades de forma desigual. Aquí introduciré un inciso: hay muchas y muchos profesionales en los museos españoles que están intentando cambiar las cosas, y en las páginas de este libro conoceremos ejemplos excelentes sobre cómo se trabaja para cambiar esta trayectoria, pero si hoy visitas el museo de tu ciudad, es muy probable que te sigas encontrando estas pautas, sobre todo en las exposiciones permanentes.

Volvamos al siglo XIX porque siguen pasando cosas que influyen en las razones por las que la arqueología silencia a buena parte de las mujeres. Y esta que te contaré ahora es de las cruciales. El gran movimiento social que se produce en el siglo XIX es el sufragismo, la reivindicación por parte de las mujeres del derecho a voto. Y en la segunda mitad del siglo, las sufragistas intensifican sus reivindicaciones: quieren votar porque quieren elegir, pero sobre todo porque quieren ser elegidas, quieren estar en los lugares en los que se toman las decisiones. Y esto choca de frente con los intereses del poder establecido en ese momento. A veces creo que nunca reconoceremos lo suficiente a esas mujeres que se dejaron parte de su vida, en ocasiones en situaciones extremadamente duras, para conseguir derechos que hoy nos tomamos muy a la ligera; flaco favor hacemos a su memoria. Y también aquí los discursos sobre las sociedades del pasado, especialmente las prehistóricas, ayudan a sustentar esa negación de derechos a las mujeres.

Para separar a las mujeres de sus anhelos de formar parte del poder que les conferiría el voto, los intelectuales de la época rebuscan y actualizan textos antiguos y escriben tratados dedicados al matriarcado primitivo, retomando mitos en los que las sociedades en las que las mujeres gobiernan distan mucho de ser civilizadas y avanzadas. Aquí entran en escena nuestras amigas las amazonas, temidas y deseadas por igual, un mito que tiene mucho de realidad y que conoceremos más de cerca cuando hablemos de ese amenazador binomio mujeres/armas. En el contexto ideológico del siglo XIX sirven para explicar, como escribe J. Jakob Bachofen en su libro de 1861 *El matriarcado: una investigación sobre la ginecocracia en el mundo antiguo según su naturaleza religiosa y jurídica*, la degeneración del matriarcado primitivo. Según este y otros autores del momento, las amazonas se cortan el pecho para poder disparar con el arco, abandonan a los hijos varones o gustan de asesinar a hombres. Su irremediable ocaso, vencidas por ejércitos masculinos, dio inicio a una nueva etapa en la historia de la humanidad, la del patriarcado, un cambio imprescindible porque sin intervención activa en la naturaleza, es decir, sin las tecnologías relacionadas con los hombres, el género humano no habría podido sobrevivir. No será la última vez que escuchemos esto. Una ecuación —naturaleza (mujeres) - cultura (hombres)— que explica perfectamente por qué son ellos los que deben gobernar y tomar las decisiones, y que vamos a ver repetida en el imaginario colectivo sobre la prehistoria a finales del siglo XIX y principios del XX. Estas sociedades prehistóricas se convierten en un ámbito muy fructífero para la creación de estereotipos que refuerzan la posición de las mujeres en roles subordinados y desiguales frente a los hombres. Y se concreta en una iconografía muy potente, llena de suposiciones y símbolos de carácter moral y filosófico, que posee un importante empeño divulgativo.

A finales del siglo XIX y principios del XX, se generaliza en Europa una tendencia a representar escenas de la prehistoria. Pintores y escultores crean obras donde pueden verse cuerpos semidesnudos, cubiertos de pieles y llenos de anacronismos en las que las mujeres tienen dos opciones: aparecer como madres o aparecer como cuerpos sexualizados. En realidad hay una tercera opción: aparecer no haciendo nada. Un buen ejemplo de esta producción artística es la serie «30 escenas de la vida del hombre primitivo», que Émile Bayard creó para ilustrar el libro *Primitive Man* de Louis Figuier en 1870. En una de ellas, *A family in the stone age*, podemos ver un claro ejemplo de la primera opción, la mujer madre. Merece especial atención una imagen dedicada a la familia paleolítica.

Figura 1. ***A family in the stone age*** **(Una familia en el Paleolítico)**

Émile Bayard.

Detengámonos en ella un momento. En el centro de la imagen el hombre de pie, erguido, mirando hacia el horizonte, va a ver venir todo lo que pase, será el primero en recibir la información. Su actitud dice «aquí estoy yo». Ella, en la parte inferior de la imagen, con la cabeza agachada, mira hacia abajo, hacia el bebé que sostiene en brazos, volcada en la maternidad. Ella no va a recibir información de primera mano, porque no está en eso; de hecho, casi no está.

Esta imagen lo explica prácticamente todo: ayuda a construir el concepto de familia nuclear, papá, mamá y las tres criaturas; sitúa a los personajes en dos dimensiones distintas, la de la mirada hacia fuera y la de la mirada hacia dentro; invisibiliza la infancia, porque las criaturas están de espaldas; refuerza el concepto de maternidad vinculado a lo natural y lo esencial, y sostiene la creación del concepto de instinto maternal en este momento. La maternidad, como veremos, como sabemos, no es esto. Es trabajo, conocimiento, tecnología, innovación, esfuerzo y, sí, por supuesto, emoción y sentimientos. Pero de los primeros conceptos aquí no vemos ninguno.

La segunda opción, la del cuerpo sexualizado, se expresa magníficamente a través de una serie de fotografías premeditadamente eróticas y de estilo prehistórico que durante un tiempo muy breve, entre 1905 y 1908, tuvieron un éxito notable y que muestran a mujeres desnudas o escasamente vestidas con pieles de animales y adornadas con collares de hueso portando en ocasiones arcos y flechas. Su máximo exponente es Achille Lemoine y sus modelos posan al aire libre en entornos que evocan paisajes de la Antigüedad, convirtiendo la recreación histórica en una nueva forma de presentación del desnudo femenino. Para tu información, una vez subí a Facebook una de estas imágenes de Lemoine y su algoritmo me advirtió muy seriamente de que si seguía por ese camino de mostrar senos femeninos iban a tener que tomar serias medidas...

En este contexto, se entiende el tratamiento de la imagen femenina en la exposición realizada en 1916 en el Real Instituto Belga de Ciencias Naturales. El museo, en su afán educativo y divulgador, programó una muestra que realizara un recorrido por el conocimiento que se tenía en esos años sobre la evolución humana. Para ello, y siendo conscientes de que una imagen vale más que mil palabras, encargó al escultor Louis Mascré, asesorado por el arqueólogo Aimé Rutot, quince esculturas que mostraran las distintas etapas en la evolución. De ellas, trece representan a hombres y solo dos, a mujeres. No sorprende, ¿verdad? Estas dos representaciones femeninas son *La mujer de raza neandertal* y *La mujer negroide de Laussel*, y vuelven a llevarnos a esa elección básica que tenemos las mujeres. La mujer neandertal supone una vuelta de tuerca a la imagen de maternidad que hemos visto en la obra de Émile Bayard.

Figura 2. *La mujer de raza neandertal*

Louis Mascré.

Aquí, esta neandertal, que aún sufre el estigma del poco conocimiento que existe sobre las poblaciones neandertales en este momento, es representada casi como una simia salvaje que defiende a su cría del peligro. Es, otra vez, una maternidad animal, esencial, natural, que vincula la naturaleza femenina a la idea de la maternidad. La segunda escultura, la mujer negroide de Laussel, no sale mucho mejor parada en lo que a estereotipos se refiere. Representa en tres dimensiones a la denominada Venus de Laussel, también conocida como Venus del Cuerno, descubierta en 1911 en el abrigo de Laussel, en la Dordoña, y datada hace unos 25.000 años. Este bajorrelieve representa una mujer con caderas anchas, y pubis y senos prominentes, con una mano en el vientre y con la otra sujetando un cuerno hacia el que vuelve la cabeza.

En su reinterpretación, Mascré y Rutot utilizan elementos de otras figurillas femeninas de la época, como los peinados de las figuras de Brassempouy y de Willendorf, y adornos procedentes de las sepulturas del yacimiento paleolítico de Grimaldi, que se unen a la gestualidad de la propia representación de Laussel. Los rasgos negroides que presenta la figura se deben precisamente a una errónea interpretación de los esqueletos de esa sepultura descubierta en 1901, un hombre de unos diecisiete años y una mujer de más de cincuenta que presentaba un ligero prognatismo, lo que en un primer momento llevó a la conclusión de que se trataba de poblaciones negroides. En cualquier caso, como observamos, la escultura de Mascré muestra la desnudez del cuerpo femenino de manera muy distinta a como lo hace el original de Laussel, y, por tanto, una y otra transmiten mensajes muy diferentes. La escultura recreada en el Real Instituto Belga de Ciencias Naturales se exhibe, muestra su cuerpo. Porque es el cuerpo el que define a las mujeres, ya sea el cuerpo maternal o el cuerpo sexuado, pues esas son las dos opciones. Si observamos las trece figuras masculinas, vemos a hombres de diversas edades que están tallando, pescando, cazando, procesando huesos... todos ellos están relacionados con la tecnología. De nuevo aparece la oposición entre naturaleza y cultura. Y ya sabemos quién gana en esa rivalidad artificial.

Y en medio de todos esos estereotipos están las venus... Pero ese es otro capítulo.

2

LO QUE SE DIJO DE NOSOTRAS

Como ya has comprobado, a finales del siglo XIX y principios del XX se construyó una imagen muy clara de lo que las mujeres representábamos en los discursos históricos. Y me podrás decir que de acuerdo, pero es que era la época, hemos cambiado mucho desde ese momento... Sí, eso es innegable, la situación de las mujeres durante el siglo XX (aunque solo en algunos lugares del mundo, no lo olvidemos) ha cambiado mucho. Sin embargo, también ese cambio se resiste a dejar atrás determinadas ideas bien fijadas en el imaginario colectivo que se siguen perpetuando hasta la actualidad. Ya has visto como nuestra mirada sobre las representaciones femeninas del Paleolítico en los primeros años del siglo XX sigue asociando a las mujeres con conceptos como la sexualidad y la sensualidad o con la maternidad y la reproducción. Y a eso volvemos en un bucle perverso cada cierto tiempo hasta hoy.

Vamos a ver, por ejemplo, qué sucedió en los años sesenta. Ya conoces toda la propaganda creada para que las mujeres participaran activamente en la Segunda Guerra Mundial; era necesario mantener la economía, tanto la de guerra como la cotidiana, y hacía falta mano de obra que sustituyese a la de los hombres que estaban en el frente. Se trataba de una propaganda que intentaba, precisamente, acabar con el eterno —y ya sabemos que construido— conflicto entre la feminidad y su prioritario rol doméstico y la vetada participación productiva en fábricas, industrias, factorías... En definitiva, se buscaba acabar con el mantra «este no es sitio para chicas» repetido hasta la saciedad hasta entonces. Y ahí jugaron un papel muy importante carteles, cortos de ficción, documentales y programas de radio. Seguramente conocerás a Rosie la Remachadora, la icónica imagen que llamaba a las mujeres a incorporarse a los lugares de trabajo que antes les estaban prohibidos. Para fomentar este «alistamiento» se realizaron documentales en los que famosas actrices de la época explicaban cómo peinarse o recogerse el pelo para, sin perder su feminidad, ser útiles a su país. Una propaganda que estaba dirigida a un sector muy concreto de la población femenina, la de las mujeres blancas, de clase media y casadas o comprometidas, a las que se les pedía que abandonasen los ideales de feminidad en los que habían sido educadas y se rebelasen contra ellos. Por eso Rosie la Remachadora se pinta los labios y se recoge el pelo con un pañuelo, una forma de demostrar que se puede estar divina incluso si te dedicas a fabricar proyectiles. Porque quienes pergeñaron todos estos discursos sabían que tenían fecha de caducidad. No en vano, es el mismo proceso por el que pasaron las mujeres durante la Primera Guerra Mundial, en la que también desempeñaron un papel fundamental en el mantenimiento de la producción y la economía.

Sin duda, la Segunda Guerra Mundial significó la ruptura de los roles de género tradicionales, que nunca volvieron a ser los mismos. Pero tras el conflicto aparecen dos posiciones distintas: por un lado, la retórica de volver a la «normalidad» de antes de la guerra en la distribución de tareas y, por tanto, la vuelta de las mujeres a su vinculación casi exclusiva a lo doméstico; por otro lado —aunque de manera mucho más minoritaria—, los claros deseos de construir nuevas sociedades basadas en una mayor igualdad y justicia. Muchas mujeres que estaban dispuestas a seguir ocupando determinadas posiciones en el ámbito económico y social se enfrentaron a muros construidos con discursos que volvían a situarlas en esos ámbitos domésticos.

Y te preguntarás: ¿qué tienen que ver las sociedades prehistóricas en todo esto? Pues mucho, porque para apoyar la vuelta a lo de siempre qué mejor que recurrir a nuestros orígenes, a lo que siempre ha sido correcto. Así que las sociedades prehistóricas se convierten en foco de creación de discursos sobre lo que está bien que hagan los hombres y lo que está bien que hagan las mujeres. Lo que es natural, vaya. Las ideas más recurrentes en esos momentos tienen que ver con el hombre cazador, el hombre proveedor o el hombre que fabrica instrumentos como elemento básico de las sociedades desde el principio de los tiempos. Durante los años cincuenta y sesenta estas ideas se discuten y refuerzan en congresos y publicaciones científicas que reiteran, por un lado, la importancia básica de la caza en la evolución humana —ya lo discutiremos más adelante—; por otro lado, la vinculación de la caza únicamente a los hombres —ya verás qué fácilmente lo desmontamos—, y, por último, la vinculación de la tecnología en exclusividad a lo masculino: ¿te acuerdas de la expo belga y esos trece señores estupendos y tecnólogos? Pues aquí están otra vez.

Para reforzar ante la ciudadanía estos mensajes qué mejor que ser capaces de crear personajes icónicos que desde la simpatía nos recuerden, sobre todo a las mujeres, nuestra posición en el mundo. De este modo llegaron a nuestras vidas *Los Picapiedra*. Esta inocente serie se ocupa de todo, de reforzar los roles de género tradicionales, de cosificar el cuerpo de las mujeres y de fomentar la venta del pequeño electrodoméstico en la década de los años sesenta. Y, sí, que conste que a mí me encantaban cuando era niña.

La serie se emitió en Estados Unidos desde 1960 hasta 1966, 166 episodios de media hora de duración que tuvieron un enorme éxito no solo en el país de origen, sino también en el resto del mundo: se ha emitido en más de ochenta países y traducido a veintidós idiomas. De hecho, fue la serie animada más exitosa a nivel mundial hasta 1997, cuando fue superada por *Los Simpson*. Generaciones de niños y niñas que no habíamos nacido cuando se emitió por primera vez hemos crecido con ella y su «¡Vilma, ábreme la puerta!».

Ya sabes de qué va la serie: dos familias prehistóricas, los Picapiedra y los Mármol, viven la vida de una familia media norteamericana de la época, con bebés, mascotas (bueno, dinosaurios), trabajo, compras, barbacoas y muchos muchos electrodomésticos (otra vez dinosaurios). Hablemos de ellas. Vilma Picapiedra y Betty Mármol son guapas, están delgadas, son muy listas y son amas de casa dedicadas, felices y modernas. Podríamos decir que son la actualización de la madre neandertal de la exposición belga, porque, claro, a estas mujeres de la segunda mitad del siglo XX ya no les vale cualquier cosa. ¿Hay alguien ahí que no quiera ser como ellas? Fijémonos en ellos: Pedro Picapiedra y Pablo Mármol, rechonchos y a menudo muy torpes, aunque, eso sí, vuelven a casa después de la dura jornada de trabajo al grito de «*Honey, I´m home!*».

El aspecto físico de unos y de otras no es inocente. Podían haber representado a los hombres con siluetas apolíneas, en la serie hay unos cuantos hombres así, pero entonces ya no correspondería al modelo de hombre corriente norteamericano al que va dirigido el mensaje. Ellas sí, ellas son monas a más no poder, como deben ser las esposas de esos hombres corrientes. Pero, además, queda muy claro quién es el proveedor, el que trae el sustento a casa. No es un mensaje desconocido, es el que están transmitiendo muchas de las publicaciones de la época. Sé callada, sé sumisa, sé eficiente, sé complaciente.

Vilma y Betty representan el modelo que deben seguir las mujeres norteamericanas (y, por consiguiente, del mundo) en los años sesenta. Ellas, además, tienen un plus: poseen una serie de artefactos y de tecnologías que les hacen más fácil el trabajo cotidiano y, por tanto, la vida mucho más cómoda y amable. Estos aparatos facilitan actividades como cocinar, lavar, limpiar o mantener los alimentos en buen estado, o procuran entretenimiento. Lo cierto es que muchas de las empresas dedicadas a la producción de enseres e instrumental para la guerra vieron en el electrodoméstico un potencial importante de mercado en la posguerra y lo convirtieron en un elemento fundamental en los hogares de una clase media que se expandía con mucha rapidez y para la que la adquisición de estos aparatos suponía un símbolo de estatus. Entiende que la imagen de Vilma pasando un aspirador/mamut, de Betty eliminando lo orgánico en un triturador/gorrino o de un pulpo que lava los platos como si no hubiera un mañana debió de ser una publicidad impagable para este mercado.

Y ahora te propongo un juego. Hubo una serie de mucho menos éxito que *Los Picapiedra*, también creada por Hanna-Barbera y estrenada en 1962, que se llamó *Los Supersónicos* (*The Jetsons*). Si recuerdas, repite el mismo modelo de familia nuclear y comportamientos muy parecidos a los de la familia prehistórica animada. Haz memoria. ¿Quién realiza en esta serie el trabajo doméstico? ¿Lo recuerdas? Porque lo de los electrodomésticos ya estaba superado. Piensa. Efectivamente es un robot. Bueno, un robot, no. Es una robot, Robotina/Rosie, ataviada con delantal y cofia para que no olvidemos que, por muy robot que sea, el trabajo doméstico sigue siendo femenino. Mensaje claro: chicas, esto ha sido así desde la prehistoria y seguirá siendo así, incluso cuando nuestros coches vuelen.

Y, ojo, el problema no es asignar el trabajo de cuidados y mantenimiento a las mujeres, un trabajo que en la mayor parte de las sociedades a lo largo de la historia —y así sigue siendo en la actualidad— hemos realizado nosotras. En absoluto. El problema es el valor que hemos dado y seguimos dando a esos trabajos como tareas de segunda categoría, a pesar de que están en el centro de las dinámicas sociales de cualquier comunidad. De esto te voy a contar muchas cosas, un poco más adelante.

Si recuerdas, había otro modelo que seguir: el del cuerpo sexuado de las mujeres, el de la recreación en tres dimensiones de la Venus de Laussel, y sí, también en los años sesenta tenemos una imagen icónica, en este caso de la industria cinematográfica. Cómo olvidar a Raquel Welch y su bikini de pieles en *Hace un millón de años* (Don Chaffey, 1966). El séptimo arte nos ha proporcionado a lo largo del siglo xx multitud de historias situadas en la prehistoria en las que hemos visto con más o menos acierto (incluso en alguna con ninguno) a mujeres y hombres prehistóricos que, por ejemplo, luchan por su supervivencia contra dinosaurios a pesar de que, en realidad, nos separan sesenta y cinco millones de años. Pero lo de los falsos históricos en el cine mejor lo dejamos para otro libro.

Por supuesto que el cine es ficción y es entretenimiento, y no pretendo hacer un análisis minucioso de los discursos que se transmiten sobre la prehistoria en esas películas, pero sí utilizar algunos títulos que son especialmente relevantes por la capacidad que han tenido de generar iconos visuales muy potentes sobre las mujeres y también sobre los hombres. Porque, además, puede que no siempre resulte sencillo separar los datos que proporciona la investigación sobre las sociedades prehistóricas de la interpretación ficcionada que se realiza y que genera imágenes muy poderosas que asimilamos de forma muy fácil. Rachel Welch, con su melena rubia y su escaso bikini, capitanea en la película a una serie de mujeres espectaculares que cumplen con todos los cánones de belleza del mundo occidental en ese momento —no hace falta que te diga que las mujeres en la prehistoria no eran así—. En este caso, además, ella es la transmisora de la «civilización» en el encuentro entre dos tribus en las que las mujeres del grupo al que pertenece nuestra protagonista, la más avanzada técnica y socialmente, son rubias, mientras que las mujeres de la otra tribu, menos evolucionada, son morenas, igual de guapas, sí, pero morenas. Y yo, sinceramente, como morena que soy, no sé muy bien cómo tomarme esto...

En definitiva, a pesar de que estamos hablando ya de la segunda mitad del siglo xx, las mujeres de la prehistoria siguen situadas en los mismos estereotipos que las de finales del xix. Pero en el siglo xxi estas cosas ya no pasan. Espera, no, que sí que pasan.

En marzo de 2019 se publicó en la revista *Science* un artículo en el que se hacía un recorrido por los cambios genéticos de las poblaciones que ocuparon la península Ibérica en los últimos 8.000 años. Una de las muchas conclusiones que sacó el estudio científico es que hace unos 4.500 años llegaron a la Península una serie de grupos de pastores de las estepas de Europa del Este. Los resultados del estudio genético señalan que, de forma progresiva en un periodo que pudo durar unos cuatrocientos años —recuerda este dato: cuatrocientos años—, el cromosoma Y presente hasta entonces en la península Ibérica fue casi totalmente sustituido por un linaje de ascendencia esteparia. Esto supuso el reemplazo de aproximadamente el 40 por ciento de la población local y de casi el cien por cien de los hombres. Pero recuerda el dato, de forma progresiva durante cuatrocientos años.

Pues bien, unos meses antes de la publicación del artículo, en septiembre de 2018, uno de sus autores, David Reich, concedió una entrevista a la revista *New Scientist*. Las declaraciones de este genetista —que no es especialista ni en historia ni en arqueología— hicieron que una investigación tremendamente compleja fuera sintetizada de modo muy simplista; así, la cuestión de ese reemplazo de la población masculina se zanjó de manera diversa por los medios de comunicación, que exponían tanto en titulares como en el cuerpo de la noticia afirmaciones como las siguientes:

«Una invasión borró del mapa a los hombres de la península Ibérica hace 4.500 años. Los yamnayas conquistaron el territorio y tuvieron un acceso preferente a las mujeres locales, una y otra vez», según una investigación dirigida por la Universidad de Harvard (*El País*, 2 de octubre de 2018). Pues sí, las mujeres locales estaban sentaditas esperando a que fueran a buscarlas, no una sino dos veces, porque con una vez, claro, no fue suficiente, pero como lo dice la Universidad de Harvard...

«Cuando el "macho" ibérico se extinguió porque las mujeres prefirieron a los rusos. El mayor estudio de ADN antiguo de la Península revela que el cromosoma local fue reemplazado por completo hace 4.000 años.» (diario *Levante*).

Mira, aquí por lo menos nos dan la capacidad para decidir. Parece ser que dijeron: «Oye, que el moreno este ya me aburre, voy a ver a aquel rubio estepario».

«Los varones de fuera desplazaron a los locales y lo hicieron casi por completo, mientras que las mujeres habrían sido esclavizadas» (*La Vanguardia*, 30 de septiembre de 2018).

Esclavizadas, según declaraciones de David Reich, uno de los firmantes del artículo, que, repito, no es arqueólogo sino genetista. Di que sí, ¿razones científicas en el artículo que apoyen esa teoría? Ninguna, pero dilo, que queda bien.

En realidad, en ningún momento el artículo publicado en *Science* da lugar a este tipo de especulaciones, más bien al contrario. En primer lugar, recuerda que el periodo en el que ese cambio genético se produce es de cuatrocientos años, no son ni unos meses ni unos pocos años, son aproximadamente entre trece y catorce generaciones. En segundo lugar, no tenemos restos evidentes de esa violencia extrema y exclusiva contra los hombres; si hubiera ocurrido esa masacre, tendríamos fosas llenas de restos de cientos de individuos masculinos, y no las hay. Y, tal y como ya he señalado, no hay ninguna prueba científica de que las mujeres fueran esclavizadas.

Que conste: a mí me parece que las alianzas de la ciencia con el periodismo son fundamentales, hay mucha gente dedicada al periodismo científico que hace una labor de divulgación de muchísima calidad. Es absolutamente necesario que seamos capaces de transmitir el conocimiento que generamos a la ciudadanía y, en ese sentido, la colaboración es una estrategia básica en la misión de la ciencia. Lo digo por experiencia propia, para mí esas sinergias son esenciales como investigadora y estoy tremendamente satisfecha de las experiencias que he tenido en ese sentido. Pero, desgraciadamente, este no es el único ejemplo que pondré de titulares o noticias que distorsionan, quizá buscando eso que llaman *clickbait*, el mensaje que se transmite.

Porque esas tres frases que he puesto como ejemplo —había más— lo que hacen es situar a las mujeres ante la sociedad como cuerpos a disposición de la historia: o somos madres o somos objetos sexuales, sin más capacidad de intervención. Y eso es injusto, pero cala. Lleva calando desde que apareció la primera representación de un cuerpo femenino en una excavación arqueológica. Y ahora sí, hablemos de las venus.

3

LO QUE SE PENSÓ DE NOSOTRAS

Si te pido que me nombres algún referente visual de las mujeres en la prehistoria seguro que en algún momento de la conversación aparecerá la denominada Venus de Willendorf.

Figura 3. Escultura de Willendorf

Esta escultura es, sin duda, una de las imágenes más icónicas de la historia, de las más conocidas y reconocidas. Está en el Museo de Historia Natural de Viena y, como suele pasar siempre, es mucho más pequeña de lo que te imaginas. Tiene solo unos diez centímetros de altura, está hecha en piedra caliza y aún se perciben restos de ocre rojo. Representa una figura femenina con senos muy grandes, abdomen y nalgas muy voluminosos y un pubis muy marcado. Y si te fijas algo más, descubrirás que tiene los brazos apoyados sobre sus senos y que lleva un gorro, o quizá un peinado, que le cubre parte del rostro. Tiene unos 25.000 años de antigüedad y, en mi opinión, es extraordinaria.

Esta representación femenina ha tenido distintos episodios de fama mundial más allá de su descubrimiento en 1908, pero quizá el más llamativo es el que protagonizó en 2017, cuando la artista italiana Laura Ghianda subió a Facebook una fotografía de esta escultura, ya que había formado parte del proceso creativo de una de sus obras. ¿Y qué hizo Facebook? La censuró. El algoritmo de la red social la consideró una imagen pornográfica peligrosa. Si ahora mismo estás reproduciendo el emoticono de las manos en la cara que grita y que representa conmoción, asombro, incredulidad e intensa emoción, te pasa lo que me pasó a mí. No creo que sea la última vez que lo hagas en este capítulo. Como reacción a la prohibición de Facebook, desde el museo se publicó un comunicado en el que se decía que no encontraban motivos para cubrir la Venus de Willendorf y ocultar su desnudez, ni en el museo ni en las redes sociales. Se ve que hacía falta explicarlo.

Puede que esta reacción llena de prejuicios y superficialidad ante la figurilla procedente de Willendorf sea una de las más conocidas, pero, desde luego, no fue la primera. De hecho, esta visión sesgada ya acompaña a la primera de estas representaciones que conocemos, la denominada Venus de Lauregie Basse.

Figura 4. Figurilla de Lauregie Basse

Esta escultura de marfil de unos ocho centímetros de altura y unos 15.000 años de antigüedad representa a una mujer preadolescente sin brazos ni cabeza. Fue descubierta en 1864 en el yacimiento del mismo nombre. Puedo imaginar la emoción que sentirían cuando se encontró, pues era la primera figura humana de la prehistoria que aparecía en un yacimiento arqueológico. Y puedo imaginar la pregunta consecuente: ¿a esto cómo lo llamamos? Porque ya sabes que las cosas hay que nombrarlas, adjetivarlas, clasificarlas..., así que si hubiera existido Google en el siglo XIX, me los imagino escribiendo «mujer, desnuda, antigüedad», para buscar algo que se pareciera a su pequeña figurilla. ¿Cuál habría sido el resultado? Pues probablemente habría aparecido la Afrodita de Cnido, también conocida como Venus púdica, una escultura creada miles de años después por el escultor Praxíteles, que se convierte en el prototipo de desnudo de la diosa Venus saliendo del baño, que, en un gesto de pudor, cubre su pubis con la mano derecha.

Figura 5. Afrodita de Cnido

Por lo tanto, mismas características, mismo nombre, a la figurilla prehistórica también la llamaremos Venus. Pero una cosa más: si esta diosa es púdica porque se tapa, ¿cómo nombramos a la prehistórica, la de Lauregie Basse, que no lo hace? Sí, justo lo que te estás imaginando, impúdica, y así pasó a la historia: la Venus impúdica de Lauregie Basse...

Es cierto que el término *venus* no se impuso desde el primer momento en la literatura científica. A finales del siglo XIX y principios del XX encontramos que en la mayoría de las publicaciones estas representaciones se denominan *figurilla de...*, *mujer de...* o incluso *dama de...*, pero el término se popularizó de tal manera en las siguientes décadas que, aunque en la actualidad se considera inapropiado en el ámbito científico, cualquier representación femenina de la prehistoria que encontrásemos hoy sería denominada popularmente de ese modo. Y si no, echa un vistazo a la prensa para ver cómo se los llama a las figurillas de Renancourt o Hohle Fels, descubiertas ya en el siglo XXI.

Figura 6. Figurilla de Renancourt

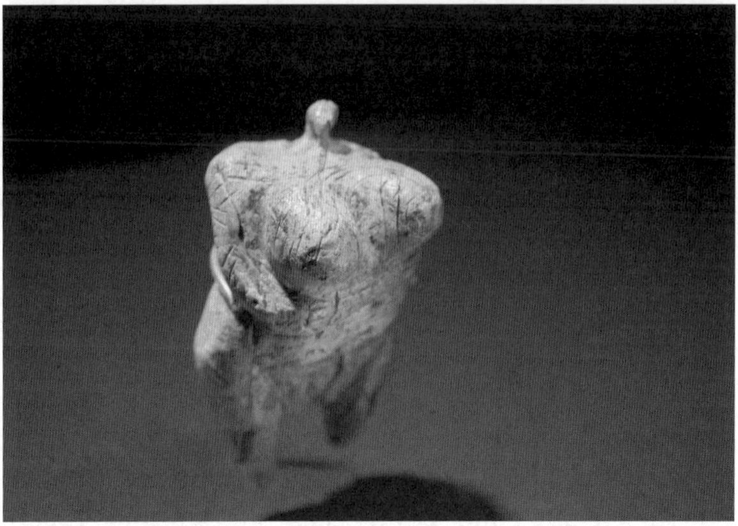

Figura 7. Figurilla de Hohle Fels

Pues así llevamos desde el siglo xix. El arqueólogo checo Karel Absolon, a cargo de las excavaciones de Dolní Věstonice (Moravia), tuvo la fortuna de encontrar varias de estas figurillas en los años treinta del pasado siglo, y de una de ellas, la denominada Venus XIV, una figura estilizada con los senos muy marcados, llegó a decir: «Esta estatua muestra que el artista ha rechazado representar todo lo que no le interesa, centrando su libido sexual solamente en los senos, en una pornografía plástica diluviana» (*diluvial plastic pornography*, lo pongo también en inglés porque aún estoy intentando averiguar qué quiso decir). En los años setenta, Peter Ucko y Andrée Rosenfeld llegaron a decir sobre el arte paleolítico que las figuras eran manufacturadas como «parafernalia erótica» que ofrecía placer a los hombres mientras disfrutaban de sus comidas. Y no han corrido mucha mejor suerte los relieves que aparecen en las cuevas paleolíticas y que representan senos, vulvas y falos, y que desde su descubrimiento han sido catalogados como imágenes realizadas por hombres como objetos sexuales para otros hombres.

Pero esto no acaba aquí, porque esa mirada simplista, estereotipada y estándar aún pervive. Si a finales del siglo xix esta mirada sobre los cuerpos de las mujeres podría haber estado justificada por las normas morales imperantes, la continuidad de este sesgo en el siglo xxi debería preocuparnos. Y ya no es solo el ejemplo de Willendorf y Facebook; un caso muy similar le ocurrió a otra de estas figurillas, la conocida como Venus de Hohle Fels (figura 7). Fue descubierta en Alemania en 2008 y posee una antigüedad de unos 35.000 años. Otra vez, resulta realmente pequeña, mide unos seis centímetros de altura y en el lugar donde debería estar la cabeza tiene una especie de anillo que sugiere que pudo ser utilizada como colgante. Esta figura femenina posee grandes senos y dos brazos muy cortos con dos manos cuidadosamente talladas que descansan en la parte superior del estómago. Unas líneas horizontales cubren su abdomen y van desde el área de debajo de los senos hasta el triángulo púbico, sugiriendo algún tipo de ropa, envoltura, pintura corporal o tatuaje... Las nalgas y los genitales, sobredimensionados, se representan con más detalle, y sí, está claro, suponen una exageración deliberada de las características reproductivas de la figura.

Mientras que el artículo científico en el que se dio a conocer se limita a describir las características de la estatuilla, en una sección dedicada a las novedades arqueológicas en la revista *Nature* se afirma: «La figura es explícita y descaradamente la de una mujer con una exageración de las características sexuales: senos grandes y sobresalientes, una vulva muy agrandada y explícita, y vientre y muslos hinchados que, según los estándares del siglo XXI, podrían verse como lindando con lo pornográfico». Y sí, ahí está otra vez el emoticono del grito. ¿De verdad es necesario entender esa figura de miles de años de antigüedad como algo obsceno?

Este tipo de miradas tan frívolas están tan asentadas que dos investigadores de la Victoria University of Wellington publicaron en 2011 un experimento con el que trataban de averiguar qué pudieron transmitir esas figurillas paleolíticas a las poblaciones que las generaron en términos de atractivo, percepción de estado reproductivo (por ejemplo, embarazadas o no embarazadas) y percepción de la edad (mujeres jóvenes, de mediana edad o en sus años posteriores a la reproducción). Así que se organizaron dos grupos de personas, uno de 161 hombres y mujeres heterosexuales de entre dieciocho y cincuenta y ocho años, y otro de 35 varones heterosexuales de entre veintitrés y cuarenta y cuatro años. El primer grupo contestó a un cuestionario sobre catorce figurillas paleolíticas de distintos yacimientos europeos con el que se pretendía recopilar datos cuantitativos sobre su atractivo sexual percibido, edad y estado de embarazo. Para el segundo grupo, se utilizó un dispositivo de estimulación visual y registro de movimiento ocular para que se pudiera medir la atención visual ante características morfológicas específicas. El objetivo del primer estudio era obtener información cuantitativa sobre cómo podrían variar las figurillas originarias de diferentes partes de Europa, en términos de su atractivo percibido y estado reproductivo. El segundo estudio buscó determinar si los hombres (solo los hombres) exhibían patrones de atención visual similares a los que experimentaban usando imágenes de mujeres actuales. ¿Para qué?, te preguntarás... Pues te prometo que yo también ando preguntándomelo, porque nuestra mirada contemporánea ha pasado por cientos de estimulaciones visuales, culturales, artísticas, morales, éticas y políticas, y creo firmemente que no es capaz de recibir y procesar esa información de la misma manera que los hombres y las mujeres del Paleolítico. Por lo tanto, ¿para qué hacer el estudio?

Como ves, estamos reduciendo la explicación de lo que significan las más de doscientas figuras conocidas hasta el momento a un par de cuestiones muy discutibles. Y me dirás: ¿por qué te empeñas tanto en esto? Pues no es porque yo quiera entender a las poblaciones de la prehistoria como libres de cualquier pensamiento sexual, estoy segura de que la reproducción y cualquier cosa que pueda representarla son muy importantes para estas poblaciones, igual que estoy segura de que algunas de estas figurillas están íntimamente ligadas al concepto de fecundidad. El problema es que, al calificar cualquier figura femenina de la prehistoria con el término *venus*, estamos generando unas interpretaciones universales, unas miradas al objeto fuera del contexto arqueológico, con dos consecuencias inmediatas. Por una parte, se genera una idealización y una universalización del cuerpo de las mujeres, de modo que se consideran únicamente como reservorios de fertilidad, receptáculos para la reproducción o representaciones de voluptuosidad y sexualidad, bienvenidos y celebrados en algunas sociedades; temidos, negados y controlados en otras. Por otra parte, estas interpretaciones ignoran la variedad de cuerpos, edades, acciones, actitudes y detalles relativos a vestimentas, peinados, tatuajes, dibujos corporales y adornos, claramente indicadores de la importancia de estos objetos para acercarnos a la vida de las mujeres en la prehistoria.

Nuestra mirada limitada y torcida desde el presente hace que sigamos considerando el cuerpo de las mujeres como algo pecaminoso, peligroso, utilitario y, como te contaré más adelante, como la única posibilidad que tenemos las mujeres de estar en la historia, porque o somos madres o la alternativa es la que ves: lujuria y desenfreno. Nada nuevo, ¿verdad? Son los dos modelos de mujer que vimos en la exposición de 1912 en el Real Instituto Belga de Ciencias Naturales.

Y, sí, reitero, por supuesto, que algunas de estas figurillas tendrían un significado relacionado con la fertilidad. Sobre todo las más antiguas, las que se realizaron durante el gravetiense, que es como se denomina de forma general al periodo del Paleolítico superior de hace entre 33.000 y 25.000 años. De este momento son las figurillas más conocidas y las que se han utilizado para la generación del estereotipo, cuerpos desnudos y semidesnudos, con determinadas partes anatómicas enfatizadas y con presencia de adornos: tocados, cinturones, collares o brazaletes. Es obvio que a estas poblaciones las preocupa la reproducción del grupo, igual que las preocupa la de los animales o la de las plantas, claro que sí. Su existencia depende de ello, ¿cómo no va a ser importante? Se podría decir que esas figurillas son la plasmación de la primera vez que existe conciencia del proceso reproductivo humano, de la necesidad de controlarlo y, por tanto, de representarlo, de materializarlo...

Pero encontramos otras mujeres representadas, las de las fases más recientes del Paleolítico superior, conocido como magdaleniense, realizadas hace entre 20.000 y 12.000 años. Ellas son mucho más estilizadas, más diversas, más heterogéneas, y también las encontramos grabadas y pintadas, en un esfuerzo que creo que tiene que ver más con el concepto de feminidad que con el de la reproducción.

¿Cuáles son las consecuencias para el conocimiento? Pues que al estereotipar, ocultamos, invisibilizamos esas figuras que representan distintas etapas en la vida de las mujeres, como la adolescente de Lauregie Basse, a esas mujeres de edad avanzada que también aparecen representadas en la cultura de Kostenki-Avdeevo, ocultamos el cuidado rostro de la representación de Brasempouy, nos perdemos la información que deriva del estudio de sus adornos, sus peinados o sus gestos. No consideramos que algunas de estas representaciones se vinculan a espacios domésticos, otras aparecen en depósitos rituales escondidas en pequeños nichos, ciertas representaciones se rompen intencionalmente, algunas se clavarían en el suelo, otras se podrían usar como colgantes. Algunas hipótesis nos hablan de autorretratos, de esculturas hechas por las mujeres que observan su cuerpo y lo reproducen con la obligada distorsión óptica. Unas podrían representar esteatopigia, esa acumulación de grasa en la zona central del cuerpo, otras están claramente embarazadas.

Incluso las hipótesis más tempranas, y que tendrían que ver con la existencia de una Gran Diosa Madre como máxima representante de una religión que sustentaba un matriarcado, algo que pondré en duda más adelante, han perdido fuerza frente a esa representación de la sexualidad y de la fecundidad.

En definitiva, si no somos capaces de observar esos pequeños (o grandes) detalles que marcan la diferencia, que explican cosas distintas, si perdemos la información que son capaces de generar estas representaciones, ¿cómo podemos creer que estamos generando el conocimiento adecuado? Pero da igual, como señalaba la entradilla de un artículo sobre las figuras descubiertas en el yacimiento de Zaraysk (Rusia): «Si Dios creó a Eva de una costilla de Adán, los cazadores de la Rusia paleolítica creaban figuras femeninas a partir de colmillos de mamut». ¿Cómo te quedas? ¿Carita asustada de nuevo? Ya te lo advertí al principio. Te prometo que no te doy más sobresaltos en este capítulo.

Una última cosa. Otra de las consecuencias de estereotipar es que invisibilizamos a las mujeres que encontramos en lugares en los que no esperamos encontrarlas y las negamos. Triste suerte que comparten la mujer cuyas cenizas reposan en la urna cineraria conocida como la Dama de Baza, la guerrera vikinga de Birka o la «princesa» de Vix, entre otras. Te lo cuento algo más adelante, te va a encantar.

Pero ahora vamos al principio, porque está claro que las desigualdades que existen hoy y que provocaron estos discursos del siglo XIX empezaron en algún momento histórico concreto y por algunas razones.

4

LA DESIGUALDAD

Apunta en el listado: un peine de bronce, otro de hueso, otro hecho sobre cuerno, unas pinzas de depilar, un espejo, instrumentos para tatuar, lo que parece una cuchilla de afeitar... ¿Lo has anotado todo? Espera, creo que me he debido de equivocar, aquí pone que esto es la sepultura de un guerrero, no puede ser...

Pues sí, sí que lo es. Fíjate qué curioso, la primera vez que encontramos evidencias de la existencia de diferenciación social, de la plasmación material de la existencia de clases sociales, fue hace unos 4.500 años. En ese momento empiezan a aparecer en el registro arqueológico europeo nuevos objetos y materiales. En las sepulturas aparecen caballos, bueyes, carros o vasos para bebidas alcohólicas, y encontramos por primera vez puntas de flecha de cobre y adornos de oro, brazales de arquero, botones de un diseño en V muy particular en marfil y cerámicas de lujo. Junto a todo ello, los elementos que he descrito al principio —pinzas, espejos, peines...—, objetos que tienen que ver con el cuidado de la apariencia, con conseguir un aspecto físico muy determinado, y que, en efecto, aparecen por primera vez en las sepulturas masculinas.

Estos ajuares tan característicos evidencian el aumento de los contactos entre hombres de lugares muy distantes que, a pesar de su distinta procedencia, se identifican a través de una estética muy particular. Es casi como si se uniformaran para mostrar una nueva apariencia masculina reflejada en la vestimenta, en tipos de armas similares y en el uso de los mismos instrumentos para el cuidado del pelo y la barba de algunos (pocos) hombres. Son varones que tienen poder y que crearían identidad social a través de la transformación de la apariencia corporal, definiendo a estas élites y a sus seguidores. Son los *influencers* de la Edad del Bronce... Lo que habría disfrutado esta gente con una buena cuenta de Instagram.

Es un momento crucial en nuestra historia, en el que se pasa de expresar el sentimiento de pertenencia a una comunidad a la exhibición individual y personal, lo que implica la adopción de un estilo de vida deliberadamente «ostentoso», eso sí, reservado solo a unos pocos.

Y estos elementos ¿no aparecen en tumbas femeninas? Pues sí, pero con matices y diferencias que veremos más adelante, con excepciones que entendemos que es imprescindible explicar para entender las sociedades, pero no con la rotundidad con que estos recursos aparecen en las tumbas de estos hombres de las élites. Por ahora no podemos decir que exista una identidad femenina común en ningún grupo de mujeres en la Edad del Bronce a nivel europeo, aunque eso no significa que no existan élites femeninas particulares en cada sociedad de la época. ¿Qué significa esto? Pues probablemente que después de un larguísimo periodo de formación las desigualdades entre mujeres y hombres ya estén en este momento bien establecidas. El culmen de un proceso que duró miles de años. Así que la gran pregunta es: ¿cómo y por qué surgieron y se mantuvieron las desigualdades entre mujeres y hombres? ¿En qué punto de nuestra trayectoria histórica aparece esa brecha que aún persiste?

Si alguien en este país se ha preocupado por contestar dichas cuestiones, esa es sin duda Almudena Hernando. Muchos de los argumentos que utilizaré en este capítulo parten de su reflexión y de su preocupación por conocer cómo se construyen las desigualdades, sobre los distintos tipos de identidad y sobre cómo se mantienen esas desigualdades, claves para entender este proceso. A mí me parece que su análisis es el más coherente y el que mejor explica lo que nos ha pasado. Si te interesa el tema, te recomiendo encarecidamente que leas *La fantasía de la individualidad* o escuches a Almudena en alguna de sus conferencias.

Los mecanismos de cómo se produce la desigualdad están claros. Todo empieza cuando alguien, en algún momento, por alguna circunstancia, tiene un poco más de poder que quien tiene al lado. Entonces se da cuenta de que eso significa una ventaja y, a partir de ese instante, intentará seguir manteniendo el privilegio que le supone esa pequeña desigualdad. Una vez aquí, es difícil revertir la situación. Eso es lo que sucedió con los inicios de la desigualdad entre mujeres y hombres: en un momento determinado, los hombres entenderán que controlar determinadas capacidades de las mujeres, sobre todo la reproducción, pero también otras mucho menos tangibles, supone un apoyo inmejorable para acrecentar la desigualdad. Ese es el comienzo del patriarcado como orden social predominante que aún persiste en nuestra sociedad. En las siguientes páginas vamos a tratar de descubrir qué mecanismos sociales han permitido que lo que he contado en los capítulos anteriores se produzca, que se utilice la prehistoria como campo de experimentación, o más bien de trabajo, para la sustentación de esas desigualdades. Y en este contexto vamos a hablar de identidad, cuerpos, patriarcado, matriarcado y control reproductivo, los elementos básicos de la construcción de estas desigualdades.

¿Qué es la identidad? La identidad es la idea básica de quiénes somos y cómo nos relacionamos con el resto de las personas y con lo que nos rodea. Es cómo tú te defines a ti misma o a ti mismo, cómo te percibes, cómo te relacionas con la gente con la que te cruzas a diario, cómo entiendes el mundo. Y nuestra forma de entendernos y entender el mundo en la actualidad es única, y sobre todo muy reciente, puesto que no es hasta el siglo XVII cuando se empieza a pensar el mundo no desde la religión, sino desde la lógica y la razón, desde el conocimiento y, sobre todo, desde el individuo. Pero hasta entonces las formas en las que la identidad se construía eran muy distintas.

A pesar de que hoy nos definamos de forma muy diferente a cualquier otro momento histórico, hay varias características comunes que han perdurado a través del tiempo. La primera: los seres humanos somos gregarios, nos gusta el grupo; tal vez creas que no, que tú no necesitas a nadie en tu vida, pero no es verdad, nos gusta ser parte de algo. Un algo que define nuestra forma de entender el mundo en tanto que nos sitúa en él, nos exige cosas dependiendo de si somos mujeres u hombres, jóvenes o mayores, de si profesamos una religión u otra, o ninguna, que nos sitúa en la vida de un modo u otro dependiendo de nuestro estatus social y económico. Una segunda característica común: nuestra identidad es interseccional, porque no es lo mismo ser una mujer de veinte años que una de sesenta y siete, porque no es lo mismo ser una mujer cristiana que una budista, porque no es lo mismo ser una mujer con recursos económicos que una que carezca de ellos; la identidad es cambiante. La tercera: expresamos nuestra identidad siempre a través del cuerpo, un cuerpo que vestimos, modificamos, adornamos... Y este último es un elemento fundamental en arqueología, ya que lo que tenemos es precisamente eso: cuerpos y objetos.

Dependiendo de cómo nos definamos, tomaremos determinadas decisiones como no entrar en un baño porque el cartelito dice que no es para nosotras, aunque la cola de las chicas sea inmensamente más larga que la de los chicos; no comer determinados alimentos si practicamos una religión en concreto o si hemos entrado en el bucle eterno de la operación bikini, o someternos a intervenciones estéticas porque nuestro cuello se ha descolgado un poco y nuestro cabello dista mucho de ser tan abundante como antes.

En todos esos ejemplos, y en el de los hombres de hace 4.500 años que he comentado al principio, el cuerpo es el elemento que los une. En arqueología, su estudio se ha puesto de relevancia en los últimos años para reflejar las experiencias vividas y las relaciones con el mundo que nos rodea. El estudio de los restos óseos y el análisis de los objetos con los que se entierra a la gente nos aproximan a conocer aspectos relacionados con la alimentación, el estado de salud, la esperanza de vida, el esfuerzo físico realizado, las actividades desarrolladas o las manifestaciones materiales de las identidades de género, edad o estatus social. Iré desgranando estos aspectos a lo largo del libro, pero ya hemos visto en las primeras páginas la interpretación que se ha hecho sobre las representaciones de los cuerpos de las mujeres. Mi pretensión es que utilicemos el mismo cuerpo que ha sido usado para estereotiparlas como un recurso para sacarlas del estereotipo.

Hemos quedado en que los cuerpos son lienzos en los que, con mayor o menor voluntad, vamos inscribiendo quiénes somos. Y, sí, como es sabido, todo el mundo lo hace, pues cada mañana nos levantamos, abrimos el armario y nos ponemos un determinado tipo de ropa, nos colocamos una serie de adornos, nos peinamos de una determinada manera y nos maquillamos o perfumamos (o no).

Incluso si no lo hacemos conscientemente, o nos ponemos lo primero que pillamos, eso ya es un signo de identidad que responde a elecciones previas hechas en una tienda o en una web. Y en esa construcción material de nuestra identidad escogemos aquello que nos acerca más a un determinado grupo de gente: veremos cabezas rapadas, barbas cuidadas, uñas kilométricas intensamente decoradas, pantalones de pana, cazadoras de cuero, rastas... Seguro que mientras lo lees, cada uno de los elementos que forman parte de esa apariencia te trae a la cabeza no ya la imagen en sí misma, sino las características culturales, sociales o políticas de los grupos que representa.

Un ejemplo de esa uniformidad, por cuanto resulta muy evidente, es el tipo de vestimenta que utilizan todos los hombres que ostentan el poder en el mundo. Piensa un segundo... ¿Cómo van vestidos prácticamente todos? ¿Lo tienes? Efectivamente, unifican su apariencia a través del traje de chaqueta y de la corbata, lo que indica, por tanto, su necesidad de adscripción al grupo de poder, su necesidad de sentirse miembros de este. Igual que esos hombres de hace 4.500 años. Voy a poner un ejemplo muy actual: hace unos años, en 2005, en una de las visitas que hizo a nuestro país tras ser elegido presidente de Bolivia, Evo Morales lució un jersey de lana a rayas que se convirtió en icónico. Entrevistarse con el rey o con el presidente Zapatero de esa guisa le reportó innumerables críticas de gente dolida por cómo se le había ocurrido presentarse con semejante atuendo ante tan altos mandatarios. Una falta de respeto por su parte, vamos. Bueno, en realidad, una demostración más de la incultura y el eurocentrismo que corre por nuestras venas. Porque lo que Evo Morales vestía era una chompa, un jersey de lana de alpaca de excelente calidad elaborado por las madres y las hermanas de quienes lo llevan y que es un signo absoluto de respeto. Él había convertido un objeto tradicional en una prenda protocolaria. Esto lo hace Rosalía y triunfa, pero lo hizo Evo Morales. La sensación que causó y las críticas exaltadas dieron para muchos artículos en prensa. La chompa llegó incluso a exponerse en el estand de Bolivia en la Feria Internacional del Turismo (FITUR) celebrada en Madrid en 2006.

Es cierto que, no sé si por estas razones o por otras, una vez en el poder Evo cambió un poco su estilo, y si ahora te metes en cualquier buscador vas a ver que sí, que cayó en la tentación y se puso chaqueta, customizada —como se dice ahora—, eso sí, una chaqueta con cuello Mao que siempre integra en distintas partes motivos indígenas.

Hemos visto cómo se construye la identidad y cómo se expresa a través del cuerpo. Hemos dicho que somos seres gregarios, que nos gusta formar parte de algo, de una comunidad. Y esta es una palabra clave. *Comunidad*. Es muy probable que los primeros grupos humanos, los cazadores-recolectores de la prehistoria, se entendieran a sí mismos desde la manera más intensa y básica de lo que es una comunidad en la que solo se conciben porque forman parte de ella. Eso es lo que se denomina identidad relacional, porque lo que los define son sus relaciones con el resto de los miembros del grupo. Los grupos cazadores-recolectores entienden perfectamente lo que pasa a su alrededor y pueden explicar por qué suceden las cosas, pero lo hacen a través de otra lógica que no es la científica, sino la mítica. Es decir, explican los fenómenos de la naturaleza a través de dinámicas humanas (sagradas), lo que les da menos control sobre ellos. Por eso la pertenencia al grupo les da sensación de seguridad.

En estos colectivos, los hombres hacen unas cosas y las mujeres otras, pero dentro de cada uno de estos dos grupos todos hacen lo mismo. Ahora bien, en un larguísimo proceso histórico, las cosas empiezan a cambiar. Y quiero dejar claro lo largo y complejo que es este proceso, pues estos cambios se producen muy sutilmente, sin apenas apreciarse, de modo que no puedan ser vistos como algo que pone en peligro el sistema, sino más bien como una gota que va calando, casi imperceptible pero constante. Estas sociedades que se definen como igualitarias lo son en lo económico, es decir, ambos sexos procuran a sus grupos lo necesario para subsistir y, por tanto, se consideran iguales. Pero en el mundo de lo simbólico las cosas cambian, porque en ese reparto de tareas hay una diferencia: los hombres se mueven algo más que las mujeres.

Para explicar por qué se mueven más tenemos que viajar 2,5 millones de años atrás, cuando aparece el género *Homo*. Uno de los cambios que se produjeron fue un aumento significativo del tamaño de nuestro cerebro. De manera que nuestra especie es la que tiene el cerebro más grande en relación con el resto del cuerpo de todo el mundo animal. Es lo que se denomina índice de encefalización. Así que para que una criatura nazca con el tamaño del cerebro adecuado necesitaríamos embarazos de veintiún meses. A esto se une otro asunto fundamental: los cambios necesarios en la pelvis para facilitar el bipedismo hicieron que las hembras tuvieran canales de parto más estrechos. Cerebros (en cabezas) más grandes que deben pasar por conductos más pequeños. Complicado lo ponemos.

Una situación difícil de solucionar, a no ser que solo nueve de esos meses transcurran dentro del útero y que el resto hasta los veintiún meses el pequeño humano los pase fuera. Eso nos deja un primer año en el que la recién nacida criatura requiere una atención primordial porque es extremadamente frágil y dependiente. Necesita ser cuidada constantemente. Constantemente. Constantemente. Cualquiera que lea esto y haya pasado por la crianza en ese primer año de vida sabe de lo que estoy hablando. Así que los grupos humanos se reorganizan para que la movilidad y los riesgos para las hembras sean algo menores. En estos grupos los hombres tienen más movilidad y empiezan a conocer el mundo algo más que las mujeres, porque ven más cosas, y ya se sabe lo que pasa: el conocimiento es poder. ¿Recuerdas la ilustración de Émile Bayard de la familia paleolítica?

En este punto me dirás: Para, para, que me estás liando. Me dirás: ¡¿Yo me estoy leyendo este libro para que me desmientas un montón de estereotipos sobre las mujeres en la prehistoria y ahora me dices que pasó lo que tenía que pasar porque las mujeres son las que tienen las crías?! No, es algo mucho más complejo, vamos a verlo.

Esto no significa que las mujeres no se muevan. Imagínate, son poblaciones cazadoras-recolectoras, todo el grupo se mueve, pero dentro de ese reparto de trabajos que al principio es simplemente eso, un reparto de tareas, a los hombres se les asignan aquellas que requieren algo más de movilidad. Ya verás en capítulos posteriores que las mujeres se mueven por muy distintas razones.

Esto no significa que las mujeres, en el ámbito de sus trabajos, no acumulen experiencias, conocimientos, relaciones, tecnologías, innovación... Veremos que hay muchos ejemplos, fundamentales, pero los hemos borrado de la historia.

Ten en cuenta además que estos procesos son extremadamente largos, estamos hablando de cientos de miles de años de nuestra historia, y, en ningún caso, este es un elemento lineal, nuestra trayectoria histórica no es la autovía del Mediterráneo, más bien está llena de arcenes, paradas para repostar, desvíos, carreteras secundarias, averías, etc.

Y lo más importante de todo, lo más relevante de lo que

te voy a contar, es que esas diferencias se terminarán convirtiendo en desigualdades por decisiones culturales, sociales y políticas, es decir, en algún momento esas diferencias, que no tenían por qué significar nada en cuanto a valor social, se volvieron en contra de las mujeres. El camino de la desigualdad no era el único, las estrategias, los valores, los mecanismos de organización social podrían haber sido otros, pero se «eligió» el de la desigualdad porque un grupo percibió que era más conveniente, porque necesitaba de esa desigualdad para sus intereses.

Este proceso que ya empezamos a percibir, aunque de manera muy sutil, en las poblaciones cazadoras-recolectoras se hace muy patente en cuanto las sociedades adoptan sistemas de producción agrícolas y ganaderos y se transforman en sedentarias. Eso que contaba antes de que todo el mundo, hombres y mujeres, hacen lo mismo dentro del grupo al que pertenecen, comienza a cambiar cuando en las sociedades productoras aumenta la división de funciones, aparecen trabajos especializados y la homogeneidad en el interior de esos grupos empieza a romperse. Las desigualdades aumentan y se comienza a tener conocimiento de por qué se producen las cosas. Ya no se debe todo a que las diosas nos castiguen o nos premien, sino que la observación que ha permitido, por ejemplo, que se conozcan los ritmos de crecimiento de las plantas o cómo se mueven los animales nos señala causas razonadas de por qué se producen las cosas y se empieza a comprender la realidad desde la observación y el conocimiento; además, sutilmente, hay personas que empiezan a percibirse diferentes del resto. El sentido de comunidad anterior comienza a resquebrajarse porque el grupo con el que se identifican ya no es toda la comunidad, sino un grupo más pequeño, distinto, diferenciado. Es el grupo que terminará cientos de años después colocando espejos y pinzas de depilar en sus sepulturas. Es el primer paso hacia lo que se denomina identidad individualizada. El primar lo individual frente a lo colectivo. Mi interés antes que el del resto. El no dar valor social a las emociones ni a los vínculos. Y fueron los hombres los que, al ver los beneficios que reportaba esa diferencia, la cultivaron usando todos los medios a su alcance. Pero, insisto, una vez más son decisiones culturales, sociales y políticas. Eso es el patriarcado.

A lo largo de la historia, las mujeres hemos estado mucho más vinculadas a la identidad relacional que a la individualizada, nos hemos definido mucho más por nuestros vínculos con los demás que por nosotras mismas, no en vano hay muchas mujeres en el mundo que se siguen cambiando el apellido al casarse, un hecho que quizá no tenga repercusión real pero que es muy significativo a nivel simbólico; incluso aún se ven algunos restos de esos comportamientos en las plaquitas de las puertas de algunas casas, donde se lee fulanito de tal (con nombre completo) y señora (así, a secas). De hecho, la prueba más evidente de que vivimos en una sociedad patriarcal, tanto en lo cotidiano como en lo simbólico, es que nuestra Constitución, en el artículo 57.2, el que regula la sucesión al trono, dice expresamente que en el mismo grado de parentesco se prefiere al varón frente a la mujer. O sea que si a Letizia y Felipe les diera por tener un hijo, él sería el sucesor por encima de sus dos hermanas. Suena raro, ¿verdad? Pero es que es así, porque mujeres y hombres hemos asumido que el patriarcado es el mejor de los sistemas posibles y porque las mujeres hemos tenido siempre mucha más conciencia de clase que de género. Y ese ha sido otro de los grandes triunfos del patriarcado, que nos ha negado la posibilidad de tener genealogía de mujeres, de tener referentes femeninos, porque los modelos de éxito siempre han sido masculinos.

Y para que el patriarcado funcione necesita de la subordinación de las mujeres, necesita que los vínculos emocionales que todas las personas precisan (también, por supuesto, los hombres) los sigan proporcionando las mujeres, y a lo largo de la historia el patriarcado ha trabajado intensamente para que eso se mantenga así, impidiéndonos desde aprender a leer y a escribir hasta votar o tener una cuenta en el banco sin permiso, para que nosotras sigamos necesitando esa instancia superior que nos proteja (en este caso, los hombres). Y, sí, por supuesto que hay mujeres que han roto esos estereotipos, que han tenido poder, que han sido pintoras, escultoras, científicas, viajeras... Muchas más de las que conocemos (o reconocemos), muchas. Pero lo han sido en contra de la norma bien establecida. Ese es el patriarcado. Porque matriarcado, lo que se dice matriarcado, no ha existido nunca.

Vamos a entender el patriarcado como lo define la Real Academia Española, es decir, como una organización social primitiva en que la autoridad es ejercida por un varón, jefe de cada familia, extendiéndose este poder a los parientes aun lejanos de un mismo linaje. Ojo a lo de «primitiva», como si no nos rigiera ahora. En fin. Por su parte, el matriarcado se define como la organización social, tradicionalmente atribuida a algunos pueblos primitivos, en la que el mando corresponde a las mujeres. Pues bien, no existen evidencias de que esto último haya ocurrido nunca: tenemos evidencias de sociedades marcadamente igualitarias y de sociedades patriarcales, aunque no de sociedades en las que las mujeres hayan ostentado por norma el poder. ¿Significa esto que no ha habido mujeres poderosas? En absoluto, pero han ejercido ese poder dentro de estructuras políticas patriarcales y de maneras muy parecidas a las de los hombres.

Ya mencionamos brevemente el matriarcado cuando en

el primer capítulo hablamos de J. Jakob Bachofen y su libro publicado en 1861 *El matriarcado: una investigación sobre la ginecocracia en el mundo antiguo según su naturaleza religiosa y jurídica*. En este texto, Bachofen propone la existencia de un matriarcado caracterizado por el mito, la práctica del animismo y una cierta irracionalidad; después llegó el patriarcado, que trajo el orden, la razón y, en consecuencia, el progreso. Volvemos a ver repetido lo que ya hemos comentado en algún momento: en el encuentro entre el binomio mujer/naturaleza-hombre/cultura gana siempre este último. Porque en este asunto está la clave. Durante algún tiempo se ha sostenido la idea de que, previamente a la existencia de esos señores de las élites, con sus espejos y sus peines, durante el Neolítico las poblaciones europeas vivían felices y en paz, en amor y armonía. Cultivando la tierra gracias a un sistema en el que las mujeres gobernaban y cuyo reflejo serían los cientos de figurillas femeninas que encontramos en yacimientos de este periodo. Sociedades en las que la diosa madre sería objeto de culto. Pero la sobrerrepresentación femenina en este periodo no nos puede llevar a pensar en una religión, en un sistema de creencias liderado por mujeres. Si eso fuera así de simple, ¿cómo consideraríamos al cristianismo y sus miles de representaciones femeninas en forma de vírgenes? ¿Podríamos pensar en ellas como diosas en un sistema religioso dominado por las mujeres? De hecho, fíjate en la imaginería de la Semana Santa en nuestro país: las vírgenes lucen espléndidas, adornadas, enjoyadas, mientras que las representaciones de Jesucristo no lo dejan en un buen lugar. Si solo tuviésemos esas imágenes para representar este sistema de creencias, ¿cómo crees que se interpretaría?

Pero volvamos a nuestras sociedades neolíticas pacíficas y mansas. Esta es, sin duda, una mirada un tanto naif sobre esas poblaciones, tanto es así que solo hace falta que lleguen desde el este de Europa hombres a caballo blandiendo armas de metal para acabar con este régimen pacífico. Sinceramente, me preocupa esa idea de que naturaleza y conocimiento y tecnología son opuestos e incompatibles. Que la naturaleza no tiene nada que hacer ante el «avance» tecnológico y que esas sociedades estaban destinadas a desaparecer porque no tenían nada que hacer frente a las poblaciones metalúrgicas. Supongo que tiene mucho que ver con los discursos y las actitudes actuales, que defienden la sobreexplotación de los recursos y la crisis medioambiental como necesarias para el desarrollo. E insisto, esto tiene que ver con decisiones culturales, sociales y políticas.

Así que no, no tenemos evidencias de la existencia de matriarcado, pero sí de otras formas de organización social en las que las mujeres tuvieron el protagonismo y que les otorgaron cierto poder: la matrilinealidad y la matrilocalidad. La matrilinealidad supone el predominio de la línea materna a la hora de organizar el linaje, la familia, y va mucho más allá del sistema matrilineal de herencia. En las sociedades matrilineales, las mujeres ostentan algún tipo de poder en distintos ámbitos económicos y sociales, como los del patrimonio familiar, la memoria genealógica o el prestigio del grupo. Por otra parte, la matrilocalidad tiene que ver con la residencia, con dónde vive la familia después del matrimonio, cerca del grupo familiar de la mujer o del hombre. Y ambas formas de organización social pueden existir en un sistema patriarcal, aunque este tienda a eliminar cualquier conato de poder de las mujeres. Por ejemplo, en las sociedades africanas hubo, durante la colonización europea, muchos grupos humanos en los que las mujeres, precisamente por el sistema matrilineal predominante, tuvieron determinadas cuotas de poder en los órganos comunitarios. Sin embargo, los colonizadores europeos no las consideraban como interlocutoras; sus interlocutores debían ser sus iguales en su categorización por sexos del ejercicio del poder, es decir, otros hombres. Este no reconocimiento de las mujeres y de su capacidad para llegar a acuerdos y negociar las iría desplazando poco a poco a posiciones secundarias y les haría perder poder dentro de sus propios grupos.

En este sistema patriarcal, el control de los recursos es fundamental, y la reproducción proporciona recursos extremadamente valiosos: mano de obra, soldados, primogénitos o sirvientes. Y en este caso el control se ejerce a través de la ocultación o del descrédito. Te lo contaré cuando hablemos de lo que supone la maternidad. Pero ahora vamos a hablar un momento de la menstruación. Una de las manifestaciones más evidentes de esas estrategias de control son los tabúes sobre la menstruación y su reflejo material en las cabañas (o casas) menstruales, que, aunque sea increíble, todavía siguen existiendo en el mundo. Los tabúes menstruales están tan extendidos que es posible considerarlos universales. Y no, no te creas que cuando hablamos de tabúes nos referimos a grupos culturales muy alejados de nuestro mundo occidental y modernísimo. Buena prueba de ello es el debate que ha levantado la reforma de la ley del aborto, que incluye algunas cuestiones relativas a la salud menstrual. Más allá de las críticas tradicionales al derecho al aborto, el texto ha suscitado opiniones a diestro y siniestro, de mujeres y de hombres, al poner encima de la mesa algo que es absolutamente cotidiano para nosotras. La nueva norma reconoce el derecho a la salud menstrual, con bajas por reglas dolorosas y el acceso gratuito a los productos para la menstruación a las mujeres en riesgo de exclusión. Aunque no ha podido ser el paquete completo, pues los productos de higiene menstrual seguirán teniendo un 10 por ciento de IVA en vez del superreducido de los bienes considerados de primera necesidad.

Hemos escuchado decir que eso es abrir la puerta al fraude, porque como bien sabes el menstrual es el único dolor en el mundo que se puede fingir, los demás no, ninguno. Hemos escuchado decir que eso es estigmatizar a las mujeres. No, disculpa, estigmatizarlas es que tengamos que ocultar o fingir que no nos pasa nada cuando es un proceso natural para las niñas y las mujeres en edad reproductiva. Hasta la UNFPA, Fondo de Población de las Naciones Unidas, organismo encargado de la salud sexual y reproductiva en el mundo, advierte que las burlas relacionadas con la menstruación, la exclusión y la vergüenza, absolutamente presentes hoy, socavan el principio de la dignidad humana. Y esa estrategia se utiliza precisamente para controlar un elemento crucial para las poblaciones, la reproducción.

En algunas ocasiones, dichos tabúes tienen una expresión material en forma de estructuras comunales, las casas menstruales, de las que los estudios etnográficos nos proporcionan una interesante información. Existen ejemplos de exclusión de mujeres por estas razones a lo largo y ancho del mundo. Por ejemplo el *chhaupadi*, la antigua práctica de mantener a las mujeres en una rudimentaria caseta durante los periodos menstruales y el posparto. Esta tradición hindú considera a las mujeres o niñas impuras, por lo que tradicionalmente se les prohíbe entrar en las casas, cocinas y templos. Esta práctica ha tenido una cierta repercusión mediática en los últimos años debido a las muertes provocadas por hipotermia o por inhalación de humos procedentes de pequeñas hogueras de varias mujeres y sus criaturas mientras estaban recluidas en esos lugares en épocas de enorme frío.

Estos tabúes sobre la menstruación los encontramos también hace miles de años documentados en las listas que registran las razones de la ausencia del trabajo por parte de los trabajadores dedicados a la construcción de las tumbas reales de Deir el-Medina. Idealmente, las mujeres que menstruaban debían abandonar la aldea e ir a esos lugares de reclusión antes de que los hombres fueran contaminados, pero si no lograban llegar a tiempo al «lugar de las mujeres», entonces los hombres se quedaban en casa; podían faltar al trabajo hasta dos días consecutivos. Para quienes han investigado estos documentos en realidad no sería un tabú general referido al contacto con mujeres que menstrúan, sino más bien se debe entender como una forma de proteger la fertilidad femenina en contextos muy específicos en los que tienen una influencia excepcional.

Pero más allá de estos casos concretos y evidentes, la arqueología no se ha preocupado mucho por este asunto, al igual que no ha entrado a valorar otras muchas cuestiones relacionadas con las mujeres. Podemos contar con los dedos de una mano los artículos científicos escritos sobre esta materia, pero alguno encontramos. Saltaremos el charco para irnos al interior de Estados Unidos hace unos 3.500 años, cuando el abrigo de Newt Kash en Kentucky fue utilizado probablemente como uno de estos lugares de aislamiento. Las excavaciones arqueológicas han sacado a la luz piezas de tela, hilo y cordaje y varios camastros hechos de distintas fibras vegetales. Otro elemento recuperado fue una cuna con una serie de objetos colgados, como una pata de cervatillo con pezuña o un diente de ciervo, posiblemente utilizados para entretener al bebé que la ocupara, como lo siguieron haciendo las poblaciones indias en tiempos históricos. Quizá la criatura que utilizó la cuna fue la que se encontró enterrada en uno de los recovecos del abrigo. Pero lo más impactante de todo fueron los hallazgos de semillas y fibras vegetales, entre las que se han documentado dos especies que pudieron funcionar como abortivos (el cedro rojo y el cáñamo indio) y restos de otras plantas utilizadas en enfermedades ginecológicas y venéreas, malestares gastrointestinales y renales, y para problemas de piel y quemaduras. También el musgo encontrado en este abrigo podría haberse utilizado como compresa o pañal, tal y como se documenta en estos grupos varios miles de años después.

En este caso, la presencia de camas bien pertrechadas nos indica que este abrigo era un lugar habitual donde pasar la noche. La cuna y los chupetes parecen señalar que era un espacio frecuentado por mujeres y criaturas, y la presencia de las plantas mencionadas es evidencia de que era un lugar donde las mujeres pasaban cortas estancias en periodos de menstruación o en el puerperio.

Como vemos, la necesidad de control de la capacidad reproductiva de las mujeres ha convertido algo natural en algo sucio y de lo que avergonzarse, y ha limitado mucho a las mujeres. Veremos algún ejemplo cuando hablemos de la metalurgia. Pero como todo lo que vas a leer en este libro, no es más que la construcción social y cultural que hemos extraído de ese hecho biológico. En 1978, la activista feminista y periodista Gloria Steinem publicó un divertidísimo ensayo en el que mostraba que la menstruación se considera como algo negativo y estigmatizado porque está asociado a los cuerpos de las mujeres, pero que si fuese cosa de hombres se volvería positivo y digno de atención y orgullo. En este ensayo satírico la autora cuenta cómo los niños celebrarían el inicio de la menstruación con rituales bien visibles, el congreso financiaría un Instituto Nacional de Dismenorrea para acabar con los malestares y los militares citarían la menstruación como prueba de que solo los hombres pueden servir en el ejército. Y la verdad es que no puedo estar más de acuerdo con ella.

Porque la menstruación, al igual que ocurre con la maternidad, se ha convertido en la gran excusa para decir «las mujeres no podéis»... En los próximos capítulos, haremos un repaso de todas aquellas actividades y de todos esos espacios que han sido negados a las mujeres sencillamente porque no encajaban con el discurso establecido.

5

AQUÍ NO PINTÁIS MUCHO

La culpa la tiene Velázquez. Sí, él. O Miguel Ángel, o Picasso o Caravaggio. La culpa la tiene ese genio creador humano (y masculino) que ha impregnado los discursos de la historia del arte y que, hasta hace muy pocos años, nos ha enseñado que cualquier obra maestra que se precie tiene un hombre detrás. Y no, no voy a hablar de las decenas de mujeres artistas que se han quedado por el camino en la historiografía de la historia del arte, hay colegas que lo hacen mucho mejor que yo. Pero sí de los cientos de mujeres que han sido ocultadas, negadas al hablar del denominado arte rupestre. Buena prueba de esa percepción del genio masculino como hacedor de todo el arte son las reacciones que despertó la ilustración creada por Arturo Asensio para la exposición del Museo Arqueológico Regional de Madrid, «Arte sin artistas» (2012), que se utilizó como imagen de referencia para este evento. En ella, una mujer con una criatura en brazos acompañada por una niña que sujeta una lámpara pinta bisontes en Altamira. A menudo cuento una anécdota sobre cómo cada vez que en alguna conferencia proyecto esta imagen alguien termina preguntando: «Y tú ¿cómo sabes que pintaban las mujeres?». Y mi respuesta es siempre la misma: «Y tú ¿cómo puedes asegurar que eran solo los hombres los que pintaban?». Porque no, no existe ningún dato científico que avale la idea de que las pinturas rupestres las hicieron solo los hombres. Ninguno. Y si no lo hay, ¿por qué esa idea ha calado tanto en el imaginario colectivo?

Más allá de nuestra mirada androcéntrica sobre todas las cosas, es muy posible que la invisibilidad de las mujeres —y otros grupos— en la producción de arte rupestre pueda deberse a que durante mucho tiempo esta forma de expresión ha estado vinculada a actividades muy concretas, como propiciar la caza o el desarrollo de prácticas rituales específicas, ignorando otras interpretaciones posibles. De hecho, si ponemos «arte rupestre» en cualquier buscador de internet, prácticamente todas las imágenes que aparecen corresponden a representaciones de animales o escenas de caza. Por eso es normal que tengamos esa percepción. Pero ¿no estaremos —una vez más— siendo excesivamente simplistas en nuestra mirada?

Ten en cuenta que lo que denominamos «arte rupestre» es una producción que se realiza durante miles de años por grupos humanos distintos, en diferentes lugares del mundo y en circunstancias económicas, ideológicas y sociales muy variadas. Solo en nuestro país, la diferencia temporal y estilística entre las pinturas realizadas en Altamira y las del arte levantino ya suponen un ámbito difícil de abarcar. Así que intentar encontrar una única razón para realizar esa producción o vincularla solo a los hombres sería como, por ejemplo y de manera muy bizarra, decir que cualquier creación artística desde el siglo XV hasta la actualidad tiene las mismas motivaciones y ha sido hecha solo por varones. Y eso no es así, ¿verdad?

En mi opinión, las representaciones rupestres son, sobre todo, un ejercicio de comunicación. Una comunicación esencial que se establece a diversas escalas entre los grupos humanos y lo sobrenatural, pero también entre los propios miembros de las comunidades que las generaron. El arte rupestre supone la expresión de una forma de entender y de explicar el mundo, de plasmar materialmente deseos y miedos, de transmitir simbólicamente la identidad, de apropiarse del paisaje haciendo que los lugares sean socialmente significativos, y también de expresar el conocimiento que estos grupos tienen sobre el mundo. Se trata de contar historias en las que lo oral se mezcla con el trazo dibujado. Se trata de transmitir conocimiento, un conocimiento que, a lo largo del tiempo, hemos seguido contando en múltiples soportes: en las esculturas de un pórtico, en un mapa, en la pizarra de una escuela, en un televisor, en un grafiti o incluso en ese cuento que le narras a tu hija.

Un conocimiento del que las mujeres son también partícipes. En el que están implicadas como autoras y como representadas. Por eso retomo la cuestión: ¿qué podemos saber sobre la participación de las mujeres en esta producción artística? Empecemos por su representación. El estudio de las figuras antropomorfas nos permite en algunas ocasiones caracterizar el sexo de las figuras, es decir, identificar los atributos que nos indican si los individuos representados son masculinos o femeninos, si poseen penes, testículos, vaginas, senos y grasa corporal en determinadas partes del cuerpo. Pero, cuidado, al contrario de lo que puedas creer, la mayoría de los cuerpos que se representan carecen de atributos sexuales claros. Y esto puede ser por distintas razones, bien porque quienes los hicieron tenían claro qué estaban representando y no les hacía falta señalarlo de manera explícita, bien porque la actividad representada pudiese ser realizada tanto por hombres como por mujeres, y por tanto tampoco habría sido necesario. En el caso de que podamos sexar esas figuras, la siguiente cuestión es: ¿y qué hacen estas mujeres? ¿Cómo aparecen representadas? ¿A qué trabajos y actividades aparecen asociadas?

Pues te las puedes encontrar desbrozando y limpiando campos, en la recolección, siembra y pastoreo, transportando objetos e incluso, en algunas ocasiones, aparecen en escenas de caza. Pero además tenemos que añadir aquellos trabajos relacionados más directamente con unas actividades de las que hablaré un poco más adelante y que conocemos como actividades de mantenimiento, especialmente las referidas a la reproducción y el cuidado de individuos infantiles, con escenas de embarazo, partos, alimentación y socialización. Por último, las mujeres aparecen en escenas rituales y de transmisión de conocimiento, de relación entre ellas o con otros individuos, como por ejemplo las escenas grupales, muy frecuentes en el arte rupestre. Y precisamente quiero hablar de una de estas escenas, para que veas cómo la mirada sobre esas figuras cambia la interpretación.

Quizá conozcas las representaciones rupestres de la Roca dels Moros en Cogul (Lleida). En este abrigo, el protagonismo recae en una serie de figuras femeninas dibujadas con mucha calidad y detalle que fueron descubiertas en 1908. El abate Breuil, un conocido estudioso del arte rupestre que a principios del siglo xx recorrió gran parte de los yacimientos prehistóricos de la península Ibérica, denominó a esta escena «la danza fálica». Para él, el panel representaba a un conjunto de mujeres que bailaban alrededor de un hombre más pequeño y desnudo con un pene desproporcionado.

Figura 8. Conjunto rupestre de la Roca dels Moros

Como buen hijo de su época, Breuil le dio todo el protagonismo al hombre, interpretando la escena como un ritual de fertilidad y construyendo el relato autorizado que ha prevalecido a partir de entonces. Y se ha sostenido porque, como ya te habrás cansado de oírme contar, algunos argumentos no cambian. En un libro de cierto éxito de 2005 sobre el arte paleolítico, Dale Guthrie insiste en que fue la testosterona de los hombres jóvenes lo que impulsó la creación de escenas de peligro, caza, mujeres desnudas y semidesnudas y falos erectos. Arte rupestre como terapia para adolescentes. ¿Alguien da más?

Ahora bien, las investigaciones posteriores de este panel de Cogul han determinado que esta escena no fue creada en un único momento, sino que, a lo largo de un tiempo indeterminado, al panel se van incorporando hasta cinco o seis parejas de mujeres, lo que nos deja unas once o doce mujeres, de las que solo nueve se ven claramente. Pero las nuevas investigaciones y el conocimiento que generan no siempre se traducen en nuevas interpretaciones. Es cierto que la «danza fálica» se ha descartado como explicación y que las lecturas actuales hablan de escenas de carácter ceremonial sobre la fertilidad en las que a las mujeres se les unen algunos animales —como un grupo de ciervas con un cervatillo—, o de mujeres que caminan y se relacionan entre ellas. Pero..., sí, hay un pero, cuesta desprenderse de la interpretación androcéntrica en algunas otras explicaciones en las que, a pesar de no saber en qué momento se incorporó la figura masculina, se sigue diciendo que las mujeres se «acumulan» alrededor del pequeño personaje masculino, estilizado y escuálido, pero con un pene destacado, adelantándose en su papel al dios griego Príapo. Sí, textual.

¿Sabes cómo lo veo yo? Como un lugar en el que las mujeres son protagonistas de un ritual que debe realizarse periódicamente, un lugar muy importante simbólicamente, de ahí que se vayan añadiendo esas nuevas figuras que aparecen ataviadas con vestidos, peinados, adornos y elementos de carácter ceremonial o, al menos, especial. No sé ir más allá, no sé si esas mujeres aparecen ahí porque están implicadas en un ritual de fertilidad o están participando en otra actividad que aún no hemos podido entender, quizá mucho más cotidiana. Como comprenderás, es muy difícil aprehender de manera completa el mensaje que esos grupos humanos realizaron para comunicarse entre ellos y nos falta mucha información, no solo por el estado de conservación, sino, sobre todo, porque intentamos descifrar códigos y significados que fueron creados en un contexto muy concreto. Pero, insisto, lo que es seguro es que esas mujeres están ahí, y eso las sitúa en un lugar relevante en la construcción del relato histórico para ese grupo humano y también para nosotros. Para mí eso ya es suficientemente relevante.

Y si nos cuesta ver a las mujeres como representadas, nos cuesta muchísimo más verlas como autoras. Una vez más, esta es una cuestión que tiene que ver con ideas preconcebidas e imaginarios actuales. José Antonio Lasheras, el recordado director durante muchos años del Museo de Altamira, sostenía que el hecho de que existan tan pocas representaciones actuales en las que el autor del arte paleolítico sea una mujer responde a una actitud sesgada, discriminatoria y acientífica, como si fuera una verdad evidente e incuestionable que el arte paleolítico fuese «cosa de hombres». En realidad, en los últimos años el perfeccionamiento y uso de nuevas metodologías de análisis nos está permitiendo acercarnos a identificar el sexo de quienes realizaron estas manifestaciones artísticas.

Dos son las técnicas utilizadas para esta investigación. Por un lado, el estudio de las huellas de manos; por otro, el de las huellas dactilares. Fascinante, ¿verdad? Las huellas de manos tanto en negativo, es decir, colocando la mano en la pared y proyectando con la boca pigmentos para que la silueta quede marcada, como en positivo, mojando la mano en el pigmento y apoyándola en la pared, aparecen con frecuencia en cuevas y abrigos a lo largo del planeta. En la península Ibérica las encontramos, entre otros, en lugares como la cueva del Castillo, La Garma, Altamira, Maltravieso o la cueva del Trucho. En esta última son frecuentes las manos infantiles, incluso se ha encontrado la de un bebé de pocos meses en el fondo de la oquedad. El estudio de estas improntas se basa en técnicas que incluyen el procesamiento de imágenes y el reconocimiento automático; para lograrlo se genera una imagen segmentada de la palma de la mano y de su contorno, se identifican puntos de interés como las puntas de los dedos y los valles entre estos, y se toman en consideración aspectos como la longitud y anchura de los dedos. Finalmente, a través del análisis de vectores, se identifica el sexo de la persona a la que pertenece la huella. Los estudios realizados en varias cuevas paleolíticas francesas y de la cornisa cantábrica han llevado a determinar que más de la mitad de las manos impresas en estos lugares son de mujeres.

La paleodactiloscopia es el estudio de las huellas dactilares que se producen a la hora de dibujar con los dedos en las paredes de cuevas prehistóricas. Por lo general, las huellas dactilares antiguas tienden a ser parciales y es difícil reconocer una región particular, pero en algunas ocasiones esos pequeños vestigios nos permiten evaluar el sexo y la edad de quienes las realizaron a través del análisis del tamaño de los surcos interpapilares (para conocer la edad) y de la anchura de las crestas papilares (para conocer el sexo).

Saber quién creó esas grafías es una de las cuestiones que más interés suscita en investigación, ya que conocer su sexo y edad nos permitiría definir en qué contexto social se realizaron. Así que, como te podrás imaginar, cuando se publicaron los resultados que determinaban el sexo y la edad de quienes realizaron las pinturas rupestres halladas en el abrigo de Los Machos (Zújar, Granada) a partir del análisis de sus huellas dactilares, la noticia dio la vuelta al mundo.

Te pongo en contexto: hace entre 7.000 y 5.000 años, un grupo humano realizó una serie de pinturas con los dedos en este lugar; se han identificado 32 motivos pintados, entre los que se encuentran mayoritariamente figuras antropomorfas, circulares y geométricas. Su excelente conservación ha permitido identificar dos huellas dactilares de dos individuos diferentes: un hombre adulto, mayor de treinta y seis años, y una mujer joven. Los titulares de los periódicos en un montón de idiomas distintos recalcaban que, por fin, se había documentado que las mujeres también, y recalco el *también*, pintaban.

En realidad, al igual que sucede con la caza, el hecho de

que las mujeres hayan participado en la creación de estas representaciones no supone ninguna novedad para quienes estudian el arte rupestre. La lógica nos debería bastar para entender que una actividad tan heterogénea y tan extendida en el tiempo y en el espacio no puede estar limitada a un solo sexo, pero a las mujeres nos hace falta ese dato: la huella, el ADN, el isótopo para demostrar que estábamos ahí. Y, sinceramente, a mí no me importaría si fuésemos igual de exigentes con la demostración de lo que hacen los hombres.

Te pongo un último ejemplo. En ocasiones, en arqueología, para intentar entender algunos comportamientos de las sociedades prehistóricas hacemos uso de la etnoarqueología. Esta disciplina se encarga de realizar estudios de cultura material de comunidades preindustriales contemporáneas. Se observan grupos que tienen condiciones económicas o sociales que se parecen a las de las sociedades prehistóricas para intentar entender cómo se organizan, por ejemplo, determinadas tecnologías, o cómo se resuelven determinados conflictos sociales. Pero ¡cuidado!, y este es uno de los *cuidados* con mayúsculas en este libro, estos grupos no son sociedades prehistóricas ni son sociedades que se han quedado en el camino del progreso, son sociedades con recorridos históricos de cientos de años muy relevantes que, simplemente, han optado por trayectorias distintas a las nuestras, con resultados diferentes. A pesar de lo que diga la globalización, hay grupos humanos en el mundo que no aspiran a ser como nosotros.

A mí me parece que observar, intentar entender, estudiar cómo se gestionan esos grupos nos ofrece, como mínimo, la posibilidad de eliminar ideas sobre quién hace y quién no hace, o quién puede y quién no puede. En el caso del arte rupestre, las manifestaciones rupestres ligadas al *chinamwali*, que es como se llama el rito de paso de las niñas chewas en Zambia y Malawi, nos muestran unas representaciones realizadas y usadas por mujeres como soporte visual y que, junto con canciones, bailes y música, se utilizan para transmitir conocimientos y normas a las niñas en su paso al mundo adulto. Y una vez desmontado el mito del arte rupestre, vamos con el de la caza.

6

VOSOTRAS NO DEBERÍAIS HACER ESO

Parte 1: la caza

En noviembre de 2020 se publicó un artículo en el que se contaba un descubrimiento muy interesante. En el yacimiento de Wilamaya Patjxa, en los Andes peruanos, se había encontrado una sepultura de una mujer joven de entre diecisiete y diecinueve años, enterrada con un conjunto de útiles de caza mayor. Entre los elementos hallados en esta sepultura de 9.000 años de antigüedad había cuatro puntas de proyectil de piedra muy afiladas, realizadas para abatir animales de gran tamaño, varios cuchillos también de piedra y herramientas para raspar y curtir pieles. Encontraron además ocre, que, aparte de ser usado como pigmento, servía para tratar las pieles de los animales cazados y prepararlas para su uso. Todos los restos estaban muy próximos unos a otros, así que se ha supuesto que estaban dentro de una bolsa, que no se ha conservado, a la altura de la cadera. A poca distancia se encontraron restos de tarucas (los venados andinos) y vicuñas.

Mientras excavaban la sepultura, y tras comprobar el ajuar que aparecía en su interior, el propio equipo de investigación pensó que estaban excavando la tumba de un jefe, un hombre con poder que había sido enterrado con toda la ceremonia posible. Pero ¡oh, sorpresa!, el análisis de la amelogenina, una proteína presente en el esmalte dental, dio como resultado que la persona enterrada era... una mujer. Imagino al equipo entre el desconcierto y las expectativas que se abrían por delante. Ten en cuenta que este yacimiento dedicado a la caza está considerado como el más antiguo de todo el continente americano. Y las preguntas que se hicieron de inmediato fueron: ¿es una excepción? ¿Era habitual que las mujeres cazasen?

Para contestar a esas preguntas, el equipo de investigación se puso a contrastar los datos publicados sobre diferentes yacimientos del mismo periodo cronológico de Wilamaya Patjxa en toda América. Se identificaron 429 individuos de 107 enterramientos diferentes. De entre todos ellos, los investigadores encontraron que de los veintisiete individuos que habían sido enterrados con útiles para la caza mayor, once eran mujeres y quince hombres. Unos datos que nos señalan que entre el 30 y el 50 por ciento de los cazadores de estas poblaciones eran mujeres.

La noticia dio la vuelta al mundo. Literalmente. No hubo periódico que no comentara que, por fin, se había descubierto que las mujeres cazaban, como si eso nos situara en un plano intelectual y moral diferente al que teníamos y más cercano al de los hombres, que sí que han sido cazadores toda la vida. Cuando en un programa de la cadena France 24 le preguntaron a Pamela Geller, antropóloga de la Universidad de Miami, cuán trascendental resultaba ese descubrimiento para la arqueología, ella contestó que no era realmente sobresaliente, interesante, sí, pero para quienes hacían arqueología desde una perspectiva feminista esa idea de que las mujeres no cazaban había sido descartada hacía al menos treinta años. Y es cierto, tanto en arqueología como en estudios etnográficos los hallazgos de este tipo no son extraños. ¿Por qué entonces esa noticia resultó tan impactante? Pues yo creo que por dos razones. La primera —y eso lo he experimentado en mis propias carnes— es que da igual lo que investiguemos, los años que llevemos trabajando en esas líneas, que publiquemos en las mejores revistas..., si no somos capaces de llegar a las representaciones de los museos, a los medios de comunicación de masas, a los libros de texto o a las revistas de divulgación, no nos convertimos en relevantes. Por eso es tan importante la divulgación. Pero de eso hablaré más adelante. La segunda razón es que la información que se genera es recibida por la gente de forma diferente dependiendo de las condiciones sociopolíticas de cada momento. Ahora mismo esta noticia recibe atención porque, en nuestro mundo, los tradicionales roles de género están siendo cuestionados, transformándose lo que entendemos que pueden hacer mujeres y hombres, y en ese contexto la noticia encuentra el abono necesario.

Fíjate si la sociedad tiene asumida esa idea del hombre cazador que entre los comentarios que se hacían en los periódicos había varios que se podrían resumir de esta manera: «Claro que sí, las mujeres cazando, ¿y ellos qué? ¿Sentados de brazos cruzados mirando?». No voy a entrar a comentar en profundidad lo que opino sobre que en las ediciones digitales de los periódicos los comentarios de la gente estén en el mismo nivel de percepción visual que el artículo bien documentado o la entrevista profunda e inteligente... Una circunstancia que permite que el comentario nivel «cuñado» (o «cuñada») que antes se hacía en la barra de un bar ahora lo vean miles de personas. Pero ¿por qué ese comentario tan básico? Pues porque se estaba desmontando para el gran público uno de los mitos más poderosos de la historia: solo los hombres cazan. Porque pareciera que les estamos quitando el sitio, «ellos mirando». Y eso son palabras mayores. Una actitud muy demagógica, aunque muy exitosa en estos tiempos: «Las feministas odian a los hombres», «Sois unas exageradas, ya se ha conseguido la igualdad», ¿recuerdas? Pues eso.

La historia de la exclusión de las mujeres de la práctica de la caza ha sido una constante en la literatura etnográfica y arqueológica. La consideración de la caza como una actividad fundamental en la evolución humana ha creado discursos por los que, gracias a esta, adoptamos el bipedismo, fabricamos herramientas y ejercimos conductas violentas; además, la dieta carnívora obtenida con la caza hizo que desarrolláramos un mayor cerebro. En esta narrativa, la caza también dio lugar a la familia nuclear, ya que las mujeres —bípedas de forma inexplicable porque no cazaban— esperaban en casa a que los hombres les trajesen la carne. Estas interpretaciones están empezando a ser puestas en cuestión, porque el interesante debate ahora es: ¿de dónde extrajimos realmente las proteínas tan necesarias para nuestro desarrollo? ¿Fue de la caza? ¿O fue por el carroñeo? Sí, sé que compararnos con un buitre o una hiena (grandes cazadoras por cierto, ellas también sufren nuestros prejuicios) no es plato de buen gusto, pero ¿realmente la especie humana ha tenido la posibilidad técnica de cazar? Esa pregunta se la están haciendo ahora mismo en los yacimientos de Orce (Granada). Saben que hace 1,2 millones de años se consumía carne de hipopótamos, caballos, ciervos, bóvidos o tortugas. Las marcas de corte en los huesos de esos animales hechas con útiles de piedra dejan claro que las partes preferidas eran patas, costillas y vísceras, en eso no hemos cambiado demasiado. Pero no está claro cómo se obtiene esa carne. En estos yacimientos en particular y con la tecnología de la que disponían no serían capaces de matar animales de gran tamaño, pero sí de llegar los primeros a los animales ya muertos y acceder a las mejores partes. Conocen muy bien el territorio y saben dónde tienen más probabilidades de morir estos animales, así que es cuestión de maña más que de fuerza. Y si lo piensas, el carroñeo no es más que otra forma de recolección.

Libros como *Man the Toolmaker* y *Man the Hunter* influyeron muchísimo en esta idea. En las primeras páginas de *Man the Hunter* los editores afirman que «la caza es tan universal y tan consistentemente una actividad masculina que debe haber sido una parte básica de la adaptación cultural inicial, incluso si solo participaba en una pequeña proporción en la dieta». O sea, que ya empezamos desde el principio a reconocer que la aportación de la caza a la dieta de las poblaciones cazadoras-recolectoras, que quizá a partir de este momento deberíamos empezar a llamar recolectoras-cazadoras, o sencillamente recolectoras si consideramos lo que hemos dicho del carroñeo, es muy pequeña. En ambos volúmenes encontramos ejemplos tipo de una marcada división del trabajo: los hombres cazan, las mujeres recolectan. Por ejemplo, las mujeres hadzas son las que se encargan junto con niños y niñas de la recolección diaria de vegetales, mientras que la caza es una actividad exclusiva de los hombres y de los adolescentes varones. Como ya he comentado, el mayor aporte a la dieta proviene de la recolección, puesto que la carne se come en el lugar de la caza y solo en el caso de que los hombres estén satisfechos llevan lo que quede de carne al campamento. Aun así, los hadzas se definen como cazadores. Aunque si solo preguntas a los hombres, ¿qué te van a decir? Que lo importante es lo suyo, claro. Porque, a pesar de la enorme utilidad de la etnografía para el estudio de las sociedades prehistóricas, uno de los problemas más importantes hasta hace muy poco es que tanto los investigadores como los informantes eran hombres, y es su visión del mundo la que se ha elegido como representativa, relegando la opinión de las mujeres o convirtiéndola en mero anecdotario. Unos sesgos de género que los llevaban no solo a elegir a los hombres como interlocutores, sino también a plantear unos temas de investigación o unas preguntas y a utilizar unas categorías y conceptos que excluían las prácticas y experiencias relacionadas con las mujeres.

En cualquier caso, estos libros tuvieron desde muy pronto críticas desde el feminismo. Libros como *Woman the Gatherer* (La mujer recolectora) recogen varios ejemplos de grupos humanos en los que las mujeres participan activamente en la caza. Por ejemplo, en las poblaciones agtas (Filipinas) hay ciertos grupos en los que las mujeres cazan, solas o en compañía; aprenden esta actividad durante la adolescencia, lo mismo que los hombres, y cazan el mismo tipo de animales que ellos, utilizando machetes o arcos y flechas elaborados por ellas mismas. Solo permanecen inactivas en esta tarea durante el embarazo y los primeros meses tras el parto.

A partir de este momento, la idea de que la mujer caza se ha venido repitiendo en multitud de publicaciones de carácter etnográfico. Las mujeres de los grupos aborígenes australianos participan en las cacerías comunales y cazan canguros en partidas que realizan en solitario. Las mujeres chipewyans (Canadá) aprenden a cazar durante la niñez y la adolescencia, les enseñan las mujeres más mayores de su familia, tienen su propio equipamiento y, solas o en compañía, cazan conejos y alces. Y también cazan las mujeres barsawas de Botsuana y las mbutis del Zaire... Podría poner muchos más ejemplos de otros lugares. Lo que sí es cierto es que, en algunas ocasiones, hay diferencias en la manera de cazar entre mujeres y hombres: cazan especies distintas, con diferente intensidad y utilizando diferentes técnicas. Y también es diferente el contexto social en el que lo hacen. Las partidas de caza de las mujeres suelen desarrollarse cerca del poblado, en grupo, y a menudo ellas se llevan consigo a las criaturas mayores de seis años; las piezas que se cobran son más pequeñas y cazan una menor diversidad de especies. Estas peculiaridades han hecho que durante mucho tiempo se pasen por alto los aspectos sociales, culturales y la importancia económica de la caza de las mujeres. Pero sigue siendo caza.

Especialmente interesante me parece el ejemplo de las poblaciones iñupiaqs que viven en las praderas del norte de Alaska. Pero, antes de conocerlas, déjame que te cuente en qué consiste la división sexual del trabajo. Cada sociedad organiza la distribución del trabajo entre los hombres y las mujeres según los roles de género establecidos y que se consideran apropiados para cada sexo. Y, ojo, que esto es muy importante: según establece cada sociedad. Así se busca siempre la manera de ser más eficiente en la supervivencia del grupo. Como no todas las sociedades hacen lo mismo, no todas las sociedades reparten el trabajo por igual. Pero es que además esas asignaciones también cambian en una sociedad a través del tiempo dependiendo de las circunstancias. Pueden variar porque necesitan ser adaptables. En esa división sexual del trabajo, a las mujeres se nos ha asignado el papel relacionado con el ámbito doméstico. ¿Y cuál es el problema? ¿Acaso no es cierto que en la mayoría de las sociedades las mujeres han dedicado la mayor parte de su tiempo a los trabajos domésticos? Pues el problema está en que estos roles tienen una distinta valoración social, de modo que una división sexual del trabajo que no debería diferenciar entre los trabajos de unos y otras se traduce en relaciones jerárquicas de poder y, por lo tanto, en desigualdad.

Pues bien, en esa división sexual del trabajo de las poblaciones iñupiaqs, los hombres fabrican herramientas, cazan y pescan. Pueden cazar solos, con sus esposas o con otros compañeros, depende del tipo de pieza que se cobren; animales como focas, morsas o belugas se suelen cazar en grupo. Las mujeres pescan, cazan ocasionalmente, descuartizan los animales, conservan y preparan la comida, curten las pieles, cosen (tanto la ropa como la piel que cubre los barcos balleneros) y cuidan de las criaturas. Me cuesta encontrar alguna definición más acertada de lo que significa la división sexual del trabajo que la que tienen estas poblaciones que entienden que el trabajo se define como algo que uno hace para alguien del otro sexo. Claramente hemos distorsionado el concepto.

Pues bien, en este contexto, los estudios realizados en los años ochenta del siglo xx argumentan que las mujeres, y particularmente las mujeres casadas, son consideradas cazadoras. La documentación etnográfica habla de mujeres que cazan ciervos con gran habilidad, que conocen el territorio de caza tan bien como los hombres, que son mejores adiestrando perros y, a menudo, también mejores rastreadoras. Y en estas descripciones también aparece que los equipos de caza de los hombres siempre contienen un juego de herramientas de costura. La razón es evidente: un pantalón roto a un montón de grados bajo cero debe ser reparado inmediatamente, así que cuanto mejor sepas hacerlo, más probabilidades tendrás de no congelarte. De hecho, cuando unos estupefactos señores les preguntan a estos hombres por qué saben coser, estos dan una respuesta obvia: «¿Cómo vamos a sobrevivir si no?».

Te doy más datos. En una serie de estudios que se realizaron durante los años setenta del siglo xx, se analizó esa división sexual del trabajo en 85 sociedades etnográficas y la asignación por sexos de cincuenta actividades distintas. Se clasificaban en: exclusivamente femeninas o masculinas, preferentemente femeninas o masculinas y realizadas por ambos sexos. Pues bien, de manera sorprendente solo un par de actividades eran realizadas exclusivamente por hombres en las sociedades en las que se practicaban: la metalurgia del hierro (cuando lleguemos a ese capítulo, te vas a divertir) y la caza de ballenas. De hecho, en muchas de las descripciones de estas mismas sociedades iñupiaqs se dice que salir en el barco ballenero era considerado el trabajo de un hombre. Pero si había escasez de mano de obra, las mujeres eran reclutadas inmediatamente. En las descripciones se cuenta que las mujeres trabajaban en las tripulaciones balleneras al igual que los hombres, eran «tan buenas como ellos remando y no parecían tener miedo a ir navegando al lado de una ballena».

Más allá de los aspectos prácticos, entre los iñupiaqs, como entre los cazadores del norte de Alaska en general, la caza es un acto sagrado en el que las relaciones e identidades de género tienen mucho que ver. En este ritual, los animales se «entregan» a hombres cuyas esposas son generosas y hábiles, y es trabajo de la mujer atraer a los animales y, por lo tanto, cazar. En mi opinión, no deja de tener cierto tufillo a «sé buena esposa, que de eso depende que los animalitos acudan», pero lo cierto es que no dejan de estar presentes y tener protagonismo en todo el proceso. Cuando un hombre mata un animal, su alma debe ser tratada correctamente. El cuerpo del animal se transforma en comida y su piel se transmuta en una «segunda piel» para el cazador. Esta ropa, hábilmente cosida por las mujeres, sirve para complacer a los animales y así atraerlos. La aguja de la mujer hace al cazador. Quizá lo más importante que podamos extraer es que, en la sociedad iñupiaq, las actividades de las mujeres (coser, matar, descuartizar, desollar, repartir la carne) se clasifican como habilidades de caza.

Y esto es un elemento clave, porque en nuestra simplificación de las cosas entendemos que cazar es solo disparar la flecha o arrojar la lanza. Y se nos olvida que durante mucho tiempo en la prehistoria la caza de grandes animales no dependía ni de la fuerza ni de la habilidad individual, sino del número. En grupo se empujaban los rebaños hacia acantilados o hacia trampas, se arrojaban lanzas a las manadas que no servirían para matar a los animales, pero los dejarían heridos e incapaces de seguir el ritmo del resto. En los pequeños grupos paleolíticos era necesario que participara toda la comunidad para ser eficientes. Un buen ejemplo de esos momentos son las representaciones del arte rupestre del arco mediterráneo de la península Ibérica. En muchos de los paneles se representan momentos del rastreo, la persecución animal o el ojeo, en que las mujeres participaban sin llevar arcos o flechas, pero están incluidas en las escenas.

Así que sí, las mujeres han cazado y cazan en la actualidad en muchos lugares del mundo. Y sí, sin duda, la mayoría de los cazadores son hombres, pero eso no nos debe llevar al error de confundir un patrón de conducta con una mitología épica de lo que ha supuesto la caza, y por tanto los hombres, para la humanidad. ¿No te parece?

7

VOSOTRAS NO DEBERÍAIS HACER ESO

(Parte 2: la guerra)

No, no creas que yo tengo mucho interés en demostrar que las mujeres han participado de forma activa en las guerras y en los conflictos violentos. De la misma manera que antes he dicho que demostrar su contribución al arte rupestre o su intervención en la caza no las hace más importantes, tampoco su participación en conflictos armados o guerras las vuelve más relevantes. Pero, al igual que en el caso de la caza, también hemos ensalzado la guerra como un elemento necesario en nuestras trayectorias históricas, también hemos considerado que es un ámbito masculino y, por tanto, también hemos entendido que los hombres merecen, otra vez, mayor reconocimiento histórico por su participación. En arqueología, eso de que partimos de sociedades pacíficas y poco complejas que se van transformando en violentas a medida que se vuelven más complejas, y por tanto más civilizadas, ha sido una idea bastante común. Empezamos ejerciendo la violencia y terminamos organizándonos en ejércitos para hacer de la guerra algo plenamente integrado y aceptado en nuestras sociedades. Inexplicablemente hemos entendido que, cuanto más capaces de ejercer la violencia física o estructural sean las sociedades, más «civilizadas» son. Una terrible idea que no hace sino intentar justificar nuestro presente.

El contexto sociopolítico europeo del siglo xx y los distintos conflictos armados por los que ha pasado el continente han marcado el desarrollo de la investigación sobre la guerra en la prehistoria. Recuerda que la arqueología es una disciplina tremendamente eurocentrista y, sin duda, los conflictos bélicos que se produjeron en los años noventa en los Balcanes y el hecho de que la guerra no se produjese a miles de kilómetros sino en pleno corazón de Europa marcaron un hito importante en la consideración de lo que la guerra ha supuesto en la historia. En el estudio de las sociedades prehistóricas el ejercicio de la violencia empezó a ser, al igual que hemos visto con la caza, un tema recurrente en congresos y publicaciones, y las guerras que comenzaron y se desarrollaron en el siglo xxi —Irak, Afganistán, Siria, Yemen y otras tantas que no vemos a diario en las noticias— han seguido ahondando en la «irremediable» condición violenta de los seres humanos. Mientras escribo estas líneas han pasado ya más de dos meses de la invasión rusa a Ucrania; volveré a esta guerra algo más adelante.

Por tanto, una vez más, volvemos la mirada al pasado para justificarnos. Considerar la guerra como uno de los motores de la historia, aunque no es exclusivo del estudio de las sociedades prehistóricas, sí ha tenido una fuerte influencia en la visión que poseemos de ella. Y sí, claro que tenemos evidencias de situaciones violentas a lo largo de la prehistoria, de masacres y de asesinatos. Por ejemplo, la fosa encontrada en el asentamiento de Koszyce, en Polonia, donde fueron depositados con enorme cuidado los cuerpos de tres generaciones de una misma familia, mujeres, niños y hombres asesinados por golpes en la cabeza hace 5.000 años. Varios miles de años antes en Kenia, en el yacimiento de Nataruk, veintisiete personas fueron asesinadas hace unos 10.000 años, veintiún adultos (mujeres y hombres) y seis criaturas que murieron por golpes y heridas causadas por flechas y que supone una de las primeras evidencias de violencia intergrupal entre las poblaciones cazadoras-recolectoras. También aquí, en nuestro país, tenemos evidencias de enfrentamientos violentos entre grupos. Uno de los más inquietantes es el de la cueva de Els Trocs, en San Feliu de Veri/Bisaurri (Huesca), en el Pirineo oscense. Este lugar era, hace unos 7.300 años, el refugio de un pequeño grupo pastoril trashumante, y allí, durante las excavaciones, se descubrieron nueve cuerpos (cinco personas adultas y cuatro criaturas) que recibieron disparos de flecha en la cabeza realizados desde una distancia muy corta y múltiples traumatismos, incluso tras su muerte. Y podría seguir.

Decía que la aparición e institucionalización de la guerra y el ejercicio de la violencia como un recurso aceptable para las sociedades han sido considerados elementos clave en la comprensión de los procesos de complejidad social. A una violencia más organizada le corresponde una sociedad más sofisticada. Pero debemos añadir una figura que termina de sublimar este proceso: el guerrero. La prehistoria europea constituye el escenario más adecuado para su aparición. De hecho, su evidencia en una sociedad parece considerarse un mérito más, un éxito de esa comunidad. Las comunidades de la Edad del Bronce del sudeste de la península Ibérica, las conocidas como sociedades argáricas (2200 y 1550 a. C.), no han sido una excepción, más bien al contrario, han supuesto un excelente caldo de cultivo. Justo con estas poblaciones aparecen las primeras armas especializadas, los instrumentos pensados específicamente para la defensa y el ataque y para los que no hay otra función, como son las alabardas y las espadas. Recuerda que hasta este momento las muertes violentas habían sido provocadas por heridas de flechas o por golpes con objetos contundentes, como dirían en la serie *CSI*, pero ninguno podía ser identificado específicamente como arma. Así que no hay duda de que la aparición de las armas significa un cambio en la concepción de la violencia para estas poblaciones, pero ¿qué nos dice el registro arqueológico?

Hagamos cuentas. El número de armas que conocemos hasta ahora para las poblaciones argáricas es ciertamente escaso. Suponen menos del 2 por ciento del total de los objetos metálicos. De hecho, la mayor parte de la metalurgia en estos momentos está dedicada a la fabricación de objetos de adorno: anillos, brazaletes, colgantes, aretes... Te sorprende, ¿verdad? En realidad, solo conocemos unas 76 alabardas y catorce espadas para un periodo que dura aproximadamente setecientos años y un territorio que en su máxima expansión debió de alcanzar una extensión similar a países actuales como Holanda o Dinamarca. Es decir, una espada cada cincuenta años. Tampoco las evidencias de su uso son conclusivas, solo en unos pocos casos se han documentado marcas en sus hojas que podrían haberse producido durante un episodio violento. Y, en el caso de que espadas y alabardas hubieran sido utilizadas de forma sistemática, sería de esperar la presencia de marcas en los huesos de las personas atacadas, y esto no sucede. De los miles de restos de esqueletos de la época analizados, solo dos casos son compatibles con marcas de hojas metálicas. Se trata del cráneo de un individuo infantil documentado en Caramoro (Elche), para el que se ha sugerido un accidente como posible causa, y los restos de una mujer en el asentamiento de El Morrón (Moratalla, Murcia), que presenta diferentes cortes y lesiones mortales en su cara y parte posterior del cráneo. En cualquier caso, ninguno de los dos ejemplos parece responder a un conflicto de carácter guerrero. Durante la Edad del Bronce, la mayor parte de las heridas y traumatismos que podemos identificar son lesiones en la cabeza de forma circular u ovalada, causadas por golpes con objetos romos, con muchas evidencias de curación y mucho más frecuentes en los hombres.

Al margen de las razones que provocaron estas heridas, no podemos negar que las evidencias arqueológicas apuntan a que la violencia en las sociedades argáricas existió. Mi problema con este tema es de escala. ¿En estas sociedades de la Edad del Bronce tal vez las armas se utilizaron como símbolos de identidad social y poder? Sí. ¿Quizá fueron usadas por (unos pocos) miembros de la comunidad como elemento de exhibición y de advertencia? Probablemente. ¿Existió en estas sociedades una violencia estructural causada por las desigualdades? Sin duda. ¿Justifica todo ello la narrativa de una sociedad guerrera, altamente militarizada, como se ha llegado a definir? Absolutamente no.

Porque lo que nos ha movido (y removido) a lo largo de la historia no es la guerra, sino el conflicto. El conflicto entendido como esa situación en la que existe una contraposición de intereses, necesidades, sentimientos, objetivos, conductas, percepciones, valores o afectos entre individuos o grupos que definen sus metas como algo mutuamente incompatible. Es decir, cuando tú y yo queremos cosas distintas y nos encontramos de frente. Esas situaciones se pueden resolver de forma violenta o —como ha sucedido en la mayor parte de las ocasiones a lo largo de la historia— de forma pacífica, a través de la negociación y el acuerdo. El conflicto siempre va a existir, no se acaba con él sino que se gestiona, se regula y se transforma. Porque si hubiéramos resuelto todos nuestros conflictos de forma violenta, seguramente ya nos habríamos extinguido. Así que lo primero que tenemos que dejar claro es que la especie humana ha sido mucho más pacífica que violenta. Pero hemos construido una historia en la que valores como la individualidad, el poder, el control, la violencia o la competitividad asociados a un modelo de hombre muy bien definido son sinónimo del éxito. Un modelo de masculinidad que ha ocultado (y sigue olvidando) a esos otros hombres que no se corresponden con el canon. Si la historia ha estereotipado a las mujeres, también lo ha hecho con los hombres. Es necesario repensar también el modelo masculino, aunque precisamente hablando de guerra es difícil luchar con la imagen de Putin subido a un oso como símbolo de virilidad suprema.

Sí, las mujeres se han visto envueltas en actitudes y situaciones violentas. No, las mujeres no somos más pacíficas que los hombres por naturaleza. Tampoco tengo ninguna intención de apoyar el simplista binomio mujer-paz frente a hombre-guerra. Lo que ocurre es que las mujeres hemos sido socializadas y educadas en otras estrategias distintas a la violencia para conseguir nuestros propósitos. Pero insisto: más allá de intentar desmontar determinadas ideas preconcebidas sobre la presencia en algunas actividades de las mujeres, no tengo intención alguna de reivindicarlas por participar en batallas, y mucho menos de encumbrar la guerra como estrategia social, política o económica. Pero, una vez más, haberlas, haylas. A veces con casuísticas muy concretas. Por ejemplo, en las comunidades del norte de África durante los siglos XVIII y XIX, en las que la guerra es un aspecto vertebrador, encontramos referencias a las viudas de guerreros azandes que se «convertían» en hombres para poder luchar y vengar a sus parejas, cambiaban su aspecto y usaban las vestimentas y objetos normalmente utilizados por los hombres. Algunas de ellas, además, con mucho éxito en el campo de batalla. Sin embargo, a pesar de todo, ellas querían seguir reconociéndose como mujeres, y para ello seguían cocinando y arreglando mocasines, algo que no era muy del agrado de sus tropas. Puedo imaginarme el desconcierto de esos bravos guerreros ante la actitud de su líder. En cambio, supongo que para ellas sería algo normal, parte de lo que eran.

Durante todo este tiempo de guerra en Ucrania, Olena Zelenska, primera dama del país, ha estado compartiendo impactantes fotos que destacan los esfuerzos de las mujeres tras la invasión rusa, imágenes que inundan las redes sociales de mujeres sosteniendo armas y vistiendo uniformes militares, listas para luchar en la guerra que ha estado asolando Ucrania desde finales de febrero. Más allá del relato épico y de la lógica arenga a la población, estas mujeres han hecho lo que han hecho otras muchas a lo largo de la historia. Incluso en ese mismo territorio 2.500 años antes. Las fuentes griegas y romanas nos hablan de las poblaciones escitas situadas en el territorio que hoy ocupan Ucrania, Rusia y buena parte de Asia Central, y en las que encontramos un rico registro arqueológico que sustenta el mito griego de las amazonas. En toda esta área se han excavado cientos de sepulturas en las que las mujeres con armas recibían el mismo tratamiento que los hombres: tumbas monumentales, banquetes funerarios, armas y objetos de prestigio y sacrificios de caballos. En las sepulturas femeninas, entre las armas destacan las flechas, aunque aparecen también espadas, puñales, armaduras, escudos y lanzas. Destaca entre ellas la sepultura (kurgán) encontrada a orillas del río Dniéper cerca de la ciudad de Tira, en el territorio de lo que hoy es Ucrania, de una mujer joven —la mayoría de las mujeres enterradas de esta forma tenían entre dieciséis y treinta años— con un ajuar en el que encontramos cuatro lanzas de hierro, un cinturón de piel revestido de placas de hierro, un carcaj que contenía veinte flechas con astil de madera y punta de bronce, además de cuentas de vidrio, perlas, brazaletes de plata y bronce, un espejo, un cuchillo de hierro y una bandeja para los alimentos, entre otros objetos. La mujer presentaba un buen número de hendiduras en el cráneo provocadas por un hacha de guerra y en su rodilla continuaba incrustada una punta de flecha de bronce. Había muerto durante un combate en el siglo IV a. C. El kurgán de Zelenoje, en la región de los ríos Dniéper y Don, acogía a tres chicas de entre diez y quince años con armaduras de escamas y cascos, jabalinas, escudos y lanzas, glandes de honda, flechas y collares y espejos. Pero estas sepulturas no son una excepción: se calcula que más del 20 por ciento de los enterramientos con armas que se enmarcan entre los siglos V y IV a. C. son femeninos. Y estos hallazgos son solo los que se han estudiado con la metodología que permite sexar los cuerpos enterrados. Hay que tener en cuenta que la mayor parte de las excavaciones que se han realizado hasta muy recientemente seguían atribuyendo las tumbas a hombres y a mujeres según el ajuar que presentaban: hombres-armas, mujeres-adornos y cualquier cosa que no pareciese un arma. Por tanto, es muy probable que el porcentaje sea mucho más alto.

En Ucrania, hoy, otras muchas mujeres se han marchado para poner a salvo la vida de sus hijos e hijas, la de otras personas mayores, o enfermas, o dependientes, o su propia vida, porque las mujeres y las niñas sufren una violencia muy específica en las guerras. Así lo reconoce la Resolución 1325 de Naciones Unidas, que advierte del efecto desproporcionado y singular de la guerra (distinto al que sufren los hombres y los niños). Porque la violencia sexual contra mujeres y niños es también un arma de guerra. En esa misma resolución, de la que se han cumplido ya veinte años, y en los posteriores informes la ONU sostiene que el papel de las mujeres es clave en la prevención y la resolución de los conflictos, y en la construcción y la consolidación de la paz. Pero a lo largo de la historia hemos sublimado tanto la guerra que hablar de paz, a veces, parece sinónimo de hablar de debilidad, de flaqueza, de fragilidad... Nada más erróneo, la introducción de la mirada feminista pretende descubrir y potenciar aquellas estrategias de regulación pacífica de conflictos que han estado vinculadas a las prácticas, experiencias y saberes de las mujeres. Hablaremos del cuidado como elemento básico de esas estrategias.

El 21 marzo de 2022 la ilustradora valenciana Ana Juan fue la encargada de firmar la portada de la prestigiosa publicación *The New Yorker*. En ella realiza una interpretación de lo que significa, de verdad, el horror de la invasión rusa de Ucrania. En la ilustración, una madre abraza a dos niños que huyen, en un lateral hay un soldado ucraniano, al fondo una larga hilera de refugiados que abandonan la ciudad con edificios en llamas. En un bonito juego de palabras, la ilustradora la tituló *Motherland* (Madre patria). Nada más ver la imagen, me acordé de una ilustración de Iñaki Diéguez de 2014 para el proyecto Baecula que para dos mil años antes nos cuenta la misma situación.

Figura 9. Abandono de la ciudad de Baecula tras la batalla del 208 a. C.

En la imagen se representa el abandono forzado de la ciudad de Baecula después de la batalla del 208 a. C. Las investigaciones arqueológicas han documentado cómo esta ciudad, una de las más importantes de la época, fue saqueada por las tropas romanas y sus habitantes tuvieron que huir. Esa población, muy mermada y que en esos momentos ya está compuesta por mujeres, criaturas y personas de avanzada edad, sale como salen ahora de las ciudades ucranianas, sin un destino claro al que acudir. Casi no hay hombres, han muerto en la batalla o son prisioneros de guerra. He de reconocer que las imágenes que más me han impactado de todas las que se han visto de la invasión de Ucrania son aquellas en las que los padres despiden a sus hijos, los suben en trenes o en autobuses, sin saber ni siquiera si los volverán a ver. No puedo imaginar mayor angustia.

De forma intencionada, en la imagen de Baecula, el ejército romano que vigila la salida está en los márgenes, no tiene protagonismo, aquí no hay gloria para los soldados. La prioridad la tienen las personas que huyen, en el centro se sitúa una mujer con una criatura en brazos y un exvoto en la mano, símbolo de protección de ella y de su territorio. Una manifestación cultural, la de los exvotos, que nunca más se volvió a realizar, símbolo de la represión también cultural y simbólica de la zona. En un lateral, un hombre mayor carga a un niño dormido sobre sus hombros. Salen con lo poco que puedan llevar. Dejan atrás su vida sin tener claro el destino. Son iguales que los millones de personas refugiadas en muchos puntos del planeta ahora mismo. Ella, con su manto rojo, nos mira directamente a los ojos. Parece decirnos: «La guerra es esto. Ya deberíais haberlo aprendido».

8

VOSOTRAS NO HACÉIS ESTAS COSAS

Negar a las mujeres la participación en determinadas actividades supone consecuentemente negar su participación en las tecnologías que se asocian a estas actividades. Por tanto, si no participan en la caza y la guerra, es obvio que la principal consecuencia es que se quedan fuera de la producción de los objetos que se utilizan en esas actividades, hechos en su mayor parte en piedra o metal.

Pero, una vez que hemos comprobado que la premisa de que las mujeres no realizan actividades como la caza o no participan en conflictos violentos no es cierta, podemos volver a mirar esas tecnologías que, otra vez, se han explicado de manera muy simple. Y esta mirada a veces simplista sobre los objetos que se producen mediante estas tecnologías vuelve a tener sus orígenes en el siglo XIX. Ya vimos cuando hablamos sobre los objetos que se «autoexplican» en los museos que una flecha, una lanza o una daga no necesitan más comentarios y además son estéticamente muy interesantes. Son piezas bonitas. Un elemento importante en la museografía. Recuerda, además, que hablamos de esos otros instrumentos, raederas o raspadores, también fabricados en piedra y mucho menos llamativos estéticamente, que quedaban en los márgenes de la explicación histórica. Pese a estar invisibilizados en los discursos, esos instrumentos son necesarios para realizar actividades básicas para las sociedades, como el tratamiento de pieles, el procesado de la carne para su consumo, la fabricación de otros útiles. Pero... ocultas las actividades, ocultos los útiles, oculto el uso de la tecnología.

Debo confesarte que todo mi interés por las mujeres en las sociedades de la prehistoria tiene que ver precisamente con un momento crucial relacionado con estos instrumentos de piedra. Sucedió justo cuando estaba terminando mi tesis doctoral. Estudiaba la producción de útiles de piedra del Neolítico en el yacimiento de Los Castillejos de Las Peñas de los Gitanos (Montefrío, Granada), analizando para ello los distintos tipos de instrumentos que se encontraban, la tecnología que se había usado para fabricarlos, en qué lugares aparecían y qué actividades se estaban realizando con ellos. Cuando ya estaba terminando las conclusiones, me di cuenta de que, tanto por los espacios en los que se encontraban como por la mayor parte de los útiles que se usaban, en estos lugares se hicieron todas aquellas actividades que tradicionalmente se habían asociado a mujeres. Y en ese instante fui consciente de que nunca, en ningún momento de mi investigación, me había preguntado por el sexo de quienes producían esos útiles y, lo que es peor, me sorprendí a mí misma extrañándome de que fuesen las mujeres las que estaban apareciendo en esa reconstrucción imaginaria. A mí nunca me hablaron de mujeres o de estudios de género durante mi licenciatura en Geografía e Historia y no era una variable que yo hubiese contemplado cuando comencé mi trayectoria investigadora.

En los momentos finales de la elaboración de la tesis lo único que pude hacer fue una declaración de intenciones muy cándida en las dos páginas finales en las que afirmaba que a partir de entonces consideraba muy importante tener en cuenta el sexo de quienes producían y usaban útiles líticos, que nuestra concepción de quiénes habían sido estaba llena de asunciones sin fundamento y de larga tradición y que estábamos perdiendo mucha información muy relevante si no valorábamos esa condición. Cándida, sí, pero también asertiva. Y ahí llegó uno de los momentos cumbre de mi carrera investigadora, cuando varias de las personas que formaban parte del tribunal afirmaron que era una pena que con lo bien que estaba la tesis hubiera tenido que meter al final esas cuestiones sobre el género y las mujeres... Ocurrió tal como lo estoy contando. Momento caída del caballo. En ese mismo instante decidí que eso de las mujeres era lo mío, que no iba a mirar una piedra más y que volvía a la casilla de salida en mi trayectoria de investigación para estudiar a las mujeres en la prehistoria. Y aquí me tienes, veintitrés años después, contándote todo esto. Sin duda, ha merecido la pena.

Dos cuestiones me obsesionaron desde ese reseteo. La primera era comprobar si esas ideas preconcebidas de que eran los hombres los principales usuarios y productores de instrumentos líticos eran solo mías o las compartía con más gente. La segunda, recopilar toda la información disponible sobre mujeres en sociedades estudiadas por la etnografía que estuvieran produciendo o usando industria lítica. Porque, otra vez, haberlas, haylas.

Para dilucidar la primera cuestión preparé un formulario que envié a investigadores e investigadoras de todas las universidades españolas en el que les preguntaba qué pensaban sobre la posibilidad de que las mujeres usaran y fabricaran instrumentos líticos durante la prehistoria. La verdad es que lo recuerdo hasta con ternura, seguía siendo muy inocente en las preguntas que hacía y la manera como las planteaba. Pero a pesar de lo básico de algunas de las cuestiones que se esbozaban, esa encuesta cumplió su cometido. Confirmé que sí, que había muchas ideas preconcebidas, que en muchos casos se reconocía que (¿inconscientemente?) asociaban la industria lítica con los hombres y que les resultaba más fácil ver a mujeres usando estos útiles que fabricándolos. Así que no iba tan desencaminada. Tenía que seguir por ahí.

La segunda inquietud me llevó a buscar ejemplos etnográficos en los que se hubiera documentado a las mujeres usando y produciendo esos elementos. Así descubrí que, en la actualidad, las mujeres de grupos aborígenes de la zona árida de Australia fabrican y usan útiles de piedra para elaborar sus propios utensilios de madera, para cortar la carne en el proceso de preparación de la comida, para ayudarse en la recolección de una amplia variedad de alimentos tales como la miel o los gusanos comestibles. En Nueva Guinea, las mujeres realizan y usan útiles líticos para la realización de tatuajes y escarificaciones. Las islas Andamán (golfo de Bengala) suponen un caso interesante. En estas islas la producción de útiles en piedra es muy escasa, no hay suficiente materia prima adecuada y los objetos durante mucho tiempo se hicieron con conchas y, a partir de mediados del siglo XIX, con el cristal de los fondos de las botellas de cerveza y vino. Es muy curioso que, a veces, en los instrumentos realizados se conservan los logos de las bebidas, lo que ha servido para investigar qué tipo de productos llegaban a la isla. Y, fíjate, aquí tenemos uno de los ejemplos en los que, incluso cuando está documentada la manufactura y el uso de instrumental lítico por parte exclusiva de las mujeres, se les vuelve en contra en la explicación histórica. ¿Por qué? Pues por tres razones. La primera es que estos útiles son muy sencillos en su forma, la materia prima no necesita grandes transformaciones y esto ha hecho que parezcan simples; la segunda, que se utilizan en tareas vinculadas a las mujeres, y la tercera, sin duda la más importante, que no se utilizan en el equipamiento de caza.

Consecuencia: se elimina de la explicación de la tecnología de estas poblaciones e incluso se niega su propia existencia. Un menosprecio que no tiene sentido. En términos funcionales no hay nada más afilado y apropiado para el tatuaje, la escarificación o el afeitado que una hoja sin retocar, que mantenga un borde muy afilado. Así que ¿para qué complicarlo? Pero no, mejor dar a entender que si alguna vez las mujeres produjeron útiles de piedra lo hicieron sin ningún talento.

Por lo tanto, otra vez tenemos ejemplos de grupos de mujeres en distintos momentos históricos y lugares geográficos que fabrican y usan instrumental lítico. ¿Podría suceder lo mismo en las sociedades de la prehistoria? Pues sería bastante lógico pensar que sí, primero porque, más allá de que las mujeres cazaran, el rango de actividades en el que las mujeres pudieron utilizar estos útiles, como el descuartizamiento de la carne, el trabajo de la piel, el tatuaje, la fabricación de cerámicas o la preparación de alimentos, es tan amplio que sería algo absurdo negarles esa posibilidad. Igual que sería absurdo considerar que dependieran únicamente de lo que los hombres tallasen.

Y todo esto está sazonado, como siempre, con altas dosis de ideas preconcebidas en la propia investigación. El descubrimiento de una serie de útiles líticos procedentes de yacimientos paleolíticos en el sur de Alemania, especialmente unas varas de madera que terminaban en puntas de piedra, llevó a identificar estos útiles sin ningún tipo de análisis como «puntas de proyectil». Y sí, es verdad que, en arqueología, en algunos momentos la analogía nos resulta útil. Es decir, sabemos para qué sirve algo o qué significa porque tenemos algo muy parecido para compararlo. Es aplicar esa idea de que «si grazna como un pato, camina como un pato y se comporta como un pato, entonces ¡seguramente es un pato!». Pero no, eso no siempre funciona, y cuando tenemos la posibilidad de usar metodologías que nos permiten acercarnos un poco más al conocimiento de ese objeto, nos podemos llevar sorpresas. Por ejemplo, en este caso en particular, el análisis de las huellas de uso de las supuestas lanzas, esto es, el estudio de las marcas de trabajo que se van generando en la superficie o en los bordes del objeto, descubrió que lo más probable es que se usaran como palos para excavar durante la recolección. De caza a recolección con una mirada en el microscopio.

Y ¿qué pasa con la metalurgia? Pues algo muy parecido a lo que acabo de contar sobre la producción en piedra, pero con una serie de peculiaridades bien documentadas. La producción de objetos metálicos ha sido considerada una de las actividades tecnológicas más complejas llevadas a cabo por los seres humanos. Y, como en el caso de la lítica, durante mucho tiempo se ha creído que era una producción exclusivamente desarrollada por hombres. De hecho, toda la documentación etnográfica que tenemos sobre las tradiciones de fundición en el África subsahariana habla sobre fundidores y herreros exclusivamente masculinos. La exclusión explícita de las mujeres está presente en todas las sociedades africanas que trabajan el hierro con métodos tradicionales. Y eso está documentado así porque, como ya hemos señalado, los antropólogos occidentales cuando llegaban a esos lugares solo hablaban con otros hombres. Pero ¿y si en vez de limitarnos a preguntar nos quedamos a observar? ¿Seguiremos teniendo la misma visión?

La producción de hierro en estas poblaciones subsaharianas necesita tanto de conocimientos metalúrgicos importantes como del desarrollo de un elaborado ritual. Vamos a fijarnos en esta ocasión en dos poblaciones, los fipas y los pangwas de Tanzania, y en cómo gestionan esta producción. Como en tantas otras poblaciones, se sacrifican gallinas, vacas o cabras. Los fundidores danzan, cantan y rezan alrededor de los hornos y se aplican sustancias mágicas y medicinales para conseguir el éxito; se decoran los hornos y se trae el horno a la vida dándole una identidad de género femenino, ya que el proceso de producción metalúrgica es concebido como un acto de reproducción. A ver, a ver... entonces, ¿estamos hablando de identidad de género y relaciones sexuales? Eso es.

Los fipas usan un horno distinto para cada paso de la producción. Pues bien, cuando se fabrica el que se usa en primer lugar se celebra como la boda de una muchacha y se decora en blanco y en rojo, colores con los que se visten las novias fipas. El día en el que empieza la fundición, el maestro fundidor realiza un ritual en el que simula mantener relaciones sexuales con el horno con la asistencia de dos hombres de más edad llamados *allumbas* que tiene un parecido muy revelador con la palabra *amalombwa*, que significa «partera». A su horno secundario se le colocan unas piernas (totalmente innecesarias funcionalmente) delante del orificio por el que sale el metal para que parezca una mujer dando a luz.

El único horno de los pangwas representa claramente a una mujer con senos y escarificaciones; a veces aparecen incluso representaciones de cordones umbilicales y un cinturón con un alto significado simbólico, ya que sirve para proteger la fertilidad y es el que reciben las mujeres cuando se casan y están listas para tener hijos.

Ya vamos entendiendo algo más. La razón esgrimida por los propios fundidores para excluir a las mujeres de esta producción es que el horno se puede poner celoso. Al fin y al cabo, entre los fundidores y los hornos se establecen relaciones simbólicas con las que se pretende crear (procrear) metal. Por tanto, cualquier intromisión por parte de una mujer puede ser entendida por el horno como un engaño que podría tener como consecuencia que este se negara a producir.

A pesar de la insistencia en que las mujeres no participan por estas razones, ¿nos quedamos a mirar un poquito más?

Si nos quedamos, veremos como en la práctica cotidiana no existe esa ausencia tan evidente que los propios fundidores aseguran. Entre las poblaciones de Toro (Uganda), cuando se sale a buscar el mineral (actividad en la que no participan mujeres) y lo encuentran, llaman a la *niakatagara*, normalmente una mujer médium que contacta con los espíritus y realiza una serie de rituales para dar las gracias por el mineral encontrado y para pedir que la tierra siga suministrándolo. En las poblaciones fipas y pangwas las mujeres llevan el agua y el mineral parcialmente procesado al lugar de fundición, participan en el moldeado de la arcilla para la construcción de los hornos y transportan todo el material cerámico al lugar de fundición. Las prohibiciones varían a lo largo y ancho del África subsahariana, pero las mujeres participan en la producción de oro, cobre y hierro como mineras o porteadoras. Muchas preparan el alimento que será necesario consumir durante el periodo de fundición, ya que la división sexual del trabajo cotidiano es más fuerte que el tabú de acceso. Pero incluso en los pocos casos en los que el acceso a las mujeres a esos espacios está vetado, no perdemos de vista qué sexo es el que se encarga de preparar el alimento; unas veces se deja acceder a la mujer del maestro fundidor, en otras ocasiones se elige a un hombre —al que el fundidor llamará «mi esposa»— para que prepare el alimento, de modo que se produce una reinterpretación del tabú de la ausencia de las mujeres. Pero también se ha documentado a mujeres embarazadas e incluso con la menstruación —recuerda toda esa carga simbólica de la que he hablado antes— participando en todas estas actividades, ya que ellas no pueden tocar el mineral o el carbón directamente, pero sí que pueden transportarlo en cestas sobre sus cabezas. Aunque sin tocarlo, por supuesto.

Asimismo, las variaciones en las prohibiciones se producen también a través del tiempo. En distintos yacimientos de Malawi y Zambia los lugares de fundición antes del 1200 a. C. están a menudo localizados en el interior de los poblados, lo que indica que en este caso están muy poco preocupados por el acceso de las mujeres a dichos lugares.

Así que tenemos unos grupos humanos que organizan la producción metalúrgica mediante un sistema de creencias que excluye a las mujeres del proceso y, sin embargo, no hay paso de esta producción que no tenga que ver con la reproducción, las relaciones sexuales, la fertilidad... De hecho, el metal está tan ligado a las mujeres que se ha propuesto que la inclusión de elementos metálicos en las dotes matrimoniales posee connotaciones simbólicas y es usado para marcar los ciclos de vida de las mujeres jóvenes que utilizan determinados adornos de metal cuando tienen la primera menstruación, cuando contraen matrimonio o cuando tienen descendencia. Por tanto, no nos valen esas narraciones que nos han hecho pensar durante décadas que en el África subsahariana las mujeres no participaban en el proceso productivo y que han sostenido la idea de que en la prehistoria era también así.

Ahora bien, ¿podemos trasladar el sistema simbólico que se genera en estas poblaciones africanas a las sociedades prehistóricas de Europa? La respuesta es no. Seguiríamos cometiendo los mismos errores que ha sostenido el discurso tradicional. Pero desde luego nos hace pensar que, si en un sistema ritual y productivo en el que se niega sistemáticamente la participación de las mujeres las «reglas» se rompen con tanta facilidad, podemos asumir que en la Edad del Bronce, en la que la producción metalúrgica está integrada en los espacios domésticos, la participación de las mujeres era más que probable.

Así que vamos allá. Observemos tres ámbitos: dónde se producen los objetos metálicos, qué objetos se fabrican y para qué se usan, y dónde se depositan finalmente. Para la primera de las cuestiones, debes saber que, de manera general, en la Edad del Bronce en Europa la metalurgia estaba asociada a espacios domésticos. Por lo tanto, podemos pasar del modelo del «gran fundidor masculino» a otro en el que la actividad metalúrgica está situada en el ámbito del grupo. Un magnífico ejemplo de lo que te cuento es el asentamiento de Peñalosa (Baños de la Encina, Jaén), un poblado cuya razón de ser es la producción metalúrgica, en el que se producen objetos que se usan mucho más allá de los límites del propio asentamiento y, en consecuencia, en prácticamente todo el poblado encontramos materiales vinculados de una u otra manera con esta actividad. Es probable que parte del proceso se realizase fuera de las áreas de habitación, facilitando la eliminación de gases tóxicos de los minerales en la primera fase del proceso productivo, aunque las fases de fundición y refinamiento del metal estaban integradas en los espacios domésticos.

Como hemos visto para los ejemplos africanos, en la descripción de la producción metalúrgica en la prehistoria hemos elegido solo determinadas partes del proceso productivo, dejando de lado toda una serie de actividades que acompañan este trabajo, que la investigación arqueológica ha demostrado que se producen en Peñalosa y que son de igual relevancia que la fundición de los minerales: la prospección en busca del mineral, su extracción, la fabricación de crisoles, vasijas-horno y moldes, ya sean de cerámica o de piedra, la obtención y búsqueda del combustible, la trituración y lavado de los minerales, etc., además de toda una serie de actividades complementarias, como la preparación y el servicio de alimentos, cuidados y atenciones a quienes trabajan.

Tampoco el tipo de objetos que se producen parece indicarnos una vinculación de la producción exclusiva con los hombres. Es decir, si solo se fabricaran objetos relacionados con actividades fehacientemente masculinas, podríamos dudar, pero, como ya hemos visto, los metales se utilizan en un primer momento para fabricar elementos de adorno. El oro, la plata, el cobre o el bronce se utilizan para fabricar anillos, pulseras, brazaletes, aretes..., en definitiva, objetos que tienen que ver mucho más con la identidad y las relaciones sociales que con cualquier otra cosa. Un uso que hemos perpetuado hasta la actualidad, ya sea en lo referente a mostrar el estatus social —pienso en cadenas de oro con grandes letras sobre el pecho o en Audrey Hepburn desayunando en la puerta de Tiffany— ya sea en las formas rituales, al fin y al cabo seguimos intercambiando anillos en las bodas. Solo tiempo después el metal sustituyó a la piedra y al hueso para la fabricación, primero de útiles y en menor medida de armas. A los elementos de adorno se van sumando paulatinamente punzones, leznas, cuchillos o sierras que aparecen en los contextos domésticos y en los espacios funerarios como parte del ajuar. Pero, fíjate, nuestra mirada del presente es tan sesgada que, durante mucho tiempo, cuando se encontraba una hoja cortante en una tumba masculina se denominaba «daga», y cuando esa misma hoja cortante, con las mismas dimensiones, desgaste y forma, aparecía en una tumba femenina se denominaba «cuchillo».

Aun así, la metalurgia de las sociedades de la Edad del Bronce en el sureste de la península Ibérica, que conocemos como cultura de El Argar, produce objetos que están íntimamente ligados de manera exclusiva a los hombres o las mujeres. Espadas, alabardas y hachas aparecen solo en tumbas de los hombres, mientras que las diademas lo hacen únicamente en las de mujeres y los punzones casi exclusivamente en los enterramientos femeninos. Visto así, los objetos metálicos parecen reforzar las identidades masculina y femenina más que priorizar una de ellas. De las diademas hablaré más adelante, pero me voy a parar un momento en los punzones, porque en los últimos años se ha empezado a discutir su papel en la representación y construcción de la identidad femenina de estas sociedades.

Aunque aún no se han realizado análisis de huellas de uso en los punzones argáricos, esas marcas que quedan en la superficie de los objetos al usarlos, su aparición en sociedades actuales estudiadas desde la antropología los conecta con una serie de labores cotidianas relacionadas con el trabajo de la piel y la madera, la manufactura textil, la cestería y el mantenimiento y la reparación de objetos de estos materiales. Pero lo que da una dimensión especial a estos útiles es que aparecen en las sepulturas con una serie de características: en primer lugar, aparecen en tumbas con todo tipo de ajuar, desde aquellas que tienen una riqueza excepcional, como la sepultura 21 del Cerro de la Encina (Monachil, Granada), hasta las que únicamente contienen ese punzón y nada más.

Figura 10. Sepultura 21

Poblado argárico del Cerro de la Encina (Monachil, Granada).

En segundo lugar, es el único elemento metálico asociado significativamente a un sexo que está presente en los ochocientos años de duración de la cultura argárica, desde las sepulturas más antiguas hasta las más recientes. Además también es transversal a la edad, ya que lo podemos encontrar en tumbas de criaturas, adolescentes, mujeres adultas o de edad avanzada. No importa la edad, el punzón las acompaña a todas. Por último, son objetos que aparecen frecuentemente en los contextos domésticos y vinculados a la gestión diaria de la cotidianeidad, un ámbito, como sabes, históricamente vinculado a las mujeres.

Así que podríamos considerar que el punzón se habría elegido para representar y enfatizar simbólicamente la identidad femenina en el registro funerario, recreando la percepción que en las comunidades argáricas se tuvo de las mujeres. Ahora bien, esto no significaría que estas mujeres careciesen de particularidades propias. Las mujeres argáricas, como todas las mujeres en el mundo, tenían experiencias de vida distintas según la edad, el estatus social, el sistema de creencias o las ocupaciones, y eso se refleja en la variedad de cuerpos y objetos en las sepulturas, pero sí es significativo que este instrumento nos enseñe cuál sería el elemento común a todas ellas. ¿Seguimos desmontando estereotipos?

9

VOSOTRAS NO DEBERÍAIS ESTAR AHÍ

Te voy a presentar a unas cuantas mujeres a las que ha habido que reivindicar, a veces durante años, para situarlas allí donde ellas ya estaban. Porque sí, porque estaban, pero se las ha negado de manera tan rotunda que ni siquiera con el ADN se han convencido algunos... Como diría aquel: «Es el patriarcado, amigo».

La primera de la que te quiero hablar es la mujer cuyos restos reposan en el interior de la Dama de Baza, hoy en el Museo Arqueológico Nacional de Madrid. Seguro que has ido a visitarla, y si no lo has hecho, suelta el libro y vete a verla, o llévatelo y lee este capítulo allí junto a ella. Esta urna fue descubierta en julio de 1971 en el interior de la sepultura 155 de la necrópolis del Cerro Santuario, uno de los cementerios que daba servicio a la ciudad ibera de Basti (situada en el Cerro Cepero, a muy poca distancia de la actual Baza). A la excepcionalidad de su estado de conservación se sumaba otra cuestión de enorme interés: la figura de la Dama era una urna cineraria, un contenedor de los restos cremados de una persona. Su hallazgo provocó una peregrinación de la gente de los alrededores a la excavación arqueológica porque decían que había aparecido una virgen.

La estatua representa a una mujer sentada en un trono alado con patas delanteras en forma de garra y con una enorme profusión de joyas (brazaletes, pendientes, collares, sortijas...), una riquísima vestimenta compuesta de un manto que la cubre de la cabeza a los pies y con unos zapatos de color rojo; quédate con este último dato porque volveré a él más adelante. Esta escultura es tan relevante que incluso cambió la mirada que sobre la estatuaria ibera existía hasta ese momento, ya que conserva vivos colores en toda su superficie. El azul era una preparación conocida como «azul egipcio»; para hacer el rojo más vivo, el de la vestimenta, se recurrió al cinabrio, y para el tono más oscuro de rojo del sillón se emplearon tierras de color ocre. El negro del pelo pudo conseguirse con carbón de huesos mezclado con el propio yeso, y sobre los aderezos de la frente, anillos y brazaletes se detectó una finísima lámina de estaño, que daría un aspecto metálico y los presentaría como joyas de plata. Una fantasía, vamos.

Figura 11. Dama de Baza

Pero lo más impactante de todo fue la noticia de que los primeros análisis antropológicos realizados revelaban que la ocupante era una mujer de entre veinticinco y treinta años.

Te explico: el ritual de enterramiento en la época ibera consistía en la mayoría de las ocasiones en la cremación de los cuerpos en una pira funeraria. Después se recogían los restos y se depositaban dentro de urnas de diferente tipología, desde vasijas de mediano tamaño hasta grandes urnas de espectacular diseño, como es el caso que nos ocupa. Las temperaturas que se alcanzan y el propio ritual hacen que los cuerpos no queden totalmente incinerados y convertidos en cenizas, como sucede en la actualidad, sino que en muchas ocasiones se preservan parte de los huesos más pequeños o fragmentos de otros. En estos casos, y con algo de fortuna, se encuentra suficiente material para conocer el sexo y la edad de la persona enterrada e incluso si presenta algún tipo de enfermedad o traumatismo. Y estos restos permitieron descubrir que pertenecían a una mujer.

En cualquier otra sepultura, con cualquier otro ajuar, en cualquier otra disposición, la noticia de que quien estaba enterrado allí era una mujer no hubiera provocado el menor desasosiego, pero en este caso supuso una conmoción importante. ¿Por qué? Por el ajuar con el que esta mujer había sido enterrada. Contenía cuatro panoplias guerreras compuestas por al menos dieciséis piezas de armamento, entre las que se encontraban falcatas, lanzas y escudos, además de un conjunto cerámico excepcional en tipos y decoraciones que tenía como peculiaridad que había sido repintado exprofeso para ser depositado en la sepultura. El revuelo que causó se debía a que ponía en duda la asociación, hasta el momento incuestionable, entre armas y enterramientos masculinos. Por ello la presencia de esta mujer en la tumba fue puesta en duda desde el principio.

¿Cuál era la explicación deseada y deseable? Pues que era un individuo varón de alto estatus social, posiblemente un caudillo bastetano, en cuyo caso la escultura de la Dama podría ser interpretada como la divinidad protectora del fallecido. En otros casos en los que, aunque a regañadientes, se admitía que era una mujer, las hipótesis iban desde una sacerdotisa que detentaba un lugar especial entre los guerreros hasta una aristócrata que había sido enterrada en la tumba de su marido, o una princesa casada con un señor local. Ya sabes, el discurso de que si tienes un ajuar de este tipo no es por ti, es porque eres esposa de..., madre de..., hija de... En definitiva, una mujer en torno a un hombre.

Las dudas (o la mayoría al menos) acabaron en 2005, cuando se volvió a realizar un estudio antropológico que reconfirmó que, efectivamente, era una mujer en la treintena. Entonces, ¿cómo interpretamos esto? ¿Estamos en la tumba de una mujer guerrera? No podemos saberlo, no tenemos suficientes datos, aunque el resto de la información arqueológica de la que disponemos no parece apoyar la idea. Pero lo que sí está claro es que, sea por la razón que sea, la urna contendría los restos de una aristócrata, una mujer de la élite que tuvo acceso a bienes y riquezas y que dotó de legitimidad a su grupo familiar, una mujer que con toda seguridad merecía estar enterrada en esa sepultura, dentro de esa urna y con ese ajuar porque era socialmente muy relevante. ¿Y a quién o qué representaría la escultura? Las hipótesis iniciales hablaban de una diosa o alguna figura relacionada con la divinidad, una explicación muy adecuada si eres un guerrero; las explicaciones actuales proponen que se trata de una mujer, no una mujer concreta sino un tipo de mujer que expresa su poder a través de las joyas y los ricos vestidos de telas de distintas calidades. ¿Te acuerdas de los zapatos rojos? Esa es una de las pruebas que usan algunas investigadoras para señalar que es una dama y no una diosa. Todas las damas que aparecen vinculadas a tumbas van calzadas.

Más allá del debate y de lo que le ha costado a esta mujer ser reconocida, en mi opinión lo más relevante es que su aparición supuso un revulsivo a la hora de entender cómo se organizaban las sociedades iberas, especialmente en lo que se refiere al proceso por el que se forma la aristocracia, en el que los linajes familiares empiezan a constituir el eje central del poder en estas sociedades. ¿Y qué te hace falta para formar un linaje? Pues una pareja, si no, no hay manera, ¿verdad?

Y eso es lo que se está encontrando ahora en las tumbas de este periodo, la constatación de las alianzas «matrimoniales»; lo pongo entre comillas para que comprendas a lo que me refiero: son uniones que generan pactos y sinergias entre poblaciones. Por ejemplo, en el túmulo funerario de Cerrillo Blanco (Porcuna, Jaén), fechado a mediados del siglo VII a. C., se enterró a una pareja fundadora del linaje y alrededor de ella se depositaron veinticuatro enterramientos individuales. Los estudios osteológicos han precisado que estamos ante nueve hombres y ocho mujeres de edad adulta y siete criaturas. Lo más interesante es que cuatro de las sepulturas femeninas muestran diferencias respecto al resto. Por una parte están enterradas igual que la pareja fundadora (sobre su lado izquierdo y con el cráneo hacia el norte) y, por otra, poseen como ajuar el broche de cinturón, un símbolo distintivo y de prestigio que podría estar señalando a aquellas mujeres vinculadas directamente a esa pareja (¿hijas, nietas, hermanas?). Este sería un buen ejemplo de lo que contaba sobre la matrilinealidad, es decir, el sistema de descendencia que se define por la línea materna y que vamos a desarrollar con mayor profundidad en el siguiente capítulo. Personas que pertenecen al grupo por su vinculación con las mujeres. El estudio que se está llevando a cabo en la actualidad sobre esos restos óseos, que intenta descifrar qué parentesco unía a estas personas, nos va a dar una información muy relevante. Estoy deseando conocer los resultados.

Como ves, no es banal que la persona depositada en la Dama de Baza sea una mujer. Entender y poner en contexto la presencia de las mujeres en determinados espacios abre las posibilidades de conocimiento sobre estas sociedades. La perspectiva feminista enriquece nuestras ideas sobre las sociedades del pasado, mejorando no solo lo que sabemos de las mujeres sino también la propia disciplina, porque, como ya he señalado, hace preguntas que nunca se había hecho nadie. Veamos algún otro ejemplo de este tipo antes de hablar al final del capítulo de estos «cisnes negros», esa teoría que dice que de vez en cuando se producen fenómenos sorprendentes e imprevisibles que cambian totalmente el paradigma y que se intentan explicar *a posteriori*.

Para que veas que en todas partes cuecen habas y que no todo sucede por aquí, nos vamos a ir a Suecia, en concreto a la necrópolis de Birka, del siglo x. En 1878 se excavó la sepultura de lo que a todas luces era un guerrero, por los objetos de ajuar que contenía la sepultura, descritos en las publicaciones de la época como «varoniles»: espada, hacha, escudos, flechas, un juego completo de piezas de estrategia militar y los restos de dos caballos. Además estaba situada en un lugar privilegiado, en una terraza elevada entre la ciudad y las estructuras defensivas, y muy conectada al campamento militar de Birka. Todo correcto, un guerrero vikingo con todas sus cosas. Nada que objetar. Es cierto que, aunque en esta ocasión sí que se contaba con el esqueleto casi completo, a finales del siglo xix la antropología física no se utilizaba en arqueología, así que no se realizó un análisis de los huesos; además, para qué, si ya tenían el ajuar para decirnos quién era esa persona. Más de ciento treinta años después, la revisión de los restos antropológicos en el marco de otro proyecto de investigación de la Universidad de Estocolmo despertó las sospechas sobre el sexo de la persona enterrada y un análisis más concienzudo de los huesos —conocer el sexo en restos de personas adultas es relativamente fácil— mostró que quien estaba enterrado allí era una mujer. Aquí me gustaría usar el emoticono de la carita gritando otra vez, aunque no quiero abusar del recurso. Pero ¡eso no podía ser! ¡De ninguna manera! Las críticas de algunos sectores de la academia no tardaron en llegar, poniendo en duda la capacidad de la investigadora que había hecho el análisis de los huesos. Aquello tenía que ser una equivocación.

El equipo de investigación, inasequible al desaliento, decidió realizar más pruebas que confirmaran el sexo de esa persona. He comentado ya que la ciencia es una gran aliada de las mujeres, ¿verdad? Pues eso, se tomó una muestra de ADN de un diente y un brazo del esqueleto y los resultados revelaron lo que el análisis antropológico ya había dicho: no había cromosoma Y, era una mujer. Pero por si acaso hicieron también análisis del estroncio presente en sus huesos, para saber cuánto se había movido esa mujer a lo largo de la vida. Un poco más adelante te voy a hablar de química, mujeres viajeras y de qué hacemos para conocerlas, pero por ahora te diré que las conclusiones también fueron claras: había sido una mujer con una vida muy itinerante, como correspondería a una persona integrada en el ejército. Y, considerando el tipo de ajuar, ya excepcional en cualquier caso, esa mujer debió de tener altas responsabilidades dentro de la jerarquía militar.

Bueno, pues ya está, polémica cerrada, el ADN ha demostrado que es una mujer, vamos a hacer nuestro trabajo y a plantearnos qué papel pudieron jugar algunas mujeres en la estructura militar vikinga, porque es verdad que es un hallazgo excepcional... Espera, espera, no corras... ¿Quién ha dicho que la polémica ha acabado? No, no, no... Lo que pasa es que se han equivocado de huesos. Pues sí, esa fue la respuesta de aquellos que seguían empecinados en que era imposible que fuese una mujer. El equipo de investigación tuvo que explicar públicamente que todos los huesos estaban etiquetados como «Bj 581»; tal y como se habían registrado durante la excavación, comprobaron que todos los objetos del ajuar y los huesos de los caballos también tenían esa etiqueta y que, por tanto, y una vez comprobada toda la documentación de la excavación, pertenecían a la misma tumba.

Entonces, ¿ya está? Pues no, porque en ese momento a la pobre guerrera vikinga le tocó pasar por todo lo que ya había pasado la mujer del interior de la Dama de Baza. Vale, sí, es una mujer pero... las cosas que hay dentro de la sepultura no son suyas. Son de... su esposo ya fallecido, o mejor, el ajuar y todos los objetos que lo componen serían objetos heredados o regalos, y por lo tanto no tendrían nada que ver con ella, o no, mejor, había un segundo cuerpo en la sepultura pero resulta que ha desaparecido, y precisamente es a esa persona ¡que no está! a la que pertenecen todas las cosas... Todo esto en 2017, no penséis que estamos todavía en 1878.

No deja de sorprenderme la negación tan reiterada y empecinada en este caso. Es cierto que de las más de mil tumbas excavadas en la necrópolis de Birka solo hay otra con un ajuar funerario parecido a esta y que la asociación entre armas y mujeres en el mundo vikingo no es muy frecuente en las sepulturas excavadas hasta hoy, aunque en este caso quizá sería necesaria una revisión por si a más de una o a más de dos les ha sucedido lo que a nuestra amiga de Birka. Pero tampoco es la primera tumba vikinga en la que las armas y las mujeres aparecen juntas, aunque no con la importante presencia de la de Birka, ni tampoco es la primera vez que encontramos tumbas femeninas con un ajuar que simboliza un enorme poder. Un buen ejemplo es el del barco de Oserberg, del siglo IX d. C., concretamente del 834 d. C. según la datación de la madera. Una nave ya de por sí impresionante, probablemente hecha exprofeso para ser usada como tumba, ya que no muestra signos de haber sido utilizada y contenía un ajuar compuesto por camas, edredones, ropa, peines, útiles de cocina, aperos de labranza y tiendas, además de una carreta, cuatro trineos y los restos de caballos, perros y vacas. En la sepultura se habían depositado los restos de dos mujeres, una de entre setenta y ochenta años y otra más joven, de unos cincuenta. Por desgracia, la sepultura habría sido saqueada desde antiguo y se ha perdido todo aquello que se llevaron los ladrones, posiblemente la joyería, los elementos metálicos y no sabemos si también las armas.

Entonces, ¿por qué negarlas de esa manera? La rica mitología nórdica está llena de poemas y textos que hablan de mujeres guerreras, pero mientras estén solo en el imaginario no es problema, son inalcanzables para otras mujeres. Si has visto la serie *Vikingos*, conocerás a Lagertha, una figura cuya existencia real aún no está comprobada pero que según Saxo Grammaticus en el libro IX de su obra *Gesta Danorum*, escrita en el siglo XII, habría sido una *skjaldmö*, una semilegendaria guerrera y valquiria vikinga. Mientras se quede en eso está bien. Supongo que el problema surge cuando aparecen en carne mortal. Entonces pueden ser ejemplo para otras, o referentes, así que mejor las ocultamos.

Una de las hipótesis que se barajaron para la explicación de este ajuar asociado a una mujer es que podría ser una persona con una identidad de género asimilada a lo masculino, es decir, que perteneciera a un tercer género, ni masculino ni femenino, y que por tanto no fuese realmente una mujer. Es algo que vamos a ver desarrollado muy intensamente en el siguiente ejemplo: la «princesa» de Vix.

Un caso que ilustra perfectamente no solo que nos cuesta admitir excepciones a la regla, sino también que las ideas preconcebidas distorsionan nuestra mirada sobre el registro arqueológico es la tumba de Vix, del periodo hallstático (Edad del Hierro). Es una de las sepulturas más espectaculares encontradas de este periodo, y esa ha sido una de las causas que ha llevado a quienes la han investigado a plantearse, otra vez, si ciertamente es una tumba femenina. Descubierta en 1953, la sepultura consiste en una cámara de madera de aproximadamente 3 por 3 metros que contiene el cuerpo de una mujer de treinta a treinta y cinco años que murió alrededor del 500 a. C., colocado sobre un carro de cuatro ruedas muy decorado. Entre las piezas del ajuar se hallaron varios recipientes de bronce, una crátera de bronce que fue en el momento de su descubrimiento la más grande encontrada, dos cálices, un bol de plata y otro de cerámica, todas piezas importadas desde otros lugares. Además, aparecen elementos de adorno, como un torque (collar rígido) de oro extremadamente elaborado y procedente de la península Ibérica. Ocho fíbulas (alfileres para la ropa) de bronce, alguna con incrustación de oro y plata, o cuentas de collar en piedra y ámbar. En las muñecas se encontraron cuatro brazaletes de pizarra y cuentas de ámbar. Un anillo de bronce cerrado de veintisiete centímetros de diámetro envuelto en piel alrededor de la cintura y una tobillera de bronce en cada pierna.

La aparición de carros en las tumbas de esta época está íntimamente relacionada con el estatus del individuo y se da tanto en tumbas masculinas como en femeninas. Y también lo hacen los torques y los brazaletes, aunque estos últimos varían por su posición y número: los hombres suelen tener solo uno, y cuando tienen más los colocan en la parte superior del brazo izquierdo, mientras que las mujeres suelen tener más de uno, normalmente en número par y en ambas muñecas, el mismo patrón que siguen los pendientes. Sin embargo, solo los cuerpos femeninos tienen tobilleras, un adorno que depende del estatus marital o económico y de la edad. Aunque las armas suelen ser una categoría que no aparece en las tumbas femeninas, como ocurre en la sepultura que nos ocupa, en otras ocasiones sí que aparecen puntas de lanza. Parece ser que, más allá de lo de las armas, que no siempre se cumple, y de las tobilleras y los ornamentos del pelo, que solo aparecen en las mujeres, mujeres y hombres durante la Edad del Hierro parecen compartir la misma categoría básica de objetos con los que son enterrados.

A pesar de todo ello, en más de una ocasión la explicación que se da para la aparición de mujeres en enterramientos exageradamente lujosos es que, otra vez, se han equivocado a la hora de sexar los cuerpos o, como en el caso de Vix, la persona enterrada se interpreta como un «sacerdote travestido masculino» —sí, lo has entendido bien— o, en otros casos, como la expresión de un tercer género, ni masculino ni femenino, que (casualmente) sacaría a las mujeres de esa relación con las armas y el poder. No seré yo quien niegue la posibilidad de que a lo largo de la historia las sociedades hayan construido otros géneros a los que hayan definido y dotado de significado y que hayan estado más o menos integrados en los discursos de esas sociedades. De hecho, estoy muy segura de que los ha habido. Pero estos otros géneros son extremadamente difíciles de detectar en el registro arqueológico. Me explico: si estudiamos a fondo una sociedad, podremos definir qué es lo que en esa comunidad en particular se entiende como masculino o femenino. Mientras que el sexo es biológico, el género es la interpretación cultural que cada sociedad hace de esas diferencias biológicas. Podemos estudiar muy bien sus sepulturas, analizar los restos óseos y confirmar su sexo, podemos ver con qué objetos se entierran cada uno de esos cuerpos «sexados», en qué posición se colocaban, etc. Si hacemos eso con una cantidad suficiente de personas, tendremos muchas probabilidades de saber qué elementos consideraban esas sociedades que caracterizaban a hombres y a mujeres. Y sí, es cierto que a veces, excepcionalmente, encontramos cuerpos que están enterrados con objetos que teóricamente no les pertenecían, pero ¿podemos asumir que eso significa la expresión de otro género distinto? ¿O podemos interpretar esos restos como personas (mujeres u hombres) que por habilidades, circunstancias o necesidades realizan actividades que rompen con lo asignado en esas sociedades? Como he dicho, no se me ocurriría negar que existieron otras identidades sexuales y de género en las sociedades del pasado. Pero me da que pensar que en la mayoría de las ocasiones salgan a relucir cuando las mujeres estorban en la narrativa tradicional de las sociedades y las queremos sacar de determinados lugares.

Volvamos a Vix. Los análisis realizados en el cuerpo varias décadas después de su descubrimiento la identificaron como mujer, pero descubrieron una peculiaridad que los llevó a insistir en esa idea de que algo extraño pasaba con ella, ya que presentaba asimetría facial y probablemente tendría alguna dificultad al caminar. Pues ya está la explicación, para los investigadores, esas son las señales de sus inusuales poderes espirituales, marcas que la convertirían en un hombre especial o al menos servirían para cancelar su identidad femenina lo suficiente como para eliminar cualquier relación, otra vez, entre las mujeres y el poder. Poco después aparecieron otras publicaciones en las que se señalaba que quizá esas peculiaridades ni siquiera se notasen lo suficiente como para justificar esa hipótesis, pero ya estaba dicho.

En cualquier caso, este debate no está cerrado, los nuevos análisis que se están realizando sobre el cuerpo podrían dar alguna sorpresa, podrían por ejemplo identificar definitivamente a la persona enterrada como hombre. Tal y como te he comentado a lo largo de estos últimos capítulos, tampoco pasaría nada, las mujeres no somos importantes porque seamos como hombres o hagamos las mismas cosas que ellos. Pero este ejemplo me sirve para que veas cómo el discurso se retuerce en cuanto ponemos mujeres y poder en la misma frase.

Hablaba al principio de este capítulo de los «cisnes negros», esos elementos inesperados que trastocan lo previsto, pero que tienen una capacidad explicativa enorme. Pues a pequeña escala esto es lo que nos pasa aquí. En muchas ocasiones, cuando aparecen restos arqueológicos que no se corresponden con el discurso ya establecido y que rompen con lo previsto, se tiende primero a ignorarlos y después a intentar que encajen con lo ya conocido. Ciertamente, estas tres mujeres presentan enterramientos extraordinarios que se salen de la norma, pero deberíamos intentar explicarlas a ellas en vez de intentar hacerlas encajar en el discurso entendiéndolas como equivocaciones al identificarlas, como producto de sus relaciones familiares o como transformaciones de sus identidades sexuales o de género...

Un último ejemplo: muy recientemente se ha publicado un artículo sobre una necrópolis neolítica francesa en Fleury-sur-Orne, en Normandía (Francia). Esta es una necrópolis muy especial, pues en el resto de los cementerios de la zona en la misma época el porcentaje de mujeres y hombres era muy similar, pero este singular lugar de enterramiento probablemente estuvo restringido a personas de las élites. El estudio de la necrópolis llevó a identificar diecinueve cuerpos, de los cuales a catorce se les pudo realizar análisis genéticos; de ellos, trece son hombres y solo hay una mujer. Estos resultados señalan, además, que había dos tumbas que contenían los restos de parejas formadas por padre e hijo. Más allá de ese parentesco, ninguna de las personas enterradas allí tenía relación familiar, así que la interpretación que se ha realizado es que cada una de las sepulturas pertenecía a una familia genéticamente independiente y en las que el poder estaba en manos masculinas.

Pero, entonces, ¿qué hace esa mujer enterrada allí? ¿Y además con una punta de flecha como ajuar, tradicionalmente considerada como un símbolo de poder de la élite masculina? Pues para quienes han investigado este sitio, atención a lo que voy a decir, la presencia de esta mujer con un ajuar masculino subraya la importancia de la identidad masculina. Porque con esa punta de flecha te acercas más a ser un hombre, que es quien tiene el derecho de ser enterrado allí. O sea, que como no te corresponde estar aquí por tu sexo, lo que te «legitima» es precisamente llevar una punta de flecha. Una vez más las mujeres explicadas a través de los hombres; una vez más no significan nada por ellas mismas, sino en relación con los hombres.

Y sin embargo allí están. Y como veremos ahora, *eppur si muove*...

10

EPPUR SI MUOVE

Moderna, minifaldera, cosmopolita, chica yeyé, sacerdotisa inquieta..., esos son algunos de los calificativos que se han utilizado para definir a la conocida como la joven de Egtved. Su sepultura se encontraba situada en una necrópolis de túmulos funerarios monumentales de hace unos 3.400 años que fueron excavados en 1921 a las afueras de Egtved, en Dinamarca.

Su hallazgo es excepcional porque su cabello, el esmalte de los dientes, las uñas e incluso algunas partes del cerebro y la piel están muy bien preservados. Eso sí, no se conserva ningún hueso, probablemente debido a la presencia de aguas ligeramente ácidas que se fueron depositando en el interior del ataúd. Junto a su cabeza se colocaron los restos quemados de una criatura de unos cinco años en el interior de una vasija. La extraordinaria conservación de los tejidos nos muestra que esta mujer vestía una falda corta de flecos, un jersey de lana con mangas tres cuartos, tenía unas pulseras de bronce y un cinturón con una gran hebilla representando al sol. Sabemos, por las semillas y restos vegetales que aparecen en la sepultura, que fue enterrada en verano. También se encontraron cerveza de trigo, miel, mirto y arándanos. La notable variedad de tejidos preservados, junto con un rico conjunto de diferentes ajuares funerarios, ha supuesto una oportunidad única para investigar la movilidad a lo largo de la vida de esta mujer.

Como puedes comprobar, los avances científicos se están convirtiendo en los mejores aliados de la investigación feminista. Ahora podemos obtener muchísimo conocimiento que hasta hace pocos años era impensable. El análisis de los isótopos o los estudios genéticos nos hablan sobre sexo, parentesco, movilidad, dieta o enfermedades como nunca antes se había hecho, pero, ojo, sirven para contestar preguntas que tampoco nadie había hecho. No serviría de nada tener esa capacidad analítica si, como ha pasado durante mucho tiempo, nuestros prejuicios y el discurso normativo nos siguieran marcando el camino. Nos preguntamos por la movilidad de esta mujer, no asumimos simplemente que no se movió. Y, como siempre, preguntarnos estas cosas nos proporciona resultados espectaculares. Luego dirán que no es necesario hacer una arqueología feminista, ¡con lo que estamos aprendiendo sobre las sociedades del pasado!

¿Quieres conocer la biografía de esta mujer? Pues te cuento: el análisis de su primer premolar nos dice que nació probablemente en la Selva Negra, en la actual Alemania, a unos ochocientos kilómetros de distancia de donde fue enterrada. Lo sabemos porque ese primer premolar se forma en los primeros años de vida y va acumulando en la dentina el estroncio que ingerimos a través de la alimentación y de las aguas durante todo ese tiempo. Ese estroncio deja en el diente una huella química muy concreta. Si buscamos los lugares que tienen esa misma huella química, podremos saber dónde pasó esa persona los primeros años de su vida. Por otro lado, el estudio de ese mismo estroncio en el pelo y las uñas —acumulado a través de lo que comemos y bebemos en los últimos meses de nuestra vida— nos dice que en los dos últimos años viajó al menos dos veces entre las actuales Alemania y Dinamarca. Se sabe que entre trece y quince meses antes de su muerte se encontraba en la región donde nació. Entonces se trasladó a otra zona, que bien podría haber sido Jutlandia. Tras pasar allí unos nueve o diez meses, regresó a su lugar de origen, otra vez al sur de Alemania, donde permaneció durante un lapso de cuatro a seis meses, antes de viajar a la zona en la que murió y fue enterrada, Egtved. Un dato más: aunque es difícil precisar la ubicación exacta, las fibras de la lana con la que está fabricada la ropa de esta mujer parecen tener también su origen en la Selva Negra alemana. Así que sí, esta mujer recorrió una larga distancia, de forma periódica y relativamente rápido.

Y ahora viene la pregunta: ¿por qué viajó? Durante mucho tiempo se ha pensado que eran los hombres los que mayor movilidad tenían debido a su actividad guerrera, comercial o política. Que fueran las mujeres las que viajaban, como estamos viendo en los últimos estudios, cambia radicalmente nuestra perspectiva. Porque de hecho no parece que el caso de la mujer de Egtved sea algo excepcional, lo que es excepcional es que hayamos tenido la oportunidad de conocerlo. Aunque tampoco nos vayamos al otro extremo: con toda probabilidad, la joven de Egtved no viajó porque fuera moderna, una adelantada a su tiempo y una rebelde, como podría deducirse de los adjetivos con los que se iniciaba este capítulo. Posiblemente su movilidad se debió a lo mismo que movió a otras muchas jóvenes en ese mismo periodo. Una de las hipótesis más asentadas para la movilidad de las mujeres es precisamente la de las alianzas «matrimoniales» que hemos visto en el capítulo anterior.

Por ahora, y si nos restringimos a las sociedades prehistóricas del sur de Alemania, que son de las que tenemos más datos, eran las mujeres las que se movían de un lugar a otro. De hecho, algunas hipótesis apuntan a que la estabilidad política y social a lo largo de más de setecientos años en esta zona durante la Edad del Bronce se debió a las redes sociales sustentadas por un sistema de parentesco en el que eran las mujeres las que se marchaban a otros lugares justamente para sostener esas alianzas. El estudio de las sepulturas de hace entre 4.750 y 3.300 años nos muestra a mujeres que nacieron y pasaron su adolescencia en otros lugares, enterradas con importantes ajuares: elaborados tocados de cobre, tobilleras de bronce en las piernas y alfileres de cobre. Algunas habían sido enterradas con objetos de metal vinculados a culturas distantes al menos 350 kilómetros al este. Eran mujeres con estatus social elevado. Pero ¿sabes a quiénes no encontramos enterradas en estas necrópolis? A sus hijas. Probablemente porque ellas también fueron enviadas a «casarse», en un modelo de organización social que persistió durante todo el periodo. Las únicas mujeres jóvenes pertenecientes a las élites en estas comunidades que encontramos en las sepulturas son las que fallecieron antes de los quince años. En cuanto a los hombres, curiosamente lo que nos dicen los isótopos es que dejaban el valle cuando llegaban a la adolescencia y regresaban como adultos, lo que sin duda nos abre un espacio de investigación muy interesante también sobre los ciclos de vida masculinos.

Y no, no puedo saber con qué disposición iban las mujeres a esos «matrimonios», pero me inclino a pensar que estos movimientos no eran fruto de raptos y secuestros, como muchas veces se insinúa, pues no tendría sentido si de lo que se trata es de mantener las alianzas; ni siquiera de intercambios (una palabra que también gusta mucho cuando se habla de mujeres) del tipo «te cambio a mi hija por cinco vacas». Es algo mucho más complejo. Eran pactos «matrimoniales» —insisto en las comillas— en los que ambos, los dos miembros de la pareja, estaban igualmente obligados y que, sin duda, supusieron un movimiento de información, tecnologías y nuevas maneras de hacer de las que precisamente las mujeres fueron portadoras.

Como vemos, además de entender cómo y por qué se mueven las mujeres en estas sociedades, los estudios bioarqueológicos nos permiten identificar y entender cómo se articula el parentesco en las sociedades de la prehistoria. Estudiar el parentesco, es decir, los vínculos que unen a las personas por consanguinidad, por adopción, por matrimonio, por afinidad o incluso por afecto, y que, como veremos, pueden tener razones biológicas o sociales, nos puede dar mucha información acerca de cómo se organiza una determinada comunidad, cómo se transmite la herencia, cómo se configura el linaje o cómo son las relaciones de género y edad en el grupo. Debes entender que las relaciones basadas en el parentesco son universales, pero cómo se configura, por ejemplo, la forma en que las personas se casan, o crían a sus hijos, es muy variable tanto entre las distintas sociedades como dentro de una misma sociedad a través del tiempo.

Tanto el estudio del ADN antiguo como el de los isótopos de estroncio explican si esos grupos familiares se configuran con mujeres y hombres que proceden del mismo sitio o de lugares distintos. De esta manera podremos conocer si existen fórmulas de patrilocalidad, recuerda que te lo conté hace varios capítulos, cuando son las mujeres de ese nuevo grupo familiar las que se desplazan a la comunidad de la que procede el individuo masculino. Si ocurre lo contrario, que es el hombre el que se desplaza, estaríamos hablando de matrilocalidad.

En 2005 se excavaron varias sepulturas en el yacimiento alemán de Eulau datadas hace 4.600 años, es decir, más de mil años antes que la joven de Egtved. En esas tumbas colectivas se evidenciaba el enterramiento simultáneo de varios individuos que murieron probablemente en un episodio violento. El estudio multidisciplinar, desde la arqueología, la antropología, los estudios de isótopos y la genética molecular, permitió la reconstrucción del parentesco biológico y social de sus ocupantes. Dentro del grupo de trece personas que se encontró en la sepultura, tanto los hombres como las criaturas eran nativos de la zona donde sus tumbas fueron localizadas; sus niveles de estroncio en los dientes mostraban la misma huella que el lugar en el que estaban enterrados. Por el contrario, las tres mujeres identificadas en el grupo tenían diferentes niveles, lo que indica que originalmente procedían de otro lugar.

Este caso de Eulau me parece especialmente interesante porque me permite mostrar cómo generamos los lazos y los grupos familiares. En una de estas sepulturas, la número 99, las evidencias genéticas nos muestran a cuatro individuos, dos adultos —un hombre de entre cuarenta y sesenta años y una mujer de entre treinta y cinco y cincuenta— y dos niños (varones) —uno de cinco años y otro de nueve aproximadamente—. Los dos adultos no estaban relacionados genéticamente, pero ambos niños tenían el mismo ADN mitocondrial (el que procede de la madre) que la mujer y el mismo cromosoma Y del hombre adulto. La conclusión lógica es que los adultos son los padres de esos niños.

Pero no podemos suponer que cada vez que encontremos una situación similar, esto es, cuerpos de personas adultas y criaturas en una misma sepultura, la conclusión será la misma. También en esta necrópolis, la sepultura 98 guardaba en su interior a una mujer adulta rodeada de tres criaturas, la más pequeña probablemente de unos seis meses de edad, deficientemente conservada y sin información genética disponible. Las otras dos, un niño de unos ocho años y una niña de unos cinco, comparten el ADN mitocondrial, pero este no se corresponde con el de la mujer con la que están enterrados, así que ella no era su madre. Eso sí, teniendo en cuenta la edad a la que murieron y que fueron enterrados a la vez, posiblemente fuesen hermanos. Cuando los miembros supervivientes de esa comunidad decidieron enterrarlos juntos, evidenciaron su fuerte vínculo social aunque no estuvieran unidos por lo biológico. Mientras que el parentesco biológico es estático y no puede ser cambiado una vez que se concibe a una persona, el parentesco social se construye y los individuos biológicamente no relacionados se incorporan a distintos grupos humanos a lo largo de su vida de forma regular. Tiene que ver con eso de que la familia no es solo la que tienes, sino también la que escoges.

Pero aunque hasta ahora los ejemplos que he puesto suponen casos claros de patrilocalidad, este comportamiento no es universal ni homogéneo. Varios milenios antes, hace unos 15.000 años, en el asentamiento de Kfar HaHoresh (Israel), encontramos lo que parece ser justo el caso contrario. Es un momento crucial en la trayectoria histórica de los grupos humanos, cuando se está produciendo el paso de las poblaciones cazadoras-recolectoras a las nuevas formas de producción de alimentos y nuevos modelos de asentamientos permanentes. En este contexto de cambio es significativo el estudio genético de la comunidad de Kfar HaHoresh. Los resultados del análisis parecen indicar que, a pesar de ser una comunidad bastante heterogénea en cuanto a procedencia, hay un grupo muy homogéneo compuesto por mujeres y criaturas, lo que apuntaría a una organización matrilocal de la sociedad, es decir, en este caso quienes se desplazan son los hombres.

Como ves, hemos pasado de la minifalda de la joven de Egtved a consideraciones de enorme calado sobre cómo organizan las sociedades sus relaciones familiares y cómo se establecen las relaciones humanas. En eso consiste la mirada feminista en arqueología.

En todos estos capítulos hemos visto cómo se nos ha considerado a las mujeres en las sociedades prehistóricas y hemos leído muchos *noes*: no podían, no hacían, no debían, no les correspondía... A partir de ahora vamos a ver dónde se las ha percibido, aunque no se las haya mirado. Es obvio que estaban allí, en el contexto doméstico, en los cuidados, estaban sus cuerpos y sus utensilios, los restos de sus actividades, pero, como comprobaremos, sus asuntos, nuestros asuntos, no han sido considerados lo suficientemente significativos como para entrar en el relato histórico. Así que volvamos al principio.

11

DESDE EL PRINCIPIO

Resulta que el «chico de la Gran Dolina», en realidad, era una chica. Pues sí, el análisis realizado a los dientes de uno de los fósiles más conocidos de la sierra de Atapuerca, en Burgos, ha revelado que esos restos antropológicos pertenecían a una chica de entre nueve y once años, una *Homo antecessor* que vivió en esos parajes hace más de 800.000 años.

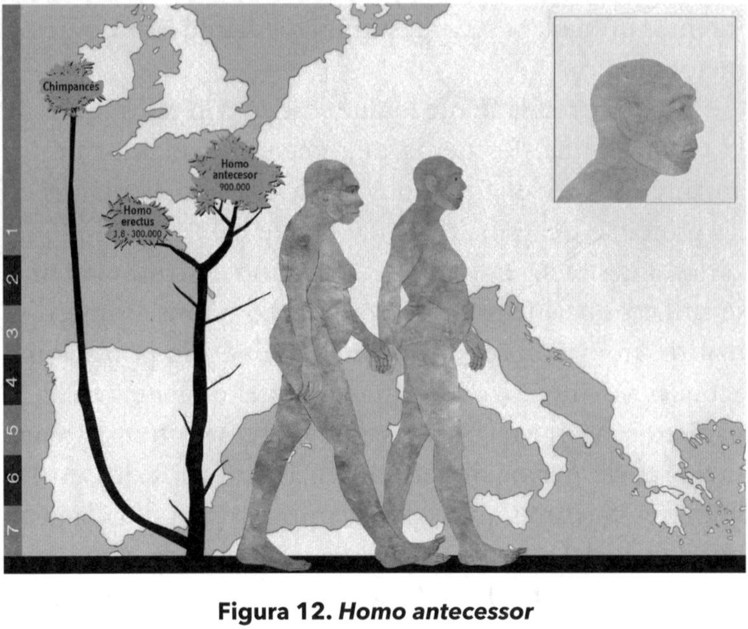

Figura 12. ***Homo antecessor***

¿Tiene realmente mucha importancia este hecho? ¿Es relevante que conozcamos si es una chica o un chico? Por supuesto que sí. Esta noticia tiene implicaciones muy diversas; te menciono dos: la primera tiene que ver con el conocimiento sobre estas poblaciones. Cuando estudiamos la evolución humana, debemos entender que cuestiones como el dimorfismo sexual, es decir, las diferencias de tamaño entre machos y hembras que existen en las distintas especies animales y que tienen implicaciones no solo biológicas sino también sociales, o las consecuencias para los partos de tener un cerebro como el nuestro —como te contaba en capítulos anteriores—, o el descubrimiento de que las poblaciones neandertales y las poblaciones anatómicamente modernas se cruzaron y dieron lugar a crías híbridas... son de una enorme importancia. Así que la capacidad que tengamos de sexar esos fósiles supone un avance imprescindible en el conocimiento. La investigación paleoantropológica está siempre buscando nuevas formas de intentar dilucidar estas cuestiones mediante la innovación metodológica.

Y eso es precisamente lo que se hizo con estos restos de la Gran Dolina. Recuerda que cuando hablamos de los amantes de Módena te conté que había sido el análisis de las proteínas del esmalte dental lo que había permitido sexarlos. Pues bien, en este caso, y para no destruir el diente, se utilizó una metodología muy innovadora. Primero se realizó un estudio de los dientes caninos de poblaciones actuales y se detectó que el tamaño del esmalte dental, la parte externa que recubre los dientes y es semitransparente, suele ser de mayor dimensión en las mujeres que en los hombres, mientras que con la dentina, la capa situada justo por debajo del esmalte y que es la estructura ósea que sujeta el diente, ocurre lo contrario, es mayor en los hombres. El estudio demostró que, utilizando este método, se podía sexar con acierto más de un 92 por ciento de las personas a las que pertenecieron esos dientes. Aplicando este método al fósil H3, el de nuestro caso, se concluyó que efectivamente era una chica. Y ahora tenemos una preciosa reconstrucción de cómo pudo ser esta habitante adolescente de la Gran Dolina.

La segunda de las razones por las que creo que es importante saber si los restos pertenecen a un chico o a una chica tiene un carácter social: porque nos ayuda a entender la mirada androcéntrica que hemos tenido sobre la evolución humana. Es cierto, cuando estos fósiles de la Gran Dolina se excavaron no había posibilidades de saber su sexo, se «decide» que es un chico y supongo que se espera que se entienda que el masculino funciona como neutro. ¿Seguro que lo razonamos así? Si escuchas o lees «chico de la Gran Dolina», ¿piensas de inmediato que es un chico pero que podría ser una chica porque no han podido sexarlo? ¿O te imaginas la cara de un chico directamente? Porque, además, este joven protagoniza la portada de un libro con su mismo nombre publicado en 2017. Y me podrás decir que, puesto que no lo sabían, había un 50 por ciento de posibilidades de que acertaran y que tampoco debemos exagerar. Y sí, puedo estar de acuerdo con eso. Pero ¿te imaginas que, precisamente porque el porcentaje es del 50 por ciento, los antropólogos hubieran decidido hablar de «la chica de la Gran Dolina»? ¿Cómo crees que se habría entendido esa decisión? Probablemente hubiera habido alguna voz acusándolos de hacer política, ya te comenté en el primer capítulo que esa es la excusa más recurrente cuando mencionamos a las mujeres en la prehistoria, o alguien los habría acusado de poco científicos... No lo dudes, en 1982, Zhilman publicó un libro sobre evolución humana titulado *Human Evolution Colouring Book* en el que la mitad de las representaciones de las distintas especies del pasado eran hembras. Pues bien, una de las críticas más feroces que se le hicieron al libro era que estaba ideológicamente sesgado. Pero lo contrario, afirmar que es un chico, aunque no se sepa a ciencia cierta si lo es, no tiene ninguna consecuencia, porque, como ya has visto en los capítulos anteriores, hemos decidido que ser hombre es la norma y que a las mujeres tienen que demostrarnos.

No es la primera vez que pasa con los restos fósiles más antiguos de los que disponemos y seguramente en el futuro, con el desarrollo de nuevas técnicas analíticas, es probable que nos llevemos muchas sorpresas en este sentido. Si en los capítulos anteriores a las mujeres no se nos ha visto haciendo determinadas cosas, tampoco se nos ha visto en la trayectoria evolutiva. Estoy convencida de que te resultan familiares esas ilustraciones a través de las que se representa la evolución humana y en las que una fila de machos de distintas especies avanzan hacia el futuro. La recuerdas, ¿verdad? Esa imagen tan conocida pone de manifiesto dos problemas fundamentales. El primero es que presenta la evolución humana como una cuestión lineal. Ya comentamos en su momento que nuestras trayectorias históricas no son lineales, que no son una autovía bien señalizada y que en ese viaje para muchas especies hubo un ¡para! que yo me bajo aquí o yo me salgo en el próximo ramal. Pero eso no es lo que nos cuenta esta representación. Por otra parte, este tipo de imágenes tan usuales, que ya forman parte de nuestro imaginario colectivo, vuelven a poner el acento en quién es el verdadero protagonista de la historia: el hombre, y en estos casos sin mucha posibilidad de entender esas figuras como neutras.

A pesar de todo, tenemos unas cuantas protagonistas femeninas en esta historia. Quizá la más famosa sea Lucy. Su muerte nos ha proporcionado mucha información sobre algunos aspectos clave de la evolución humana. Su descubrimiento en 1974 es uno de los momentos más pop de la historia de la arqueología, ya que se llama así, Lucy, porque cuentan que en el momento de su excavación sonaba en la radio la canción de los Beatles *Lucy in the sky with diamonds*. Lucy es una *Australopithecus afarensis* que vivió hace unos 3,2 millones de años en Etiopía.

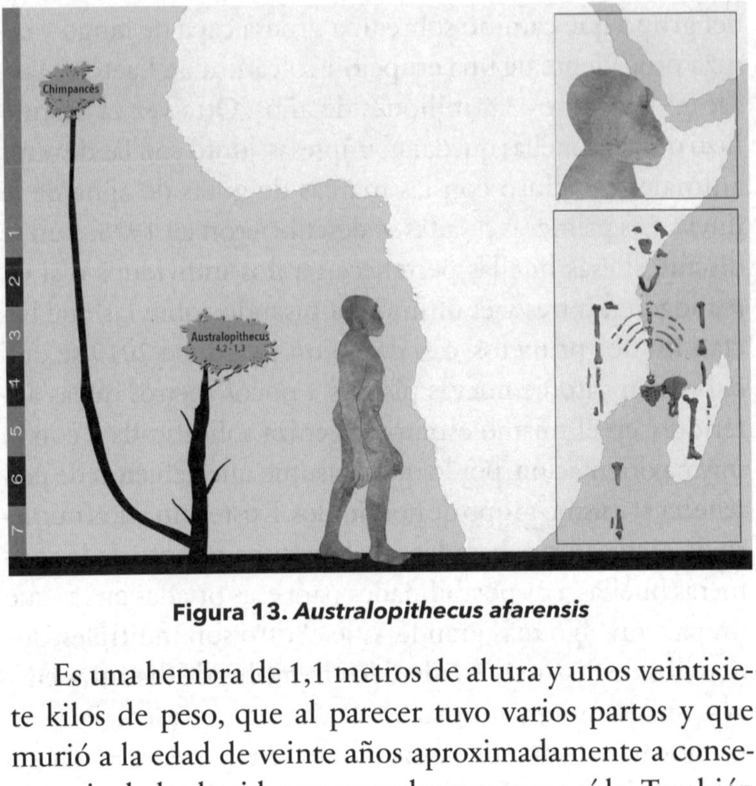

Figura 13. *Australopithecus afarensis*

Es una hembra de 1,1 metros de altura y unos veintisiete kilos de peso, que al parecer tuvo varios partos y que murió a la edad de veinte años aproximadamente a consecuencia de las heridas provocadas por una caída. También se sabe que su principal fuente de alimentación era de origen vegetal y en concreto, debido a la anchura de sus molares, que debía de tratarse de vegetales muy duros, como frutos secos o raíces. Sus restos nos hablan además de ese momento en el estudio de nuestra evolución que explica la relación entre los primates y los seres humanos. Porque ella ya era bípeda, su forma de caminar habitual era sobre las piernas, aunque todavía conservaba una gran capacidad para trepar y colgarse de los árboles, como demuestran la robustez de los brazos y la curvatura de los dedos de sus manos. De hecho, alguna de las hipótesis que se manejan para explicar su muerte es que se cayó, precisamente, de un árbol.

También eran *Australopithecus afarensis* los miembros del grupo que caminó sobre una gruesa capa de fango y ceniza procedente de una erupción volcánica en Laetoli (Tanzania) hace unos 3,5 millones de años. Otra vez el destino hizo que sus huellas quedaran impresas, junto con las de otros animales e incluso con las marcas de gotas de agua de la lluvia. Las primeras pisadas se descubrieron en 1978. Aún se discute si esas huellas pertenecen a dos individuos o si en realidad eran tres y el último iba pisando sobre las que hacían los dos primeros, casi como un juego. En 2019 se descubrieron catorce nuevas pisadas a pocos metros de las anteriores, en el mismo estrato de ceniza solidificada y con la misma orientación, por lo que se asume que debieron de pertenecer al mismo grupo de homínidos. Existen un buen número de recreaciones basadas en el descubrimiento de las primeras huellas. Las posibilidades para esas pisadas en las que un par son algo más grandes que el otro son múltiples, dos machos de distintas edades, dos hembras de distintas edades, una hembra y un macho de distintas edades... Pero en la enorme mayoría de las ocasiones se representa a una pareja, macho y hembra, a veces con la hembra embarazada, o en el caso de la hipótesis de los tres, una familia nuclear de papá, mamá y criatura, o incluso se representa a la mujer con un bebé en brazos. Esas imágenes aparecen en sellos tanzanos, en exposiciones en museos, en ilustraciones de revistas... trasladando estereotipos del presente —una familia que pasea, o huye asustada del volcán, o simplemente va en busca de alimentos— a nuestra interpretación del pasado.

Y para que veas cómo ajustamos nuestra interpretación a lo que nos resulta más cercano, o a lo que queremos explicar, te voy a contar una anécdota curiosa. Hace unos años, en una asignatura sobre arqueología y mujeres que imparto en el máster Erasmus Mundus en Estudios de las Mujeres y de Género de la Universidad de Granada, tuve una alumna tanzana. Era una chica muy tímida que se sentaba al final, a la que no había oído hablar en los primeros días de clase. Pues cuando les puse este ejemplo y una vez terminada mi explicación, de pronto levantó la mano y dijo: «¿Sabes cómo nos explican en mi país esas huellas? Son las de la Virgen María y el niño Jesús en su huida a Egipto». Te prometo que se me pusieron los pelos de punta al ver cómo funcionan los mecanismos de apropiación del patrimonio.

En cualquier caso, el descubrimiento de las nuevas huellas nos hace ver, no a una familia nuclear que se desplaza, sino al grupo que se mueve por ese territorio. Y como hemos comprobado cuando hablamos de la construcción de la identidad, el grupo es crucial. Precisamente teniendo en cuenta este hecho, María Ángeles Querol enunció, para esas primeras poblaciones homínidas, lo que denominó el modelo de ampliación del comportamiento maternal al resto del grupo. Según María Ángeles, en el mundo de los primates es la madre la responsable de socializar a las criaturas, les transmite el conocimiento necesario, distintas formas de comunicación, la tecnología, los animales de los que deben huir y los que se pueden comer, las hierbas que son buenas y las que no lo son, dónde deben beber agua y dónde no. Además, las madres bípedas han tenido que sujetar de algún modo a sus crías mientras recolectan; las cuadrúpedas, como las chimpancés actuales, los llevan sobre la espalda y las crías se sujetan con manos y pies a la madre; pero las bípedas pueden sujetarlos, así que en un momento determinado las primeras homínidas debieron de inventar una tecnología compleja y fabricaron capazos más o menos rudimentarios atados al pecho para llevar a sus crías. A esta necesidad de comunicar mucha información y de enfrentarse a problemas desconocidos con adaptabilidad u oportunismo hemos de sumar lo que ya hemos comentado acerca de la prolongación de los tiempos de crecimiento del género *Homo* hace unos dos millones y medio de años. Esto supuso, como sabes, que la crianza fuese mucho más larga, pero también que esos nuevos retos pudieran ser solucionados con un nuevo modelo de comportamiento distinto al que conocemos de lucha y supervivencia del más fuerte. Como veremos algo más adelante, la especie humana ha desarrollado el cuidado cooperativo como una estrategia para el control de enfermedades, y esta estrategia implica la ampliación del comportamiento maternal a todas las relaciones del grupo, algo que sin duda sería mucho más efectivo para lograr la supervivencia que la competitividad entre sus distintos miembros.

Hemos hablado sobre las posibles hibridaciones que se produjeron por los contactos entre neandertales y otros grupos de *sapiens*. Un buen ejemplo lo tenemos en Denny, una joven de unos trece años que murió hace unos 90.000 y que fue encontrada en una cueva en el valle de Denisova, en Rusia, en 2012. Me encanta cómo les ponemos nombre a los restos que forman parte de nuestra evolución, es un mecanismo que nos acerca a esas poblaciones que nos resultan extremadamente complejas de aprehender, sobre todo cuando, como en este caso, los restos que tenemos documentados son únicamente una astilla de hueso de unos dos centímetros encontrada entre más de 130.000 huesos, muchos de ellos de animales y en buena parte triturados y digeridos por hienas. El azar y la arqueología mantienen una curiosa relación. Y no, por supuesto que no estoy atribuyendo a la casualidad el desarrollo de nuestra disciplina, el método científico lo es todo, sin ciencia no hay nada. Hay mucho trabajo previo hasta decidir dónde excavamos, cómo lo hacemos y qué hacemos después con esos restos, pero cuando excavo me sigue emocionando la cantidad de circunstancias y sucesos que han pasado o que no han pasado para que ese hallazgo se produzca. Pues bien, ese fragmento de hueso tan pequeño determinó que el ADN mitocondrial de Denny, el que se hereda por vía materna, era neandertal, mientras que el del padre era denisovano, como se conoce a los grupos humanos arcaicos en esta región del planeta. El estudio genético demostró que esas dos poblaciones mantuvieron contactos que derivaron en crías híbridas.

El ADN mitocondrial es la información genética que pasa de la madre a su descendencia y con el que podemos reconstruir el grado de parentesco por vía materna entre diferentes poblaciones e incluso remontarnos cientos de miles de años atrás. No sé si recuerdas que hace unos años se propuso la existencia de la conocida como Eva africana, Eva mitocondrial o incluso Eva negra, una hipótesis que causó un enorme revuelo en todo el mundo. Más allá de la que considero una pésima elección del nombre, la idea era que habría existido una antecesora común, iniciadora de una población cuyo linaje ha sobrevivido hasta hoy y que se supone que vivió en África hace unos 200.000 años. Evidentemente todo esto es mucho más complejo de lo que se pensó en un principio y cada cierto tiempo aparecen publicaciones que apoyan o refutan esta teoría, así que habrá que seguir esperando a que nuevos restos y nuevas metodologías nos cuenten algo más.

Y en todo este gran entramado que es la evolución humana, hay un grupo que para mí es absolutamente significativo de lo que es capaz de hacer la investigación científica: las poblaciones neandertales.

Figura 14. Neandertales

En su investigación, hemos pasado de creer que eran un callejón sin salida, unas poblaciones muy cercanas a las nuestras en esa «carrera» por la evolución, pero que resultaron incapaces de ser como nosotros, a entender que eran poblaciones con una enorme complejidad social. Buena prueba del cambio de consideración sobre estas poblaciones son las reconstrucciones que se han realizado sobre ellas en el último siglo. Gracias a la investigación científica se ha pasado de representarlas como rudas, brutas, sucias y salvajes —en definitiva, inferiores— a explicarlas de una forma muy diferente, como una especie distinta a la nuestra, pero mucho más parecida de lo que habíamos imaginado. Al fin y al cabo, tenemos entre un 1 y un 3 por ciento de ADN neandertal. Pero recuerda a la madre neandertal, simiesca y salvaje, que imaginó Louis Mascré para la exposición en el Real Instituto Belga de Ciencias Naturales, nada que ver con las reconstrucciones realizadas en los últimos años. La misma necesidad que tenemos de ponerles nombre la tenemos de ponerles cara, de que muestren emociones, de que nos miren a los ojos...

Y buena parte del conocimiento que nos permite dejar de estereotipar a esas poblaciones proviene de un yacimiento arqueológico del norte de la península Ibérica, de la cueva de El Sidrón, y lo que te voy a contar sobre lo que han descubierto acerca de las poblaciones neandertales es una auténtica maravilla. El yacimiento de El Sidrón se encuentra en Piloña (Asturias) y fue descubierto en 1994. Es un lugar excepcional que ha proporcionado uno de los registros arqueológicos sobre neandertales más interesantes de todo el mundo y la colección más completa y abundante de restos neandertales de la península Ibérica. Unos restos que han cambiado el curso de la investigación científica sobre la evolución humana.

En ese espacio de la cueva se encontraron trece individuos, y aunque ningún esqueleto está completo, sí que aparecen representados prácticamente todos los huesos del cuerpo, lo que ha permitido un conocimiento muy profundo de este grupo. Los restos corresponden a seis adultos, tres adolescentes y tres niños de unos ocho, cinco y dos años. De los adultos, tres son mujeres y tres hombres. Todos ellos formaban parte de un mismo grupo con estrechos lazos familiares y con una antigüedad de 49.000 años. La intensa investigación que se ha llevado a cabo y los resultados obtenidos me sirven como una excelente carta de presentación de lo que te voy a contar con más detalle en los siguientes capítulos, pues podemos hablar de maternidad, linajes, lactancia, destete, alimentación, cuidados o salud. ¿Comenzamos?

El estudio del ADN mitocondrial, ya sabes, el que se hereda de la madre, nos cuenta que los tres hombres de este grupo lo comparten, lo que indica que estaban estrechamente emparentados, aunque no se pueda conocer con exactitud si tenían una relación de hermanos, de primos hermanos o de tíos y sobrinos. En cambio, las mujeres no tenían parentesco entre ellas por línea materna. Por otro lado, las criaturas y los adolescentes del grupo tenían el mismo ADN mitocondrial que alguna de las mujeres adultas; el niño de dos años, el de cinco y uno de los adolescentes son hijos de una de las mujeres adultas, lo que confirma que este grupo neandertal formaba parte de una misma familia. La explicación más coherente es que esta mujer llegara desde otro grupo y fuese la madre de los tres. Este sistema de patrilocalidad, del que ya hemos hablado en capítulos anteriores, es una estrategia básica para evitar la endogamia y las enfermedades derivadas de la falta de diversidad genética, y son las mujeres las que garantizan esa diversidad.

Estos estudios genéticos combinados con los datos referidos a la edad de las criaturas y los datos sobre su alimentación han permitido hipotetizar con el hecho de que las mujeres de estas poblaciones tendrían una media de un hijo cada tres años. Una ratio muy común en poblaciones cazadoras-recolectoras y que tiene que ver precisamente con la lactancia y la inhibición de la ovulación cuando esta es a demanda, lo que reduce considerablemente la posibilidad de embarazos. La investigación ha permitido saber que las madres neandertales destetaban a las criaturas en torno a los tres años de edad; vamos a hablar de esto más extensamente en los siguientes capítulos, pero ya te adelanto que las carencias alimenticias que supone el dejar la lactancia causan en muchas ocasiones parones en el crecimiento que quedan reflejados en unas marcas en los dientes. Ya verás que acostumbrarse a los alimentos de adultos no es nada fácil.

Pero vamos más allá: los depósitos de sarro, sí, el sarro de los dientes de este grupo, nos permiten saber, por ejemplo, que comían sobre todo vegetales, que usaban plantas medicinales e incluso que utilizaban finos palillos de madera para limpiarse los dientes tras las comidas. El sarro conserva durante miles de años el ADN de los microorganismos de la boca, los patógenos de las vías respiratorias o la comida que ingería un individuo, lo que permite investigar tanto la dieta como las enfermedades de estas poblaciones. La dieta de este grupo incluía setas, piñones y musgo, además de una notable variedad de plantas que podrían haber sido cocinadas para su consumo. En un momento hablaremos del fuego. Pero es muy interesante que no se hayan encontrado pruebas de que comiesen carne.

Un aspecto de enorme interés es que hace 49.000 años se medicaban utilizando uno de estos antibióticos naturales, el hongo *Penicillium*, y es probable que las poblaciones neandertales conocieran las propiedades analgésicas del ácido salicílico, ya que en otros yacimientos europeos se han documentado en el sarro de las dentaduras restos de ADN de sauce, *Salix babylonica*, un árbol cuya corteza, raíces y hojas contienen el principio activo de lo que hoy conocemos como aspirina. También se han documentado la aquilea, capaz de detener las hemorragias, y la manzanilla, conocida por sus propiedades digestivas, sedantes y antiespasmódicas. Y esta investigación nos permite acercarnos hasta un momento muy concreto de la vida de uno de estos neandertales hace casi 50.000 años, porque en el maxilar y la mandíbula de uno de los varones adultos, de entre veinte y veinticinco años, se ha detectado un absceso en uno de los dientes, que debió de causarle una infección y dolor crónico; el análisis del sarro ha revelado secuencias de un patógeno que en humanos causa problemas gastrointestinales, como fuertes diarreas. ¿No te parece impresionante ser capaces de saber esto? ¿Ser capaces de acercarnos a esa experiencia concreta?

También del yacimiento de El Sidrón proviene la hembra neandertal que verás representada de cuerpo entero en la sala 5 del Museo Arqueológico Nacional. El estudio genético ha desvelado que esta mujer tendría el pelo rojizo, la piel y los ojos claros, y que su grupo sanguíneo era el 0. Y, curiosamente, hay una serie de estudios que han demostrado que ese pequeño porcentaje de carga genética neandertal que tenemos en la actualidad es la responsable de nuestros distintos tonos de piel, de la facilidad con la que nos bronceamos o de distintos colores del cabello, lo que sugiere que las propias poblaciones neandertales probablemente también eran muy diversas en lo que a estos rasgos se refiere.

Termino con un último dato: los estudios genéticos han desvelado que es muy probable que estas poblaciones tuvieran desarrolladas las áreas neuronales implicadas en el lenguaje, lo que ha sido interpretado como prueba de que estos grupos poseían esta capacidad. Ello abre un campo inmenso a las posibilidades de comunicación, de socialización y de relación. De ser capaces de generar y contar historias. Y aquí entra el fuego. El fuego es una reacción química natural que las poblaciones del pasado aprendieron primero a usar, después a controlar y finalmente a producir. Y, además, supuso cambios fundamentales en sus formas de vida. ¿Te imaginas cómo era la vida de estas poblaciones antes del fuego? Los datos más antiguos que relacionan el fuego con grupos humanos se encuentran en yacimientos africanos fechados alrededor de hace un millón de años. Pero estas poblaciones usaron el fuego de manera oportunista. No eran capaces de controlarlo y aprovechaban el que creaba la naturaleza. Para el caso que nos interesa, el de estas poblaciones neandertales, el uso regular del fuego en Europa se produjo hace unos 400.000 años. Lo controlaban y lo conservaban, pero aún es complicado saber si eran capaces de producirlo. Lo que sí es seguro es que el fuego cambió la vida de la gente de estas poblaciones porque era una fuente constante de luz y calor; supuso algo tan básico como que ya no se quedaban a oscuras. Piénsalo durante unos segundos. Ponte por un instante en esa situación. El fuego permitió cocinar los alimentos, como hemos visto que quizá ocurrió con el grupo de El Sidrón. Y ser capaces de cocinar permitió ampliar el rango de alimentos disponibles, ya que hay muchos que no podemos consumir crudos. Además, redujo el coste calórico de la digestión porque los alimentos cocinados son más fácilmente digeribles. Pero para mí una de las cuestiones más importantes que le debemos al fuego es que permitió las primeras muestras de socialización humana, y en estas poblaciones neandertales, con una probable capacidad de hablar, implicó que alrededor del fuego se generaran espacios de socialización, de conversación o de transmisión de conocimientos. La vida en torno al fuego potencia la imaginación, nos ayuda a recordar y a comprender, facilita la transmisión de información sobre el grupo, lo que genera seguridad y confianza. Eso que nos hace ser lo que somos.

Una última protagonista de esta historia evolutiva, la más cercana temporalmente. Una *sapiens*, una humana moderna, que hace 18.700 años fue enterrada en la cueva de El Mirón (Ramales de la Victoria, Cantabria), la conocida como la Dama Roja. Tengo que decir que soy muy fan de esta señora. Esta mujer, de unos treinta y cinco años, 59 kilos de peso y casi 1,60 metros de altura, nos explica aspectos muy diferentes de la vida en la época magdaleniense, tanto los más cotidianos como los relacionados con los rituales. Su cuerpo apareció en el fondo del vestíbulo de la cueva, bajo un bloque de piedra probablemente caído del techo en el que aparecen una serie de grabados que se han asociado al sexo femenino, entre ellos un motivo en forma de V que podría simbolizar un triángulo púbico. Como sabes, la interpretación de los motivos abstractos en el arte rupestre no deja de ser una especulación; es complicado entender los códigos utilizados por esas poblaciones y, en muchas ocasiones, no nos permiten más que eso, imaginar y construir hipótesis que puedan ser contrastadas. Pero lo que me parece más interesante es que esta mujer tuvo acceso a un ritual muy elaborado, único. Ya no solo porque no se conocen muchos enterramientos datados en este periodo, sino porque a la rareza del propio enterramiento hay que sumarle un ritual sofisticado. Primero se dejó descomponer su cuerpo al aire libre y después, antes de enterrarlo, lo cubrieron con ocre. Pero no quedó ahí la cosa. Algún tiempo después, la sepultura se abrió y se sacaron los huesos largos y el cráneo, y el resto del cuerpo fue cubierto de nuevo con ocre antes de volverla a enterrar.

Su cuerpo nos cuenta muchas cosas cotidianas: el análisis del esmalte de sus dientes, el sarro acumulado en ellos —estoy segura de que después de este capítulo vas a pensar en el sarro de otra manera— y su desgaste han permitido que sepamos que alrededor del 80 por ciento de su dieta era carnívora y en torno al 20 por ciento correspondía a peces, seguramente salmón. Además, también consumía alimentos vegetales, entre ellos diversos hongos. El hallazgo de polen en el enterramiento se ha explicado de diversas formas: bien podría estar integrado en el propio ritual con un depósito de flores, bien podría provenir del estómago y haberlas consumido como recurso medicinal, o bien podrían haber sido depositadas allí con un propósito más higiénico, como evitar los malos olores. Las marcas musculares de los huesos de sus piernas y hombros y su robustez nos indican que realizaba una elevada actividad física.

La excepcionalidad de su enterramiento y el cuidado prodigado a su cuerpo nos hablan de una mujer especial que tendría una relevancia importante entre los miembros de su grupo. ¿Por qué? Probablemente nunca llegaremos a saberlo, pero podemos hipotetizar. Ya hemos visto que son las mujeres las que se mueven entre los grupos y sabemos que, normalmente, eso conlleva una mirada negativa sobre sus experiencias, al usar para definir estas prácticas palabras como *intercambio*. Pero en realidad no sabemos qué tipo de tratamiento, estatus o condición suponía para las mujeres esa circunstancia, y no pensemos en matrimonios concertados en el Paleolítico superior, por favor. Pudo ser una mujer con unas características de liderazgo reseñables, o con algún tipo de habilidad sobresaliente; insisto, es posible que no lo sepamos nunca, pero lo que está claro es que era extraordinaria, ya que fue objeto de un tratamiento que nadie más tuvo en su grupo, ni otras mujeres ni otros hombres.

12

CUIDAR

Seguramente las palabras que más hemos pronunciado en estos dos últimos y pandémicos años hayan tenido que ver con el cuidado. «Cuídate, cuidaos, cuidad, cuidémonos.» ¿Cuántas veces has utilizado en estos meses esas expresiones en videoconferencias, wasaps o conversaciones telefónicas? Durante meses restringimos nuestra actividad presencial a aquellas que consideramos esenciales, como alimentarnos, sanar y curar, procurar la higiene, que niños y niñas continuasen con su aprendizaje, o estar pendientes de la salud de las personas de edad avanzada o con alguna necesidad especial. Industrias y tecnologías diversas se han puesto al servicio de lo que es verdaderamente estructural en las sociedades. Sin embargo, pocas veces esas actividades esenciales, que tan presentes se nos han hecho en estos momentos, han sido valoradas a la hora de analizar los procesos históricos. De hecho, han tenido tan escasa consideración en la investigación histórica que hasta hace muy poco ni siquiera existía una categoría de análisis con la que pudiéramos definirlas y estudiarlas. Sencillamente, no existían para la historia, para la Historia con mayúsculas, claro.

Porque desde hace ya bastantes años la arqueología con perspectiva feminista sí ha trabajado sobre estas actividades y les ha dado un nombre con el que poder analizarlas:

las actividades de mantenimiento. Se denominan así las prácticas relacionadas con el cuidado y el sostenimiento de la vida de los grupos humanos relativas a la preparación y el consumo de alimentos, a los trabajos relacionados con la salud, a la curación y la higiene, a la gestación, crianza y socialización de individuos infantiles. Unas actividades que forman parte de la vida cotidiana y que, en definitiva, son las que procuran el bienestar desde el nacimiento hasta los momentos finales de la vida. Son esas actividades que, a grandes rasgos en la actualidad, identificamos como trabajo doméstico, que son las más básicas, imprescindibles y evidentes en cualquier grupo social. Y, ¿por qué será?, son las menos valoradas social y económicamente.

Vamos a ponerlas en contexto. Ten en cuenta que ahora mismo hay muchos grupos humanos en el mundo que viven sin practicar la agricultura o la ganadería, sin producir cerámica o sin fabricar objetos de metal y, sin embargo, son poblaciones completas, complejas y perfectas. Que, como ya hemos dicho antes, también llevan a sus espaldas miles de años de trayectoria histórica. Ya te conté en las primeras páginas que la elección de las actividades, las tecnologías y las producciones consideradas más relevantes cuando miramos a las poblaciones prehistóricas son eso, elecciones propias del contexto histórico del siglo XIX. Pero si lo piensas bien, ¿qué es lo único que todas las sociedades deben hacer necesariamente? Tanto las que no usan cerámica como las nuestras, que no pueden vivir sin wifi. Efectivamente, cuidar. Y sí, reconozco que en esto también están cambiando los discursos. Recuerdo no hace tantos años que cuando se hablaba de evolución humana se solía relacionar con conceptos como: el más fuerte, la lucha, la supervivencia salvaje, etc., pero desde hace unos años empezamos a escuchar que cuidar nos hizo humanos. Y sí, no puedo estar más de acuerdo, cuidar es lo que nos ha permitido sobrevivir como especie, sin duda ninguna.

Si esto es así, ¿por qué la investigación histórica más «tradicional» ha considerado que estas prácticas no son de interés para contar quiénes somos? Pues porque esa elección de las actividades que son importantes lleva aparejada también la asignación de quienes las realizan. En un bucle perverso, las actividades domésticas no son importantes porque las hacen las mujeres y las mujeres no son importantes porque realizan actividades poco relevantes para las sociedades, y así hasta el infinito y más allá.

¿Y cómo hemos conseguido que esas actividades nos resulten tan poco atractivas en todos los sentidos? No vamos a negar que ha sido una argumentación muy trabajada precisamente por lo crucial que resulta para el sostenimiento del sistema económico el que se sigan haciendo de la misma forma. En esta lectura, las actividades de mantenimiento se ven como aisladas del resto de las producciones de las sociedades, como si se pudieran llevar a cabo de forma independiente respecto a otros procesos sociales y económicos tradicionalmente considerados clave para las sociedades del pasado. Sin duda, el concepto contemporáneo del trabajo en términos mercantiles ha influido en la consideración negativa de estas actividades, ya que, cuando se realiza en el ámbito estrictamente familiar, es un trabajo que usa un tiempo que no se mide económicamente, porque no se paga ni cotiza, de modo que se invisibiliza. Sin embargo, hoy mismo (da igual cuando leas esto), y como señala la premio nacional de Sociología María Ángeles Durán, en el mundo hay más de dos mil millones de hogares, dos mil millones de talleres que dan servicio ininterrumpidamente a la población, día y noche. Ningún otro sector productivo los supera en volumen o importancia económica, aunque, a pesar de las reivindicaciones que se realizan desde la economía feminista, sigue sin considerarse cuando se habla del producto interior bruto de los países.

Un trabajo no remunerado pero que en contextos de crisis (sanitaria o económica) resulta vital para el sostenimiento de las sociedades.

No sé si tienes la edad suficiente para acordarte, pero antes en los carnets de identidad se incluía la profesión de la persona y recuerdo perfectamente que en el de mi madre ponía: S. L. (sus labores), para «designar la dedicación, no remunerada, de la mujer a las tareas de su propio hogar». O recuerdo como durante mucho tiempo, cuando nos preguntaban en el cole en qué trabajaban nuestras madres, respondíamos: «No, mi madre no trabaja». Cada vez que lo recuerdo en la actualidad soy yo la que se mesa (sí, se arranca) el pelo de la rabia que me da.

Además, para mayor escarnio, se ha construido la idea de que las actividades de mantenimiento no requieren ningún tipo de tecnología, ninguna experiencia ni conocimiento especializado. Como consecuencia, mientras que en el estudio de las sociedades del pasado es usual encontrar el concepto de innovación tecnológica unido a actividades artesanales diversas, es más difícil encontrarlo ligado a la producción de alimentos o a las actividades de cuidado. Y yo me pregunto: ¿de verdad en la prehistoria hay más tecnología en la fabricación de una punta de flecha de bronce que en preparar un guiso? Como decía aquel, analicemos la frase (en este caso el proceso).

Para fabricar una punta de flecha de bronce hay que buscar la materia prima necesaria tanto para el propio objeto como para todo lo que conlleva el proceso de producción. Hay que seleccionar el mineral adecuado, el combustible necesario, hay que fabricar moldes de distintos materiales y características, hay que conocer y mezclar los diferentes componentes que forman parte de la aleación, hay que utilizar estructuras de combustión que permitan mayor o menor temperatura en cada paso de la producción para que termine resultando una pieza, en este caso una punta de flecha, que pueda ser intercambiada, utilizada en la caza o en la guerra, o depositada en un ajuar funerario. En definitiva, un complejo proceso técnico. Y ¿qué hay que hacer para preparar un guiso? Hay que seleccionar las materias primas adecuadas, recoger el combustible necesario, hay que fabricar ollas de distintas características, hay que conocer y mezclar los distintos ingredientes que forman parte del alimento, hay que utilizar estructuras de combustión que permitan regular la cantidad de calor que se debe aplicar en cada paso de la preparación, hasta que termine resultando un producto, en este caso un plato de comida, que nos permita..., a ver, ¿qué era? ¡Ah, sí! No morirnos de hambre. Dónde va a parar, mucho más complejo e importante lo de la punta de flecha.

Y no, no te creas, con esto no estoy queriendo «rebajar» la importancia de la producción metalúrgica en las sociedades del pasado, pero desde luego sí bajarla del pedestal en el que Thomsen la subió cuando implementó el sistema de las tres edades. En mi opinión, si tenemos la imperiosa necesidad de elegir una tecnología que «cambiase» las sociedades de la prehistoria, en todo caso sería la cerámica, que permitió nuevas formas de transporte, almacenamiento, cocinado, conservación... Pero incluso con estas nuevas posibilidades, hay sociedades que aún hoy siguen sin utilizarlas.

Volvamos a las actividades de mantenimiento. Ya hemos visto que considerarlas sin importancia económica o sin impronta tecnológica o de innovación no es del todo adecuado, ¿verdad? Es más bien una mirada interesada desde el presente. También considerarlas desligadas de cualquier otro proceso social es igualmente erróneo, ya que, a veces, determinados cambios en las condiciones de desarrollo de ese trabajo terminan provocando cambios sociales importantes de manera temporal o permanente. Te pongo un ejemplo: una amiga también arqueóloga, de viaje en Senegal hace unos años, supo que en el sudoeste del país la tasa de divorcios estaba aumentando de modo muy evidente. Al preguntar por las causas de ese fenómeno descubrió que para la subsistencia diaria estas comunidades dependen de la elaboración del cuscús, preparado por las mujeres con harina de trigo. Un cambio en las condiciones económicas provocó que muchas familias no pudieran seguir comprando el trigo y que este fuese sustituido por un cereal más barato, pero también mucho más difícil de moler, el mijo.

Algo más adelante te explicaré la importancia de la molienda para las poblaciones prehistóricas y su incidencia expresa en la vida de las mujeres, pero por ahora te diré que moler cereal es un trabajo tremendamente extenuante, repetitivo y demandante en cuestión de tiempo, y que no es lo mismo moler un cereal que otro, porque la inversión de mano de obra y horas de trabajo para hacerlo puede ser muy distinta. Al cambiar el cereal y tener que dedicar mucho más tiempo a su molienda, estas mujeres senegalesas ya no podían dedicarlo a otras de sus actividades anteriores, lo que provocó una sobrecarga de trabajo en muchas de ellas que hizo que abandonaran su vivienda y se trasladaran a sus hogares familiares previos, donde podrían repartir ese esfuerzo entre otras mujeres, produciéndose un reajuste temporal en la vida de las comunidades. Así que sí, la organización de las actividades de mantenimiento puede tener una incidencia clara en la organización de las propias comunidades.

Y quiero seguir hablándote del uso del tiempo. Porque esta historia que te voy a contar ahora me parece muy emotiva. En esa asignatura sobre arqueología y mujeres del máster Erasmus Mundus que te comenté hace un par de capítulos tuve un alumno islandés. Ten en cuenta que el segundo año de este máster es el de la movilidad internacional, y eso hace que la cantidad de experiencias vitales y culturales del estudiantado sea absolutamente diversa. Como casi ninguna de las personas que cursan este máster ha estudiado arqueología o historia procuro acercar la materia a sus intereses y analizamos, por ejemplo, su concepto y percepción sobre estas actividades de mantenimiento y cómo eso se traduce en objetos, historias o representaciones. Pues bien, este estudiante me contó que en un periódico de tirada nacional que cumplía cien años decidieron celebrarlo entrevistando a personas que cumplían también esa edad. Una de esas entrevistas se la hicieron a una mujer a la que le preguntaron cuál era el avance que consideraba más importante de los que había visto en su larga vida. ¿Y qué crees que contestó ella? Los zapatos de las tiendas. Contaba que cuando ella era una niña los zapatos se hacían en casa. Un calzado perfectamente preparado para el frío y la humedad pero que había que desmontar y montar todos los días, así que una vez que ella, sus hermanos y su padre se acostaban por la noche y ya no los necesitaban más, su madre se quedaba despierta arreglándolos. Tenía que desmontarlos, sacar, limpiar y secar el relleno interno, limpiar la piel de fuera y prepararlos para que al día siguiente todo el mundo los tuviera listos. Para ella, eso de que los zapatos de las tiendas no necesitaran que su madre se quedara mucho más tiempo despierta que el resto, que no dedicara su tiempo a ese trabajo, había sido uno de los avances más significativos de su vida. No la electricidad, no el agua corriente: en su percepción de niña, lo más relevante era el tiempo ganado por su madre.

Ya lo ves, si recapitulamos un momento vemos que las actividades de mantenimiento, o el trabajo doméstico, son estructurales para las sociedades, requieren tecnología, innovación y conocimiento, influyen en la organización de las comunidades y son percibidas como aquello que requiere esfuerzo y proporciona bienestar.

A pesar de todo ello, muchas de estas afirmaciones sin fundamento que te he enumerado al principio han terminado teniendo consecuencias muy concretas sobre las mujeres y su consideración histórica. La visión distorsionada de estas actividades en la actualidad y la proyección de nuestra escala de valores hacia el pasado han provocado que las mujeres no seamos consideradas relevantes en los cambios culturales que han configurado nuestra historia. Pero esos discursos, repetidos una y otra vez, han generado en las mujeres una serie de sensaciones complejas y contradictorias sobre cómo vivir la «obligatoriedad» de que seamos nosotras mayoritariamente las cuidadoras, sin ninguna opción en muchas ocasiones. En cómo no caer en el dilema entre la rebelión ante esa situación y la denominada «mística del cuidado», entendida como el autosacrificio deseado por las mujeres que, «felices», asumen su destino.

Esto lo voy a contar con mayor detalle algo más adelante, cuando hablemos de la maternidad, pero quiero ponerte un ejemplo contemporáneo de cómo muchas mujeres viven esa vinculación de su sexo con lo doméstico y que a mí, particularmente, me fascina. Una muestra extraordinaria de la capacidad de influencia de este pensamiento patriarcal en la vida de las mujeres lo tenemos en la obra de la escultora Louise Bourgeois, concretamente en su conocida serie «Femme Maison». En estas representaciones, el torso y la cabeza de las mujeres han sido sustituidos por la imagen de una casa. Las cuatro «Femme Maison» han sido interpretadas como un alegato feminista en contra del confinamiento tradicional de las mujeres en el espacio doméstico; pero más allá, en mi opinión, poseen una carga de ambigüedad que permite otras consideraciones y que pone de manifiesto la naturaleza ambivalente que ha tenido siempre el espacio doméstico en la historia de las mujeres. Por un lado, se trata del lugar por excelencia de la sociabilidad femenina, punto de partida de una red de saberes de mujeres; por otro lado, es un espacio de reclusión, emblema de la expulsión de las mujeres de los asuntos públicos, imagen de su identificación secular con un papel exclusivamente nutricio y reproductor. Estas mujeres sin cara no poseen identidad, se expresan a través de la configuración de las casas, casas con puertas y ventanas y casas sin ellas, casas apacibles que denotan aceptación y casas distorsionadas que significan ansiedad. Es absolutamente revelador.

Ante esta situación, es otra vez la investigación y la reflexión en arqueología desde una perspectiva feminista la que se nos muestra como crucial para considerar y entender que es necesario que estas actividades que posibilitan la reproducción social se realicen en condiciones aceptables, dignas y reconocidas. Y por ello las actividades de mantenimiento están empezando a tener su lugar en los discursos históricos.

Estos estudios suponen una triple reivindicación. En primer lugar, como ya hemos comentado, se trata de reconocer la función estructural de las actividades de mantenimiento en cualquier sociedad y ponerlas en el primer plano de la investigación histórica. Es fundamental entender que la investigación sobre estas prácticas no solo mejora el conocimiento sobre las mujeres en el pasado, sino que mejora sobre todo nuestro conocimiento sobre las sociedades del pasado. Veremos algo más adelante como, por ejemplo, el tratamiento de una enfermedad no se debe considerar solo desde un punto de vista biológico, sino que tiene que observarse como un problema social; que cualquier síntoma de dolencia pone en movimiento una serie de conocimientos, trabajos, estrategias y experiencias, de utensilios y tecnologías que intentarán solventar esa crisis. Que conocer cómo se resuelven esas necesidades básicas de bienestar humano, bien en la cotidianeidad, bien en circunstancias excepcionales, nos da una buena medida de las condiciones políticas, sociales, ideológicas y económicas de una sociedad. ¿O no nos ha enseñado la pandemia las debilidades de nuestro propio sistema?

Pero además, al descuidar su estudio, hemos perdido información sobre unas formas de trabajo humano que son universales. No se ha prestado atención, por ejemplo, al hecho de que las actividades de mantenimiento implican la creación de redes de solidaridad, de afecto, de relaciones, sobre todo entre quienes prioritariamente cuidan y quienes son cuidados, generando formas de comunicación y conexión de la vida social fundamentales para el desarrollo de estrategias de cohesión, empatía o solidaridad.

En segundo lugar, se pretende eliminar el carácter esencialista por el que esas actividades están vinculadas única y exclusivamente a las mujeres. Y aquí nos vamos a detener algo más. La observación etnográfica de diferentes grupos humanos muestra la variabilidad de comportamientos en la distribución del trabajo por sexos. Es cierto que existe una innegable y mayor vinculación de las mujeres a los trabajos relacionados con el mantenimiento, en el pasado y ahora, y que esa dedicación de las mujeres es transversal a otras cuestiones. De hecho, sigue siendo una cuestión tremendamente actual. Diversos estudios señalan que, durante la pandemia, la producción científica de las mujeres ha disminuido en comparación con la masculina en todos los ámbitos del conocimiento, ensanchando la brecha de género en ciencia. ¿Las causas? El haber tenido que compaginar durante el confinamiento la investigación con los cuidados de menores o de otras personas dependientes. El tiempo que las mujeres dedican a actividades domésticas y cuidados triplica el tiempo dedicado por los hombres, y el confinamiento no ha hecho más que agrandar esa diferencia. Así que sí, el trabajo de cuidados sigue estando vinculado a las mujeres, pero, como ya sabemos, eso no deja de ser una construcción cultural y política.

Un ejemplo interesante de esa construcción social en la división sexual del trabajo es el de las poblaciones pigmeas akas en África Central. Normalmente son las mujeres las que están a cargo de todo lo relacionado con las actividades de mantenimiento, pero en algunas ocasiones, mientras las mujeres cazan, los hombres cuidan de los niños; o mientras los hombres cocinan, las mujeres deciden dónde montar el próximo campamento. De hecho, los hombres akas pasan casi el 50 por ciento de su tiempo con las criaturas, los padres asumen los roles que habitualmente ocupan las madres sin ningún problema y, lo que es más importante, sin ninguna pérdida de estatus. Aunque no, no pensemos que es el paraíso de la igualdad, los hombres de estos grupos siguen siendo invariablemente los jefes y los que ostentan mayor poder. Pero este ejemplo nos enseña la variabilidad del comportamiento humano. Es muy probable que sean las mujeres las que hagan ese trabajo mayoritariamente, poca duda tenemos respecto a esto, pero no podemos afirmar con rotundidad que hayan sido las únicas que lo han realizado.

Por último, si entendemos que estas actividades son importantes para las sociedades por su capacidad de innovación, por los conocimientos necesarios para su desarrollo y por su repercusión en todos los ámbitos sociales, deberíamos extender ese reconocimiento a quienes han estado (y siguen estando en la actualidad) a cargo de ellas, las mujeres, acabando con ese perverso bucle que enunciaba al principio.

Y no se trata de decir, bueno, como son tan importantes y las mujeres las hacéis tan bien, seguid haciéndolas, que hasta ahora todo ha funcionado estupendamente. Precisamente desmontar esos prejuicios e ideas preconcebidas sobre el ámbito doméstico está en la base de la construcción, desde el conocimiento, de políticas de conciliación y, sobre todo, de corresponsabilidad que posibiliten su realización y su reconocimiento social, las haga quien las haga, mujeres u hombres.

Hablemos por tanto de cómo podemos reconocer a través de objetos, de representaciones o de huellas en los huesos las prácticas maternales, los partos, la lactancia y el destete, el trabajo textil, la producción o la salud en las sociedades de la prehistoria. ¿Me acompañas?

13

PARIR

Ya sabes que ser o no ser madre ha sido durante mucho tiempo sinónimo de ser o no ser mujer, o al menos una mujer completa. Pocas mujeres habrá a las que no les hayan preguntado en algún momento de su vida sobre sus intenciones acerca de tener descendencia, sobre cuándo irán a por el segundo —por eso de tener la parejita— o si se atreverán con una tercera vez... «¡Qué valor tienes, pero qué bonito!» Yo, que fui madre con una edad que podríamos considerar avanzada, lo sé por experiencia. Y mis amigas que no han sido madres porque no han podido o no les ha dado la gana se siguen enfrentando a la misma inocente, y supongo que a veces bienintencionada, pregunta de siempre, ya sabes, lo del arroz y todo eso... En muchas ocasiones, se sienten obligadas incluso a explicarse: «No, yo es que...». En fin. La literatura y el arte están repletos de historias en las que la imposibilidad de las mujeres de tener descendencia supone frustración, miedo, vergüenza y en ocasiones tragedia. Nuestra capacidad reproductiva ha sido un elemento básico en la construcción de nuestra identidad: las mujeres en edad reproductiva, las que no lo están, las que tienen descendencia y las que no, se ven de distinta manera, de modo que lo que se espera de nosotras, las responsabilidades, la autoridad, el poder y el prestigio, es distinto en cada momento de nuestra vida. Acuérdate de esas reinas desesperadas por tener un hijo (varón, claro está), cuyo valor radicaba única y exclusivamente en eso.

Y como nos ha definido, las mujeres nos hemos preocupado. A lo largo de la historia nos ha obsesionado quedarnos embarazadas y tener buenas gestaciones, partos exitosos y criaturas sanas. Y, por supuesto, la primera incertidumbre es la de conseguir el embarazo. Esa inquietud queda reflejada en multitud de rastros en textos y objetos. Lo demuestran los escritos mesopotámicos, que hace más de 3.500 años ya describían técnicas destinadas a ayudar en la concepción o al desarrollo normal del embarazo y del parto a través de rituales, encantamientos, pociones, ungüentos, lavados o inhalación de sustancias. Aunque también tenemos pruebas de lo contrario, es decir, del uso de diversas especies vegetales que pueden haber tenido efectos hormonales directos sobre la función reproductiva usados como anticonceptivos o como abortivos en un momento muy cercano a la concepción. Sí, una especie de «píldora del día después» que se usaba ya hace unos cuantos miles de años.

Pero ¿qué pasa cuando no tenemos textos? Es evidente que el uso de estas plantas por las sociedades que no tienen escritura solo puede ser inferido a través de evidencias indirectas: podemos saber que las usaban porque las encontramos en los yacimientos arqueológicos, tanto en el ámbito doméstico como en las tumbas. Veremos algunos ejemplos más adelante. Pero más allá del uso de elementos medicinales, las sociedades prehistóricas elaboraron otras estrategias a través de las cuales materializar esos deseos y transformarlos en objetos que pudieran tocar. Tener algo material a lo que dirigirse, algo tangible que se pueda manipular, es un recurso fundamental para la gestión de nuestros deseos o miedos. Tú también lo haces, no lo niegues, seguro que tienes por ahí un boli con el que hacías los exámenes o unos calcetines con los que jugabas siempre los partidos. Como un amuleto, como una forma de atraer la suerte. Los seres humanos necesitamos objetos que podamos controlar y con los que poder hacer frente a lo incontrolable. Y eso también pasaba en la prehistoria. Uno de los hallazgos arqueológicos que en mi opinión demuestran de manera más evidente esa urgencia de generar estrategias palpables y materiales es un depósito ritual en el yacimiento de la Edad del Cobre de Kissonerga-Mosphilia, en Chipre. En el interior de una de las cabañas del poblado, en una pequeña fosa, se encontró un conjunto de más de cincuenta objetos depositados deliberadamente en ese lugar; entre ellos destacan una vasija cerámica y una serie de figurillas. La vasija es una maqueta a pequeña escala de una de las cabañas del poblado. Entre las figurillas encontradas destacan ocho representaciones femeninas con motivos decorativos en rojo, entre las que encontramos desde mujeres en distintos momentos de la gestación hasta mujeres pariendo.

Varias de las figurillas de arcilla presentan caderas anchas y vientres abultados, y muestran signos de desgaste por el roce en lugares específicos y relacionados con la reproducción, como el torso, el área genital, los senos, el vientre y los glúteos. Así, las mujeres de esta comunidad, no sabemos si dentro de un ritual más elaborado, tocarían una y otra vez esas figuras como forma de atraer la fertilidad. Otras mujeres de este conjunto aparecen sentadas en las denominadas «sillas de parto», algunas incluso están representadas justo en el momento de parir, cuando ya asoma la cabeza de la criatura entre las piernas. Estas sillas o asientos de parto los conocemos desde el Neolítico y no se han dejado de usar en distintos materiales y formatos hasta la actualidad. Sin duda, esta fosa llena de objetos representa todo un conjunto ritual que las mujeres usarían tanto para propiciar la concepción como para asegurar un buen embarazo o lograr un parto exitoso.

Pero si crees que esa necesidad de generar objetos relacionados con la maternidad que tenían las mujeres hace 5.500 años fue desapareciendo con el tiempo, me temo que te equivocas. Te voy a contar la creación de un mito contemporáneo sobre la maternidad usando para ello una pieza prehistórica. Es la historia del «ídolo» de Almargen. Esta escultura apareció durante las labores de cimentación de una casa en construcción en Almargen (Málaga). La pieza, de forma ovoide, de unos cincuenta centímetros de longitud y algo más de veintidós kilos, presenta en su extremo inferior un glande y en su parte superior un rostro, además de un abultamiento en su parte central que parece representar un embarazo.

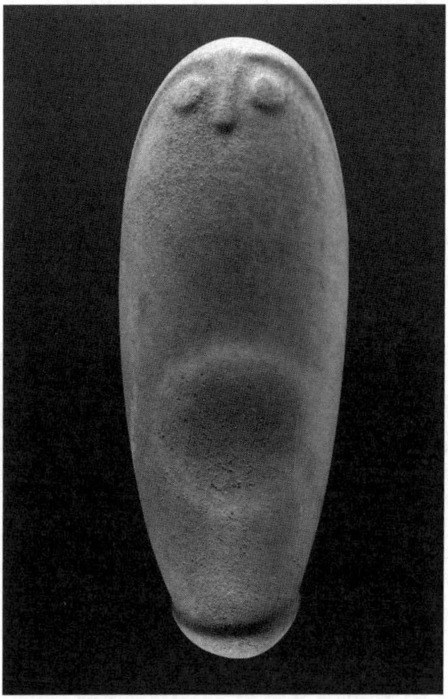

Figura 15. Ídolo de Almargen

Durante años, la pieza estuvo expuesta en una de las salas del ayuntamiento de la localidad. Tanto la aparición de ambos sexos en la figura como el comentario de quienes la estudiaron la primera vez de que era probablemente un ídolo de la fertilidad prehistórico hizo que pronto se generara un relato sobre su capacidad para propiciar embarazos. Un relato que subió un peldaño cuando Dori Serrano, una vecina del pueblo, después de dieciséis años intentando quedarse embarazada, tal y como ella misma contó en un programa de televisión en 2013, solicitó que le mostraran la piedra y decidió probar suerte tocándola. Un test de embarazo confirmó, al mes siguiente, que lo había conseguido. Como te lo cuento. A partir de ese momento, decenas de parejas llegadas de todas partes del país, e incluso del extranjero, acuden a tocarlo. Un objeto de unos 5.000 años de antigüedad se ha convertido en una leyenda contemporánea que desde 2009 tiene su propio museo, que sigue generando cientos de visitas, con testimonios de parejas que vuelven a contar en los libros de visitas que lo han logrado y que es el más nítido reflejo del anhelo humano de tener descendencia y de la angustia cuando no se logra. Quizá, el único cambio significativo de la construcción de este relato en el siglo XXI es que ya no son solo las mujeres, sino las parejas, las que acuden en busca del remedio.

Una historia que me llena de dudas, y lo digo con toda sinceridad. No porque crea que si tocas el ídolo te quedas embarazada, sino porque me debato entre una parte de mí a la que le rechinan los dientes porque una pieza de más de 5.000 años sea tocada constantemente, de aquí a cien años los signos del embarazo seguro que habrán desaparecido con tanto tocamiento —sí, la piedra también se desgasta—, y otra parte que se acuerda de las mujeres de Kissonerga, que hacían exactamente lo mismo por los mismos motivos. Y entonces pienso que los objetos (incluso los arqueológicos) tienen sentido porque tienen una función y que sin esa función no tienen sentido. Aun así, creo que gana la parte de mí que entiende que no debería tocarse.

Después de haber conseguido el embarazo, comienza la siguiente preocupación: ¿cómo irá el parto? Es obvio que la mayor parte de los partos se producen sin ningún problema significativo. El alto índice de mortalidad de las mujeres en las sociedades preindustriales se debía no tanto al parto en sí mismo como a las infecciones que se producían en lo que se denomina periparto, el periodo inmediatamente anterior, durante e inmediatamente posterior al parto, cuando las condiciones higiénico-sanitarias no eran las más adecuadas. Pero no siempre las cosas salen bien. En arqueología, para hablar de ese momento en el que se llega a la vida tenemos que recurrir a las veces en las que los partos se complican, a los que no llegan a buen término.

Te cuento dos casos excepcionalmente bien documentados que precisamente por ello nos acercan a dos episodios muy intensos separados por miles de años de historia. El primero de ellos es el del hallazgo de una mujer y su criatura, encontrados en el atrio claustro del monasterio de Fitero (Navarra), un lugar que entre los siglos XIV y XVI d. C. se usó como cementerio parroquial. La mujer estaba tumbada boca arriba con las manos sobre su pelvis; algo más abajo yacían los restos del feto que no había logrado nacer. Ella tendría unos treinta años, la criatura, unas cuarenta semanas y aún se encontraba dentro de la madre; solo su brazo izquierdo, desde la mano hasta el hombro, estaba fuera de la cavidad pélvica. Se había producido una complicación obstétrica letal, una situación transversa del feto en el útero que, con los conocimientos de la época, no pudo ser resuelta. Daba la impresión incluso de que se había intentado tirar del brazo para sacarlo, pero en esta ocasión la maniobra no funcionó. El resultado fue la muerte tanto de la madre como de la criatura.

Creo firmemente que esa mujer debió de sentir miedo, al igual que quienes la rodeaban, al entender lo irreversible de la situación. Porque el miedo a un mal parto es universal. Todas las mujeres lo sienten de una manera u otra. Es cierto que la intensidad de ese miedo puede ser distinta. Hay lugares en el mundo y épocas históricas en las que la posibilidad de que algo así ocurra está más asumida, el riesgo es ciertamente más elevado, pero eso no resta dramatismo al hecho ni a las emociones.

Casi 4.000 años antes, otra mujer había pasado exactamente por lo mismo en el poblado argárico del Cerro de las Viñas (Lorca, Murcia). Ella, de unos veinticinco años, se encontraba depositada sobre su lado izquierdo y tenía en el interior de la cavidad pélvica un feto de unas treinta y ocho semanas. La posición de los cuerpos indica que, con el parto ya iniciado, se produjo el prolapso del brazo, es decir, el feto, que también estaba en situación transversa, lo sacó en primer lugar, lo que complicó de tal modo el parto que lo hizo inviable. ¿Considero que las vivencias de una y otra mujer fueron exactamente las mismas? No. ¿Parecidas? Sin duda.

No es fácil reconocer estos episodios en el registro arqueológico. Sobre todo porque durante mucho tiempo no hemos considerado siquiera la posibilidad de que sucediesen. Hemos naturalizado y esencializado tanto la maternidad, y todo lo que esta conlleva, que la hemos invisibilizado en las sociedades prehistóricas. Tengo algunas compañeras antropólogas que me cuentan que es posible que, en los casos en los que no haya habido especialistas en las excavaciones de sepulturas, los huesos de criaturas tan pequeñas se hayan confundido con los de las manos o con los de animales. Como te lo estoy contando. La especialización de los últimos años, pero sobre todo la conciencia de que estos hechos sucedieron, está dejando nuevas evidencias de mujeres que murieron durante el embarazo, como ocurre en los yacimientos argáricos de La Almoloya (Priego) o La Bastida (Totana), o de muertes que ocurrieron durante el parto o en los momentos inmediatamente posteriores, como sucede en La Almoloya, en el que aparecen una mujer y una criatura neonata colocada entre sus brazos.

Probablemente en el trascurso de esos partos difíciles se pusieron todos los medios y el conocimiento al alcance por parte de esas sociedades para auxiliar a esas mujeres y a sus criaturas y evitar un desenlace fatal. Es, por ejemplo, el caso del yacimiento de Beit Shemesh, en Israel, donde se encontró una sepultura de una mujer de unos catorce años con los restos de un feto a término ocupando su área pélvica. La muerte de ambos se produjo hace 2.400 años, seguramente por las dificultades relacionadas con el estrecho canal de parto de la joven. Los restos de cannabis encontrados en un recipiente dentro de la sepultura apuntan a que serían quemados en un recipiente y administrados a la joven como un inhalante para facilitar el proceso del nacimiento.

A veces quienes morían durante el proceso del parto eran las criaturas. Una muerte que enfrentó al duelo a estas mujeres, a quienes tenían más cerca y a la comunidad. La experiencia de perder un hijo o una hija en la etapa neonatal hizo que se buscaran formas diversas de enfrentarse a esta situación, porque aunque hablemos de comunidades de hace miles de años tenemos que entender que debieron de ser experiencias traumáticas. La muerte de un recién nacido es una situación extremadamente difícil de aceptar y que, a veces, cuando hablamos de poblaciones que nos resultan lejanas temporal, geográfica o culturalmente, tendemos a minusvalorar. Pero insisto: que las muertes de neonatos en la prehistoria fuesen mucho más habituales no debe hacernos pensar que serían menos trágicas. De hecho, podemos comprobarlo mediante los distintos rituales que las comunidades elaboran ante la muerte neonatal. Así sucede con las inhumaciones de criaturas recién nacidas que a veces encontramos en asentamientos como los de la Edad del Bronce de Mas del Corral (Alcoi, Alicante). Dos criaturas fueron depositadas en el interior de pequeños cuencos y enterradas en el interior de las casas. Uno de ellos, con una edad fetal aproximada de unas treinta semanas, apenas tuvo posibilidades de sobrevivir y, sin embargo, recibió un cuidadoso tratamiento funerario. El segundo perinatal tenía un tamaño de unas treinta y siete semanas gestacionales, lo que lo incluiría dentro de los recién nacidos a término. Ambos casos nos sitúan ante unos comportamientos simbólicos y emocionales muy concretos. Observar los restos óseos de esas criaturas dentro de esas vasijas nos hace entender que la pérdida de estos miembros del grupo, a pesar de su corta edad, supuso un trance duro para esa comunidad.

Pero, insisto, la mayoría de los partos acaban razonablemente bien y entonces esas mujeres, esas comunidades, comienzan otro apasionante viaje. Como dice el proverbio africano: «Se necesita una aldea para criar a un niño (o una niña)».

14

AMAMANTAR

Te voy a contar algo... y estoy bastante segura de que a ti también te ha pasado. O a alguien cercano a ti. Cuando tuve a mi hijo y salía a pasear con él, las persona conocidas con las que me encontraba me solían hacer el siguiente comentario/pregunta/interrogatorio: «Le estás dando el pecho, ¿verdad?». No importa el nivel de confianza... Después del «¿Qué es?» (reconozcamos que eso de no ponerles pendientes a las niñas y no vestir a nuestras criaturas de azul o rosa ha generado mucha ansiedad a algunas personas), la pregunta siguiente es esa. Te prometo que llegó un momento en que cada vez que me hacían esa pregunta esperaba que sonase un chan chaaannn, de la tensión que se respiraba en el ambiente. Tan tensa era la cosa que intentaba adivinar cuál era la respuesta adecuada para cortar por lo sano y no entrar en el debate infructuoso sobre las bondades de la leche materna o lo bien que se vive gracias al biberón, o para evitar oír comentarios del tipo «Lo que pasa es que no te pones bien al niño» o «¿Pero hasta cuándo piensas seguir así?».

¿Crees que estoy exagerando? Pues no. La lactancia materna es un tema de absoluta actualidad y que sigue generando mucho debate, incluso dentro del propio feminismo. Voy a ser clara: la lactancia materna es el mejor tipo de alimentación, sobre todo en los primeros seis meses de vida, tal como señala la Organización Mundial de la Salud, y, atención a lo que voy a decir, en sociedades en las que las condiciones higiénico-sanitarias no son las más adecuadas. Y esto es un factor clave que veremos después. Ahora bien, sobre la lactancia prolongada, la que va más allá de esos seis meses, podemos abrir un debate interesante. Encontraremos desde posturas que apuestan por la lactancia materna prolongada y a demanda, y que la reivindican como un símbolo y como una herramienta para poner en valor los cuidados, hasta quienes entienden que fomentar esa lactancia prolongada supone una nueva forma de presionar a las mujeres para devolverlas o mantenerlas en la esfera de lo reproductivo, disfrazándolo de libertad y elección personal.

Como ya me vas conociendo, sabrás que uno de mis mayores empeños es hacer ver que el estudio de las sociedades de la prehistoria es pertinente en el presente, es decir, que puede contribuir a entender los debates actuales. ¿También con la lactancia? Sí, también con la lactancia. Y lo creo porque durante mucho tiempo la lactancia, al igual que hemos visto en el caso del parto, y en general con cualquier elemento que tenga que ver con la maternidad, se ha visto definida por ese halo de lo esencial, lo natural, lo inmutable y se ha llenado de ideas preconcebidas que precisamente podemos poner a prueba con el conocimiento de las sociedades del pasado.

La lactancia se ha entendido como una actividad universal, innata y únicamente influenciada por factores biológicos, independientemente de las circunstancias sociales, culturales e incluso políticas de las comunidades en las que se lleva a cabo. Pero ¿es en realidad así? ¿Podemos contestar siempre a estas preguntas de la misma forma? ¿Cuándo comienzan los procesos de destete? ¿Y cuándo terminan? ¿Se desteta antes a niños o niñas? ¿O no existe diferencia? ¿Hay decisiones médicas detrás de esos procesos? ¿Hay acuerdos sociales que regulen la lactancia más allá de las propias madres? ¿Qué pasa si no es posible la lactancia por parte de la madre? ¿Está socialmente aceptada la «visibilidad» de esta práctica? No olvidemos las polémicas de los últimos años sobre las madres que dan el pecho en espacios públicos.

¿Y cómo podemos contestar a todas estas preguntas en las sociedades de la prehistoria? Recuerda que, cuando te conté acerca de las mujeres que viajaron durante la Edad del Bronce, hablamos de los isótopos, esos grandes amigos de las mujeres en los últimos años. Así que ya sabes que todo lo que comemos y lo que bebemos deja huella en nuestro cuerpo. Por ejemplo, las criaturas que solo se alimentan a través de la leche materna presentan patrones isotópicos enriquecidos en nitrógeno que son típicos de una dieta a base de proteínas de origen animal, en muchos casos más altos que los típicos carnívoros, ya que la leche materna tiene valores más altos en nitrógeno. Si lo representáramos en un gráfico, la línea de la alimentación por lactancia estaría muy por encima de la línea de la alimentación adulta y omnívora.

Ahora bien, a medida que se va produciendo el proceso del destete, cuando se introducen los primeros alimentos sólidos y la leche materna se va sustituyendo progresivamente por alimentación adulta, esa línea va descendiendo poco a poco hasta que alcanza los valores de la mayoría de las personas adultas. Así que podemos saber cuándo se empiezan a introducir esos primeros alimentos porque la línea comenzará a bajar; podemos conocer durante cuánto tiempo se combina la lactancia con otros alimentos porque esa línea estará descendiendo, y sabremos en qué punto termina definitivamente la lactancia porque esa línea se habrá unido a la de la alimentación de las personas adultas.

Pero, además, también podemos saber si durante todo ese periodo de destete se sufrieron episodios de estrés nutricional, momentos en los que por diversas circunstancias que, o bien afectaron a toda la comunidad, o bien solo a determinadas criaturas, estas no se alimentaron adecuadamente y sufrieron enfermedades de tipo metabólico que también tienen reflejo en los huesos y en los dientes.

Esos huesos los podemos «leer» desde el presente y nos acercan casi casi a la biografía de esas criaturas. Así, por ejemplo, estas carencias nutricionales las hemos reconocido en yacimientos de la Edad del Bronce como el Cerro de la Encina (Monachil, Granada) o Peñalosa (Baños de la Encina, Jaén), y eso nos ha permitido saber que, al menos en esos asentamientos, el proceso de destete empezaría en torno a los dieciocho meses y duraría hasta los tres o cuatro años. Aunque algunas seguirían ingiriendo leche materna, combinándola con alimentos adultos, hasta los cinco o seis años.

En otras ocasiones lo que podemos descubrir son verdaderas estrategias sanitarias. Así, aquellas criaturas que tienen peor estado de salud prolongan la lactancia más que otros niños y niñas de su misma edad, para intentar que sobrevivan. Una estrategia que se sigue aplicando hoy en día en países donde la subsistencia no está garantizada y las condiciones higiénico-sanitarias no son las óptimas. Un buen ejemplo prehistórico es el estudio realizado a la población infantil del yacimiento de la Edad del Bronce de la Motilla del Azuer (Daimiel, Ciudad Real). En este asentamiento encontramos los restos de, al menos, dos criaturas que por edad ya deberían haber iniciado el proceso de destete y que, sin embargo, aparecen entre los individuos con la dieta más rica en nitrógeno. ¿Por qué razón? Pues, tal y como apunta el estudio antropológico que se hizo, porque probablemente tendrían importantes problemas de salud. Y esto nos hace pensar que, frente a la enfermedad infecciosa o parasitaria, se decidiera intentar sacarlos adelante con un suplemento alimenticio rico en proteínas, esto es, amamantándolos más tiempo de lo habitual para su edad.

Pero ¿qué pasa si por alguna circunstancia no es posible la lactancia por parte de la madre? Pues como seres culturales que somos podemos encontrar alternativas. La primera es que sea amamantado por otra madre lactante en su entorno más cercano o por nodrizas, figuras que aparecen representadas ya en sellos cilíndricos del Próximo Oriente antiguo. Es el caso de los sellos en los que aparece la nodriza Zamena, hallados en la ciudad de Urkeš (Siria) y fechados hacia el 2250 a. C., un trabajo perfectamente regulado en los códigos sumerios, en los que aparecen contratos de lactancia centrados en los aspectos económicos del amamantamiento. Por ejemplo, en el código de Ur-Nammu se regula y tipifica el pago que debe recibir la nodriza durante los tres años en los que presta servicio. Los contratos de lactancia nos dicen que las nodrizas se contrataban en el caso de la muerte de la madre, en la adopción de infantes cuando la madre adoptiva no podía amamantar o en las familias de la élite que, normalmente, delegaban la lactancia en las nodrizas. Las fuentes médicas señalan que también se habrían podido contratar sus servicios en aquellos casos en los que la criatura no creciese adecuadamente o adelgazase demasiado. Desafortunadamente, y aunque estas sociedades sumerias son contemporáneas de las de la Edad del Bronce que yo estudio en la península Ibérica, aquí no existe aún la escritura, así que es difícil poder documentar estas figuras en las sociedades prehistóricas en las que no tenemos textos, pero seguramente existirían, y lo que sí podemos hacer es reconocer otras estrategias alternativas.

En los casos en los que la alimentación con leche materna no es posible, se suele sustituir por leche de animales como cabras, ovejas, vacas o caballos. Un tipo de alimentación que necesita el uso de objetos muy concretos: cucharas, vasos y biberones. Cucharas como la que se encontró en una sepultura de la necrópolis de la Edad del Bronce de Pitten (Turquía), que forma parte del ajuar de una criatura de unos cuatro años de edad. O biberones, vasos con un pequeño pitorro a través del cual se vierte el líquido. Los más antiguos de los que tenemos evidencia aparecen en las necrópolis neolíticas de Steigra y Aiterhofen (Alemania), en la necrópolis de Franzhausen-Kokoron (Austria) o en el cementerio también neolítico de Jebel Moya (Sudán), donde se encontraron varios recipientes de este tipo en la tumba de dos gemelos muy pequeños.

Sin embargo, uno de los hallazgos que encuentro más reveladores es el de la sepultura excepcionalmente bien conservada de una criatura de alrededor de ocho meses en la necrópolis de la Edad del Bronce de Tarim (en la actual China). Junto al cuerpo momificado del niño aparecen el cuerno y la ubre de una cabra. El cuerno habría sido vaciado y taladrado en su parte más distal y delgada y en su interior se habría colocado la ubre de la cabra conformando un biberón. ¡Si esto no es innovación tecnológica, dime qué lo es! Y seguramente habría muchos más objetos de este tipo, pero las dificultades de conservación de estos materiales no nos han permitido conocerlos.

Más allá del uso de las leches de otros animales, otra de las opciones para la alimentación infantil son las gachas preparadas con cereales y mezcladas con leche, agua o algún caldo. Aunque esta opción tiene una serie de inconvenientes. En primer lugar, se corre el riesgo de contraer infecciones debido a la insalubridad de los líquidos utilizados, ya sean aguas o leches, ya que, al no estar hervidas, esas bebidas son focos de enfermedades y pueden transmitir muchas bacterias; pero además, el uso de cereales sin ningún tratamiento más allá de la molienda puede provocar problemas estomacales en sistemas digestivos delicados. Y una vez más es la tecnología, esa que pensamos que no tiene nada que ver con procesos considerados tan naturales, la que permite esa mejora de la alimentación. De hecho, los cambios que se constatan en la producción cerámica de algunas poblaciones prehistóricas de Estados Unidos se han vinculado a la necesidad de conseguir recipientes cerámicos que permitieran cocciones largas y a temperaturas superiores a los 100 °C que hicieron que los alimentos fuesen más fácilmente digeribles por los pequeños estómagos. Además, al alcanzar temperaturas de cocción tan altas se convertían en líquidos estériles.

Así que, como puedes observar, hay un montón de decisiones políticas, tecnológicas, de salud, sociales o económicas que se toman respecto a la lactancia ya desde la prehistoria. Y esta información no solo nos sirve para conocer cómo se organizaban las poblaciones del pasado, sino que resulta tremendamente interesante en el presente, ya que podemos comprobar hasta qué punto las ideas acerca de la lactancia en las sociedades del pasado influyen en las decisiones y estereotipos que generamos sobre la lactancia en la actualidad. Como ya te conté en el caso de los partos, en ocasiones buscamos idealizar lo que pasó en la prehistoria porque pensamos que es más natural, más cercano a lo que debería ser, y eso, en mi humildísima opinión, no es así en absoluto. Es más, cualquier recurso que nos ayude a las mujeres (y a los hombres) a criar con más seguridad, a eliminar los miedos que se generan, es más que bienvenido. No debemos olvidar que los datos que tenemos para las sociedades de la Edad del Bronce en el sur de la península Ibérica nos dicen que el 50 por ciento de la población infantil moría antes de los tres años. Por eso seguiré insistiendo: debemos eliminar de la lactancia la dicotomía —por falso dilema— entre naturaleza y cultura y, por otro lado, debemos conocer cómo las creencias sobre la lactancia de «antes» (tremendamente idealizada) y la de «ahora» terminan generando expectativas sobre cómo debería desempeñarse esta actividad. ¿Y por qué es eso tan importante? Porque entender que estas cuestiones tienen mucho de cultural y social desde que funcionamos como especie es fundamental para elaborar políticas públicas adecuadas y que permitan (de verdad) a las mujeres tener la libertad de elegir.

15

ALIMENTAR

Dime algo que no celebremos comiendo y bebiendo, una sola cosa. Te resulta difícil, ¿verdad? La mayoría de las relaciones sociales que establecemos implican ingesta de alimentos. Frases como «a ver si nos tomamos un café» o «tenemos que quedar para unas cañas» no tienen como objetivo el comer o beber en sí mismo, sino charlar, contarnos cosas, relacionarnos... Y no te digo nada cuando se trata de un acontecimiento especial, un cumpleaños, una boda o el ascenso de tu equipo del alma... En estos casos, a la necesidad de compartir se unen asuntos relacionados, entre otras cuestiones, con el estatus social o con la identidad de grupo. La comida y la bebida forman parte fundamental de quienes somos. La frase «somos lo que comemos» es cierta, no solo en lo biológico sino también, y yo diría sobre todo, en lo social.

Comer nos proporciona las sustancias necesarias para la supervivencia. Buena parte de las evidencias arqueológicas que usamos para explicar a las sociedades del pasado proceden de esa actividad: restos de fauna y flora, cerámica, molinos para el cereal, hornos. Unos restos que nos permiten conocer los procesos de producción, las tecnologías usadas, la innovación, etc. Además, el análisis de las huellas que deja el alimento en nuestro cuerpo nos ofrece una información sobre la dieta. Pero hay otro ámbito desde el que hay que entender el consumo de alimentos y que tiene que ver con cuestiones ideológicas y culturales. Los alimentos que consumimos cotidianamente están condicionados por nuestro estatus social, por nuestra edad, nuestra identidad de género o las creencias religiosas. La combinación de estos dos ámbitos nos proporciona evidencias muy claras de cómo se mantienen, negocian o desafían determinadas identidades a través de la estrategia cultural que supone el consumo de alimentos.

Los alimentos ayudan a construir memoria. Seguro que puedes contarme algún recuerdo de tu infancia que tenga que ver con la alimentación, un plato que te gustara o que odiaras, y lo que significa para ti. Yo aún recuerdo cómo mi madre nos sentaba a mi hermano y a mí, cuando éramos muy pequeños, encima de la lavadora para que nos comiéramos las lentejas. En mi casa, eso de que si las quieres las tomas y si no las dejas no funcionó nunca. Pero afortunadamente las estrategias de mi madre pasaban por hacernos el rato más divertido: nos sacaba de la mesa y hacía que fuese casi un juego, dándonos una cucharada a cada uno, por turnos... Nunca nos las terminábamos, pero al menos conseguía que le viéramos el fondo al plato. Si te digo que ahora las lentejas es uno de mis platos favoritos estoy segura de que te reconocerás en esto también. Los dulces de Navidad o Semana Santa preparados con las abuelas, la pizza de los viernes por la noche... son ejemplos de preparación y consumo de alimentos en lo cotidiano que sirven para construir memoria. Una memoria ayudada, además, por la experiencia que supone para los sentidos a través de la vista, el olfato, el gusto o el tacto y cómo esas sensaciones están ligadas a episodios de recuerdos y a la memoria.

Los alimentos también ayudan a construir y reforzar identidades, o a subvertirlas. En el primero de los casos, las prácticas alimentarias son un contexto de socialización para niños y niñas a través del que se refuerzan aspectos relacionados con la identidad nacional o histórica. Un ejemplo actual de las prácticas de socialización a través del alimento lo tenemos en los jardines de infancia israelíes, donde niños y niñas dedican un día a que se les explique cómo se prepara el pan ácimo y su significado religioso o se les cuenta la importancia de las naranjas debido a lo esencial de su producción en los primeros asentamientos sionistas en Israel.

Pero el consumo de alimentos también puede ser utilizado como forma de resistencia y de protesta. Entre 1993 y 1998, los grupos punk de Seattle utilizaron el consumo de alimentos para luchar contra lo que consideraban comportamientos racistas, consumistas y patriarcales, para combatir la crisis medioambiental y para poner de manifiesto las contradicciones del sistema capitalista. Para estos grupos, cuanto más «transformado» esté un alimento, cuantos más procesos industriales haya pasado, más «civilizado» estará y más representativo será de las normas, reglas y moral capitalistas. Así que sus alimentos se basaban, o bien en lo «crudo», en lo poco elaborado, o bien en lo «putrefacto», es decir, aquellos alimentos rechazados por la sociedad y recogidos por estos grupos en los contenedores de basura de las grandes superficies o restaurantes. El restaurante Black Cat los acogió durante esos años.

Preparar y consumir alimentos supone crear memoria y construir identidades a través tanto de rituales más o menos elaborados como de la práctica de esta actividad en la cotidianeidad. Mi impresión es que no se le ha sacado partido suficiente al estudio de las prácticas alimentarias. Quizá algo más en lo que se refiere a las formas de consumo ritual del alimento, pero desde luego mucho menos respecto a lo que significan socialmente los alimentos que consumimos a diario. Es posible que sea por su vinculación al trabajo de las mujeres. El preparar el alimento es una de esas actividades de mantenimiento que ha recibido escasa atención en la investigación y, por tanto, escaso valor social y político, y viceversa. Pero me gustaría explicarte qué significa en términos de identidad, trabajo y poder.

Un poco de historia. Es cierto que siempre ha habido un interés en la arqueología por saber qué comíamos en el pasado. Las primeras metodologías utilizadas para la identificación de la dieta consistieron en saber qué animales y qué plantas consumimos. Se investigaba a qué edad se sacrificaban los animales para el consumo, cuáles eran las especies preferidas, se utilizaron las huellas de uso para conocer cómo se descuartizaba a los animales, se desarrollaron estudios carpológicos (semillas) y palinológicos (polen), todo ello bien condimentado con análisis estadísticos y observado, sobre todo, en términos económicos. Así que sí, sabíamos qué se comía, pero no qué significaba.

Y entonces llegó el estudio de los isótopos de los que tanto me has oído hablar. Los isótopos son los átomos que forman un elemento químico. Estudiándolos podemos analizar los restos de carbono, nitrógeno, estroncio o azufre que quedan en nuestros huesos y que tienen su origen en los alimentos que ingerimos a lo largo de la vida. Los isótopos de carbono indican si las proteínas de la dieta tienen un origen terrestre o marino; los de nitrógeno indican la proporción de proteínas vegetales consumidas respecto a las de origen animal y supone una representación del nivel trófico de los individuos analizados, es decir, si son más o menos veganos, vegetarianos, omnívoros o carnívoros. Los isótopos de estroncio nos sirven para identificar la dieta durante los primeros años de vida de las personas y así poder conocer cuestiones relacionadas con la movilidad y los movimientos migratorios. Sin duda, un paso crucial para entender aspectos sociales de las comunidades del pasado a través de la comida. Siempre que hagamos las preguntas adecuadas.

Y esas preguntas se han hecho al entender el alimento como un elemento básico en la conformación de la identidad. Lo que comemos nos sitúa en dos lugares. El primero como individuos: metemos en el carro de la compra lo que queremos comer por razones de salud o estética, por creencias o, simplemente, por gustos personales, y también lo cocinamos de una manera u otra dependiendo de estas mismas razones. Pero lo que comemos también funciona como marcador de la identidad de un grupo: como lo que como y lo como de una determinada manera porque pertenezco a una comunidad que se identifica a través del alimento, desde la comida *kosher* hasta las cuadrillas vascas.

Una interesante apropiación de las formas de consumo de alimentos en el pasado que hacemos desde el presente es elaborar de vez en cuando determinadas «modas». Por ejemplo la de la dieta paleolítica. Seguro que has oído hablar de ella. La base de la dieta paleolítica, que se ha consumido durante la mayor parte de la historia de la humanidad hasta hace aproximadamente unos 10.000 años, incluiría carnes magras, pescado, frutas, verduras, frutos secos y semillas, alimentos que se consiguen gracias a la caza y la recolección. Pero una vez que las sociedades empiezan a cultivar y a estabular las cabañas ganaderas se empezaron a incluir con mucha más profusión productos que antes eran menos accesibles y que en esos momentos se hicieron más abundantes: productos lácteos, legumbres y cereales. La razón que esgrimen quienes defienden esta dieta es que el cuerpo humano es genéticamente poco compatible con estos alimentos que proliferaron a partir de la aparición de la agricultura y la ganadería. Según esto, la dieta neolítica no nos sienta bien. Así que si vuelves al principio, si practicas la dieta paleolítica, te ahorrarás la obesidad, la diabetes y más de una enfermedad cardiaca. Qué quieres que te diga, yo creo que eso te lo ahorras también comiendo de todo de la forma adecuada y que estas enfermedades no tienen tanto que ver con qué comemos sino con cómo y en qué cantidad comemos. De hecho, nuestra capacidad para adaptarnos a esa nueva disponibilidad de recursos alimenticios, por ejemplo, los lácteos, hizo posible una serie de mutaciones que nos hicieron tolerantes a la lactosa más allá del periodo de lactancia. Fíjate la repercusión que esto tiene para el éxito de estrategias alimentarias como el destete; poder consumir la leche de otros mamíferos supuso, sin duda, una mayor seguridad en ese periodo. Y lo mismo sucedió con la amilasa, la enzima que nos permite digerir el almidón presente en los cereales. Otra estrategia adaptativa de nuestro extraordinario cuerpo.

Pero, más allá de las reinterpretaciones que hagamos en el presente sobre nuestra dieta en el pasado, lo que me interesa contarte es qué significa para estas poblaciones la alimentación en términos de identidad, trabajo y poder, sobre todo en lo referido a las relaciones entre mujeres y hombres. Vamos a ello.

¿En qué términos la alimentación nos permite hablar de la identidad de las mujeres? En algunas ocasiones, podemos detectar diferencias que, cuando las entendemos en su contexto, nos abren un campo increíblemente interesante. Podemos estudiar el acceso y el consumo diferencial de los alimentos por razones de sexo. Te pongo un ejemplo muy concreto documentado en Peñalosa, un yacimiento argárico en Baños de la Encina (Jaén). Los análisis nos hablan de una alimentación rica en productos vegetales y un aporte significativo de carne roja. Cereales, frutos secos, legumbres, tubérculos y fruta también formaron parte de la dieta habitual de estas poblaciones. El consumo de carne procedía mayoritariamente de ovejas, cabras y alguna que otra vaca y fauna silvestre (corzo, ciervo, etc.). Además, cabría destacar el consumo de leche o sus derivados. En general esa sería la alimentación en este poblado. Pues bien, un estudio algo más pormenorizado y la comparativa en el consumo entre mujeres y hombres parecen mostrar algunas diferencias destacables. Los hombres incorporarían mayores cantidades de carne en su dieta diaria con respecto a las mujeres y unos valores muy similares entre ellos. Su alimentación es muy homogénea. Por su parte, las mujeres tienen una dieta mucho más heterogénea y diversa. Incorporan una mayor variedad de nutrientes, entre los que destacan los cereales, las frutas o los frutos secos. Esto lo podemos corroborar en una sepultura en concreto en la que están enterradas dos personas, una mujer adulta y un adolescente varón. En este caso también el varón presenta un consumo de carne más alto que la mujer. Teniendo en cuenta que pertenecen a la misma clase social, como evidencia el hecho de que estén enterrados juntos, el consumo diferente en la cantidad de carne tiene que ver con el sexo, y no con el hecho de que se lo puedan permitir o no. Aunque quizá el caso más significativo de este asentamiento es el de una mujer adulta que presentaba altos niveles de nutrientes marinos, en comparación con el resto de las mujeres y los hombres. En esta ocasión, la diferencia probablemente radique en la procedencia de esta mujer, en el lugar donde pasó sus primeros años de vida y en el tipo de alimentación que consumió. Una existencia previa a la llegada al asentamiento que quedó grabada en sus huesos.

Este consumo diferencial entre mujeres y hombres no solo nos habla de la cotidianeidad, del consumo diario de alimentos, sino que también nos puede hacer ver cambios políticos y sociales y cómo estos afectan específicamente a las mujeres. Un excelente ejemplo de lo que te cuento son las poblaciones prehispánicas sausas, en Perú. Los análisis de isótopos sobre los restos óseos indican que entre el 1300 y el 1460 d. C. estas poblaciones consumían esencialmente tubérculos, quinoa y, en menor medida, maíz, tomado a menudo en forma de chicha, una especie de cerveza. Los resultados muestran que en ese periodo mujeres y hombres no tenían un consumo diferenciado de ninguna de estas plantas, incluido el maíz, lo que sugiere que participaban de igual manera en los acontecimientos rituales, comunitarios y políticos en los que se consumía esta bebida. Pero llegó el control inca (1460-1532 d. C.) y todo cambió. Los análisis muestran que en la dieta de los hombres crece de modo evidente el consumo de maíz, o sea de chicha, mientras que las mujeres se mantienen en los niveles anteriores. La interpretación que se ha hecho de estos cambios es que, bajo el dominio inca, los hombres sausas incrementaron el consumo de chicha fuera del ámbito doméstico, durante prácticas rituales guiadas por los incas para que se generaran nuevas relaciones de poder entre los individuos masculinos de la sociedad sausa, de las que las mujeres estaban excluidas.

¿En qué términos la alimentación nos permite hablar del trabajo de las mujeres? Las diferencias en cómo se organizan las prácticas culinarias, es decir, el conjunto de procesos aplicados a los alimentos, bien para transformarlos en productos aptos para el consumo, bien para conservarlos, están impregnadas de la identidad de género. La preparación del alimento es uno de los trabajos que entran dentro de las denominadas actividades de mantenimiento y sabemos el escaso valor social que se les otorga. A pesar de la importancia de los procesos tecnológicos que se llevan a cabo y de la cantidad de aspectos relacionados con la transmisión de conocimiento y el aprendizaje, con la mezcla entre tradición e innovación, o con elementos como la identidad y la memoria, se siguen considerando poco informativas. Y aquí también, desde la arqueología con perspectiva feminista, se ha hecho un esfuerzo considerable para conocer cómo se suceden los distintos procesos, identificándolos en el registro arqueológico. Un buen ejemplo de lo que te cuento son precisamente los cereales. Ya comentamos su papel central en las estrategias de alimentación de las poblaciones tanto del pasado como de las actuales. Tienen varias ventajas: son una fuente de carbohidratos y, por lo tanto, suponen un alimento energético, y su escaso contenido en grasa y agua les proporciona unas excelentes condiciones para la conservación, pudiendo prolongarse su almacenamiento en niveles óptimos durante un largo tiempo.

Pero también resulta tremendamente complejo poder utilizarlos, pues tras su cosechado es necesario desarrollar una serie de acciones: la trilla, el aventado o el cribado, actividades que dejan huella en el registro arqueológico. Por ejemplo, en Peñalosa se sabe que al menos el cribado y la limpieza previa a su almacenamiento se realizaban en el exterior de las viviendas; así lo apunta la presencia carbonizada de raquis y malas hierbas en las entradas de algunas de las casas. Y después, el laborioso trabajo de la molienda para elaborar harinas o sémolas. De la molienda hablaré después, quiero dedicar un capítulo específico a contarte cómo el cuerpo de las mujeres muestra el esfuerzo físico y el trabajo realizado y, desde luego, el ejemplo de la molienda es único para este tema.

Una vez obtenidas las materias primas, el siguiente paso del proceso culinario será la transformación de esos recursos vegetales y animales en productos comestibles a corto y largo plazo. Imagina la cantidad de sistemas de cocina que existen y que podemos documentar en distintos momentos de la prehistoria: hervir, freír, asar, cocinar al vapor, ahumar, marinar, fermentar, salar... El análisis químico de los contenidos cerámicos que encontramos en algunas de las vasijas utilizadas para cocinar nos proporciona información sobre la variedad de los productos preparados: grasas animales, pescados y aceites vegetales, lácteos, miel... Por otro lado, también podemos conocer el tipo de cocinado en ollas abiertas o cerradas, puestas directamente sobre el fuego o calentadas con agua hirviendo, que nos hablan de tipos de cocinado, de guisos, sopas o gachas, en una concatenación de procesos tecnológicos que necesitarán tiempos y cocciones diferentes y que sirven para producir alimentos de forma cotidiana. Nunca me cansaré de repetir que requieren mucho conocimiento, mucha tecnología y mucha innovación. Desde esas primeras migas de pan de 14.400 años de antigüedad documentadas en las excavaciones de Shubayqa, un asentamiento de poblaciones cazadoras-recolectoras en Jordania, hasta el uso del nitrógeno líquido para bajar la temperatura de manera drástica a cualquier ingrediente, la cocina no ha hecho otra cosa que pensar en cómo transformar y mejorar sus procedimientos.

Por lo tanto, en vez de entender estas prácticas como rutinarias, cíclicas, carentes de tecnología y conocimientos, debemos reconocerles una enorme variabilidad y capacidad de adaptación dependiendo de las condiciones medioambientales, económicas, sociales y políticas, lo que las hace altamente dinámicas e innovadoras. De hecho, si lo piensas un poco, el cocinado puede ser visto como un modo único de observar particulares formas femeninas de memoria. A través de las historias y memorias de las mujeres —en su mayor parte orales—, de anotaciones al margen en otros textos o de recetarios caseros se consigue transmitir un patrimonio cultural y social de la mayor importancia que pasa de generación en generación. Si cocinas, sobre todo si cocinas todos los días, seguro que eres absolutamente consciente de lo que supone lidiar con una alimentación variada, el tiempo del que dispones o lo que tienes en el frigorífico.

¿En qué términos la alimentación nos permite hablar del poder en las mujeres? Si, como hemos visto, el consumo de alimentos de manera cotidiana ya tiene de por sí una serie de significados simbólicos importantes, cuando se sitúa en el centro de eventos especiales, dentro de rituales de comensalidad, se convierte en un instrumento de manipulación social y política muy importante que «juega» con las emociones de las personas que participan. La comensalidad se define como una forma de actividad pública centrada en el consumo comunitario de alimentos y bebidas con un propósito u ocasión especial. Y uno de los ejemplos más interesantes sobre estas prácticas de comensalidad lo encontramos en el ritual funerario de las sociedades argáricas.

Figura 16. Ritual de comensalidad

Cultura de El Argar.

En algunos ajuares —los objetos que se sitúan junto a los cuerpos en las sepulturas— aparecen copas de beber especialmente diseñadas para este propósito y ofrendas cárnicas. Como parte del ritual funerario, en algunas ocasiones se sacrifican vacas, cerdos, ovejas o cabras que serán consumidos en festines en los que participa toda la comunidad, incluida, de forma simbólica, la persona fallecida, ya que un trozo de carne, siempre correspondiente a una de las extremidades, se introduce como parte del ajuar funerario. El hecho de la muerte, por la carga emocional que conlleva, es el momento idóneo para el desarrollo de estos rituales que justifican y naturalizan las relaciones sociales establecidas. En el caso de las sociedades argáricas, con estos rituales se pretende poner de manifiesto la existencia de clases sociales muy bien definidas, con eventos en los que se evidencia quién puede permitirse el lujo de sacrificar una vaca, quién se tiene que conformar con una oveja o quién no dispone de ningún animal. Pero ¿qué pasa si observamos qué tipo de ajuar relacionado con la comensalidad se deposita en tumbas de mujeres y tumbas de hombres? Pues que descubrimos que no existe un patrón específico en cuanto al sexo de la persona enterrada y el tipo de ofrenda de carne, ya que mujeres y hombres aparecen junto a restos de bóvidos y ovicápridos en cantidad similar. Igual ocurre con esas copas que se relacionan directamente con el consumo de bebidas, como el zumo de uva o vino y el hidromiel, algo que no es de extrañar porque el consumo de sustancias estimulantes para facilitar la interacción social y acentuar las experiencias sensoriales es una práctica muy habitual de los rituales de comensalidad. Esto demuestra que el acceso al sacrificio, al consumo y al depósito de alimentos es igual entre sexos y la diferencia tiene que ver con el rango del individuo, y no con su identidad de género.

16

SANAR

Cuentan que una vez una estudiante le preguntó a la antropóloga Margaret Mead cuál consideraba que era la primera señal de civilización en una cultura. Dicen que la estudiante esperaba que la antropóloga le hablara de anzuelos, vasijas cerámicas o puntas de flecha, pero su respuesta fue «un fémur fracturado y sanado». Incontestable.

Algunos de los conceptos que vamos a ver en este capítulo —*bienestar*, *solidaridad* o *cohesión social*— no aparecen con frecuencia en los discursos que realizamos en historia y arqueología. En nuestro relato, ya lo has visto, priman la competitividad y el ejercicio de la violencia como estrategias de éxito. Y, sin embargo, las estrategias de cohesión social son los vínculos que permiten a la gente experimentar un sentido de pertenencia, asegurar el bienestar de todos sus miembros, en definitiva, cuidar. Esas estrategias han sido las más frecuentes y más fructíferas de nuestra historia, y también las menos visibles.

Hasta ahora hemos visto algunas actividades de mantenimiento que responden a ese enunciado, como las prácticas maternales o la alimentación. Recuerda que las prácticas de alimentación infantil aseguran el sostenimiento vital de las criaturas, pero también implican tecnología e innovación, estrategias de solidaridad entre mujeres y unas relaciones sociales y emocionales concretas con el único fin, precisamente, de asegurar el bienestar. Y eso requiere trabajo y agencia, conseguir el bienestar es un proceso dinámico que necesita de la actuación de los miembros de un grupo.

¿Y cuál es la prueba más evidente de que cuidar ha sido nuestro trabajo más habitual y fructífero? Tú y yo. Y los miles de años de experiencias, de conocimiento, de afectos y emociones que nos han traído hasta aquí. Y la supervivencia de quienes por cuestiones relacionadas con la edad —criaturas y personas de edad avanzada— o por su poca o mala salud, ya sea de forma temporal o permanente, pasan por situaciones de riesgo y necesitan atención de todo tipo, ya no solo la que se refiere a los recursos medicinales sino también a las necesidades de higiene, resguardo e incluso afecto.

A pesar de que en la literatura científica aparecen algunos ejemplos de esas prácticas de cuidado, en la mayor parte de las ocasiones se tratan bien como elementos anecdóticos, que demostrarían la «humanidad» de las poblaciones del pasado, acercándolas a nosotros, bien como parte de la descripción de los análisis antropológicos; y no como el reflejo de la práctica de una serie de trabajos cotidianos que requieren esfuerzo, conocimiento y experiencia y que forman el núcleo del bienestar de las poblaciones.

Y de nuevo la arqueología con perspectiva feminista y el conocimiento científico posibilitan que el sanar a alguien, que el curar, esté empezando a tener su lugar en la literatura arqueológica. Porque el rastro de la enfermedad, reflejada en los huesos, nos indica las condiciones sociales y económicas que provocan los momentos de crisis: carencias nutricionales, hambrunas, pandemias o accidentes y caídas. Pero el rastro de la curación nos habla de las condiciones y el tipo de organización social que posibilitan su práctica y pone en movimiento conocimientos, trabajo y experiencias, de modo que la enfermedad y la necesidad de cuidados no se pueden considerar solo desde un punto de vista biológico. De nuevo, como todo lo que tiene que ver con nuestra especie, son un problema social. Lo hemos vivido en nuestro día a día durante los años de pandemia: hospitales saturados, personal médico sobrepasado, falta de materiales..., todo esto debería habernos hecho más conscientes, si cabe, de la necesidad de una sanidad pública, la que es para todo el mundo igual. Pero no sé si hemos aprendido mucho.

El curar, el sanar, se manifiesta a través de la cultura material, fundamentalmente de los huesos humanos, pero también en los objetos relacionados con el proceso de curación: bastones para apoyarse, tejidos para envolver, instrumental para intervenir, elementos orgánicos usados como medicamentos y, por supuesto, huesos sanados. Recuerda al doliente neandertal de El Sidrón con el agujero en la mandíbula y el absceso dental. Cualquiera puede imaginar el dolor que provoca, da igual que te separen 50.000 años de él. Y frente a la enfermedad, el intento de curación o por lo menos el intento de mitigar las consecuencias de la enfermedad. En este caso con un hongo, el *Penicillium*, un antibiótico natural. Alguien, mediante la observación, el ensayo y error, la experimentación, en un momento determinado entendió que eso funcionaba.

Porque en esto de intentar sanar, los seres humanos nos hemos lanzado a la búsqueda de soluciones para inflamaciones, dolores o fiebres usando el conocimiento y la tecnología. Desde muy temprano, en el Neolítico, se documenta la aparición de plantas como la camomila (*Chamaemelum nobile*), que alivia las afecciones de los órganos del aparato digestivo o los dolores estomacales; la aquilea (*Achillea millefolium*), para curar las heridas y parar las hemorragias; la cola de caballo (*Equisetum arvense*), para estimular la producción de orina y cortar las hemorragias, o la adormidera (*Papaver somniferum*), utilizada como calmante y tranquilizante. Y las encontramos, por ejemplo, en la cueva del Toro (Antequera), donde se han hallado semillas de adormidera que podrían haber tenido un uso terapéutico, atestiguado desde las fases más antiguas en la cueva de los Murciélagos (Zuheros, Córdoba). La aplicación de estos remedios implica experiencia y conocimientos tanto de la enfermedad y sus síntomas como de las posibles curas y tratamientos. Y como en estos sitios ocurre en otros muchos. Además, durante la prehistoria se produjeron mejoras tecnológicas que facilitaron ese cuidado, como te conté en el caso de los cambios en las técnicas de producción cerámica que consiguieron que se pudieran alcanzar temperaturas de cocción muy altas durante más tiempo y preparar alimentos infantiles más seguros, más digeribles y con menos riesgos de provocar infecciones, o con el invento de nuevos objetos como los biberones. Y también, desde el Neolítico, se ha documentado la práctica de técnicas quirúrgicas como las trepanaciones, una de las intervenciones intencionales más antiguas, documentada en todos los lugares del mundo. Un procedimiento quirúrgico que consiste en hacer una perforación en el cráneo de una persona, en la mayoría de las ocasiones viva, aunque también se han documentado trepanaciones hechas una vez que la persona había fallecido. Esta operación se realiza mediante diferentes técnicas como la perforación, el corte o el raspado de las capas de hueso con un instrumento afilado. Ya desde la prehistoria tenemos pruebas de supervivencia porque el hueso se ha regenerado durante un tiempo.

Sobre las razones por las que se practicaba esta intervención quirúrgica hay distintas teorías, en muchas ocasiones basadas en la información etnográfica, que hablan de trepanaciones realizadas para permitir el paso de los espíritus hacia dentro o hacia fuera del cuerpo, o como parte de un rito de iniciación, o por razones médicas.

Porque sí, hay algunos ejemplos claros que relacionan esa práctica con enfermedades concretas. Vamos a ver algunos de ellos. Es el caso de la doble trepanación realizada a un adulto joven en la necrópolis de la Edad del Cobre de Pontecagnano (Italia) hace unos de 5.000 años. Una vez realizada la operación, esta persona sobrevivió lo suficiente para que el hueso, como tejido vivo que es, siguiera creciendo durante un tiempo. ¿Por qué se hizo esa trepanación? Pues lo más probable es que se intentase sanar una osteomielitis crónica (una infección de los huesos), resultado de una fractura de fémur mal curada. Es muy posible que el joven se sometiera a la trepanación para aliviar su condición extremadamente dolorosa, un proceso infeccioso que finalmente le causaría la muerte.

En otras ocasiones, las enfermedades o las afecciones que hubieran podido provocar la necesidad de una trepanación no son tan evidentes. Es lo que sucede con el varón de unos veinticinco años de edad enterrado en la Cova d'en Pardo (Alicante) hace unos 4.500 años que presenta una trepanación en su parietal izquierdo con evidentes signos de regeneración ósea, lo que indica una prolongada supervivencia. Al no tener evidencias de la existencia de una enfermedad concreta, como sucedía en el caso anterior, la interpretación que se ha dado es de carácter ritual.

La combinación de ambas evidencias, el uso de adormidera en el contexto de una trepanación, nos la proporciona un trabajador minero de las minas neolíticas de Gavà al que probablemente se le suministraron por sus propiedades sedantes, analgésicas y narcóticas; no debe de ser muy agradable que te agujereen el cráneo, la verdad. Lo curioso es que el estudio de los cuerpos asociados al trabajo de la mina documentados en Gavà nos dice que serían los hombres los que consumieron el opio con más frecuencia, seguramente por la dureza del trabajo minero y los dolores que pudiera provocarles. Los niños y las niñas documentados, aún no muy machacados por el trabajo, no lo tomarían. Tampoco las mujeres, implicadas en el trabajo minero en multitud de actividades, como ya hemos visto, pero no en el proceso de extracción mismo.

Pero quizá, si hablamos de cuidados y sanación, el ejemplo que más nos acerca a esa idea que reitero desde el principio —que hemos sobrevivido gracias al hecho de habernos cuidado— es el de Benjamina.

Benjamina vivió hace 530.000 años en lo que ahora es la sierra de Atapuerca (Burgos) y su cuerpo fue encontrado en la Sima de los Huesos. Era una niña *Homo heidelbergensis* de unos diez años muy especial. Tenía lo que conocemos como craneosinostosis, una enfermedad rara que era muy evidente, ya que tenía un cráneo asimétrico, una cara irregular y es posible que también alguna dificultad psicomotriz. Y, sin embargo, a pesar de su enfermedad, vivió mucho más de lo esperado precisamente porque alguien le prestó cuidados especiales. De lo contrario, no habría sobrevivido. Las posibles razones de su enfermedad van desde mutaciones cromosómicas hasta un origen traumático por una caída de la madre, pero en cualquier caso está claro que se produjo una fusión prematura de los huesos del cráneo. Hoy en día no sería un problema, ¡bendita ciencia!, puesto que se opera en los primeros meses de vida y no tiene más consecuencias. Pero aunque para Benjamina no era una opción, la atención que recibió le permitió sobrevivir más tiempo de lo esperado.

Cuidar para sanar. La especie humana es la única que ha desarrollado el cuidado cooperativo como una estrategia para el control de enfermedades. El cuidado de las personas enfermas se integró en el conjunto de las estrategias cognitivas y especializaciones socioculturales que se atribuyen al género *Homo*. Y hay un elemento interesante en los estudios que se han hecho sobre el tema: muchas de estas estrategias están basadas en el parentesco. Y aquí podemos mencionar la hipótesis de la abuela.

La capacidad reproductiva de nuestra especie se deteriora de forma acelerada si la comparamos con relación al declive orgánico general. Las mujeres, al igual que las hembras de otras especies animales —muy pocas—, podemos vivir décadas después de que cese nuestra capacidad de ovular. La propia menopausia se ha considerado como una interesante adaptación, ya que para las mujeres resulta más efectivo dedicar sus esfuerzos a cuidar de las criaturas del grupo, las que han tenido sus propias hijas, que seguir teniendo ellas mismas más descendencia. Envejecer supone aumentar el riesgo de muerte y, por tanto, de no poder sacar adelante a la descendencia más tardía, así que mejor ocupar el tiempo en apoyar la crianza de otras criaturas. La hipótesis afirma que las mujeres de mayor edad contribuyen de una forma más efectiva a transmitir sus genes si dedican sus esfuerzos a sus nietos y nietas, en vez de dedicárselo a los hijos e hijas que pudieran llegar a tener. Los estudios etnográficos nos dicen que eso es así en las poblaciones cazadoras-recolectoras: las abuelas activas aumentan la probabilidad de supervivencia de esas criaturas de modo muy evidente. Y no solo en esas, ¿qué haríamos en nuestras supersociedades modernas sin las abuelas y los abuelos? ¿Qué habría sido de nuestra sociedad en los momentos de crisis económica y social si las abuelas y abuelos no hubieran cargado sobre sus espaldas el sostenimiento en muchas ocasiones de las economías, desde preparar tápers de comida hasta acoger de nuevo en casa a hijos e hijas con problemas económicos hasta que pase la mala racha, cuidar de nietos y nietas cuando sus padres y sus madres han debido doblar turno o prescindir de esa ayuda que antes podían pagar, bien en forma de extraescolares, bien contratando profesores particulares? Como decía al principio, el cuidado cooperativo como forma de evitar enfermedades (físicas y psíquicas).

Y cuidamos desde el principio al final de nuestra vida, por muy mal que lleguemos a estar, también en la prehistoria. Uno de los casos más significativos de estos cuidados específicos es el que se procuró a un hombre en el yacimiento neandertal de Shanidar hace unos 50.000 años. Este hombre sufrió una caída a edad muy temprana, una caída que tuvo que ser monumental; el fuerte golpe en un lado de la cara, cercano a su órbita izquierda, probablemente le causó no solo la reducción de la visión sino también una pérdida auditiva, además de una serie de fracturas que le llevaron finalmente a la amputación del brazo derecho a la altura del codo, y una serie de lesiones en la pierna derecha que le provocarían una marcha anormal. Pues a pesar de que todas esas lesiones lo harían absolutamente vulnerable en el entorno cazador-recolector, llegó a vivir hasta los cuarenta años, que aunque no nos pueda parecer demasiado, para las poblaciones neandertales es mucho, y más en esas condiciones.

Un ejemplo más. El enterramiento en la cueva de Hilazon Tachtit (Israel) hace 12.000 años contiene el cadáver de una mujer pequeña, de unos cuarenta y cinco años y discapacitada, con una pelvis deformada y que, seguramente, cojeaba. Se enterró sobre un lecho de materiales especiales como cuernos de gacela, bloques de piedra caliza, 86 caparazones de tortuga, conchas de mar, un ala de águila, una pelvis de leopardo, un brazo de jabalí y un pie humano. Era especial, sin duda, y necesitó cuidados, y posiblemente su ajuar, excepcional para la época, nos demuestra que era especial, quizá también por su dimensión espiritual o social, una chamana tal vez. En cualquier caso, una mujer única.

Como ves, aquí no hemos hablado específicamente de las mujeres como agentes. No podría poner ejemplos de la acción, pero sí del resultado que nos afecta a toda la sociedad, sí del trabajo continuado, sí del conocimiento necesario, sí de los desvelos, sí del afecto, y sí, también de la invisibilidad. Porque cuidarnos es lo más importante que hemos hecho.

17

TECNOLOGÍAS Y CUERPOS

Cuando en su momento hablamos de las actividades de mantenimiento, te conté que una de las consideraciones más arbitrarias que se hacía sobre estos trabajos era que no requerían el uso de tecnologías ni suponían ninguna innovación. Las mujeres, y las actividades que han realizado en su mayor parte a lo largo de la historia, no han sido consideradas en la «historia de la técnica», y esto es debido a dos razones fundamentales. En primer lugar, se ha definido la tecnología en función de la producción, del valor del objeto que se produce en sí mismo, y no en función de su uso o su consumo. ¿Recuerdas lo que hablamos sobre la punta de flecha y el guiso? Ahí lo tienes. Se valora más la punta de flecha por lo que es que el guiso por lo que supone consumirlo para esas comunidades, de modo que, cuando hablamos de las sociedades prehistóricas, la metalurgia se entiende como una tecnología y la cocina no. En segundo lugar, históricamente, se pone mucho más énfasis en los artefactos, la maquinaria y las instalaciones de envergadura que requieren una gran inversión de capital, en detrimento de los sistemas de lo que se llama baja tecnología y de uso diario. Por «baja tecnología» se entiende la tecnología sencilla, tipo tradicional, artesanal, de bajo coste. Y sí, puede que muchos de los procesos relacionados con las actividades de mantenimiento usen baja tecnología, pero ¿para qué más? Recuerda que cuando hablamos de la industria lítica y de las mujeres en las islas Andamán (golfo de Bengala) que fabricaban «útiles simples» también se consideraba que era un demérito para ellas, pero, otra vez, si funciona, ¿por qué complicarlo? Pues esa idea de que no es suficientemente complejo refuerza el estereotipo de la incapacidad tecnológica de las mujeres.

Sin embargo, observar esas tecnologías empleadas por las mujeres en el desarrollo de sus trabajos es absolutamente relevante para descubrir aquellos aspectos que son invisibles, precisamente por la construcción occidental de lo que significa la tecnología. Y ese también ha sido un asunto tratado desde la perspectiva feminista. En los últimos años se ha profundizado en lo que se denominan «tecnologías domésticas» y se distingue entre *procesos de trabajo* y *sistemas tecnológicos*. Esta distinción es interesante. Cuando hablamos de procesos de trabajo en el cocinado nos referimos a los distintos tratamientos que damos a las materias primas para almacenarlas —salazón, ahumado—, a las distintas técnicas utilizadas —asar, cocer, hervir—, al mantenimiento y limpieza de los útiles y estructuras usados para cocinar o la deposición de la basura resultante. Por otra parte, al hablar del sistema tecnológico nos referimos al instrumental, las estructuras y la tecnología necesarias para llevar a cabo esta actividad. Y si, por ejemplo, en el caso de la preparación de alimentos el *proceso de trabajo* en las poblaciones prehistóricas es muy similar, ya que consiste en transformar una materia prima en producto, son los *sistemas tecnológicos*, es decir, cómo y dónde se producen esos procesos de trabajo, los que han variado a lo largo del tiempo y suponen un reflejo de cambios sociales y de innovaciones tecnológicas. Un ejemplo que podemos recordar en este caso es la mejora de la tecnología cerámica para la producción de alimentos infantiles de la que ya hemos hablado antes. El cambio que supone producir vasijas para el cocinado que aguanten mejor y durante más tiempo altas temperaturas. El proceso de trabajo no varía, es el mismo, un recipiente en el que se calientan los alimentos, aunque el sistema tecnológico que se utiliza, esas nuevas ollas más resistentes al calor, sí que cambia, y con él cambian los alimentos, que se vuelven más seguros. Cuando miramos solamente los procesos de trabajo, que es lo que hemos hecho siempre, nos puede parecer que las actividades no han cambiado mucho a lo largo del tiempo, pero cuando observamos los sistemas tecnológicos es cuando nos damos cuenta de la enorme capacidad de innovación y la complejidad que tienen estos procesos.

Y eso es lo que vamos a observar aquí, el cambio de perspectiva en el estudio de las evidencias arqueológicas, a través del análisis de tecnologías no investigadas tradicionalmente, como por ejemplo el tejido o la molienda. Pero, además, nos vamos a acercar a la repercusión que tiene en el cuerpo de las mujeres el trabajo realizado, por si alguien tuviese dudas de que este requiere esfuerzo, y mucho.

Moler

El cambio en las formas de obtener el alimento desde las poblaciones cazadoras-recolectoras hasta las agrícolas y ganaderas supuso transformaciones en prácticamente todos los ámbitos de la vida de esas comunidades. También en el tipo de trabajo y en las repercusiones en los cuerpos de mujeres y hombres durante el desarrollo de estos. Hace algún tiempo, un estudio demostró que las mujeres neolíticas europeas de hace unos 7.400 años tenían unos brazos comparables a las atletas del club de remo de la Universidad de Cambridge. El estudio de la relación entre el desarrollo muscular que mostraban sus húmeros y sus tibias revelaría una intensiva carga de trabajo en las extremidades superiores. Las investigadoras que llevaron a cabo este estudio comprobaron que las mujeres neolíticas tenían los brazos mucho más fuertes que las mujeres de hoy, no solo que las mujeres contemporáneas que practican regularmente actividad física —hasta un 30 por ciento más fuertes—, sino también que las mencionadas remeras —hasta un 16 por ciento más y, ojo, que estas mujeres entrenan veinte horas y recorren unos doscientos kilómetros a la semana—. El tipo de trabajo realizado por las mujeres neolíticas hizo que la fortaleza de sus brazos fuera mucho mayor proporcionalmente que la de sus piernas, debido a las nuevas actividades desarrolladas: moler, aventar, acarrear, plantar, cosechar...

Figura 17. Estructura de molienda del poblado de la Edad del Bronce de Peñalosa

Además de la cantidad y el tipo de trabajo, el estudio de los huesos nos aporta información sobre cómo se desarrollaba, sobre el gesto técnico, es decir, los movimientos corporales necesarios para manejar y controlar las herramientas, que implican diferentes niveles de potencia, precisión y complejidad. Esos estudios nos vuelven a dar mucha información sobre los trabajos de las mujeres argáricas y específicamente la molienda.

Imagina el gesto. Poner un puñado de grano sobre la superficie rugosa y desgastada del molino. Colocar sobre el grano la mano de moler y sujetarla firmemente. Comenzar un movimiento rítmico de atrás hacia adelante presionando con fuerza sobre el grano que se rompe para dejar en su lugar la harina. Hacer eso todos los días, durante mucho tiempo, desde que tienes memoria, desde niña. Aprender a corregir la postura para que la fuerza aplicada sea la óptima, pero también para que las consecuencias sobre la espalda, las rodillas, los codos y los dedos de los pies no sean demasiado dolorosas. Aun así, el cuerpo se resiente con el paso de los años. Hay que pensar cómo mejorar este trabajo tan extenuante, cómo mejorar la tecnología.

En términos físicos el trabajo de molienda es extenuante, laborioso y mecánico, supone un enorme esfuerzo por parte de la persona que lo realiza, pero también supone un alto porcentaje del alimento diario de las poblaciones prehistóricas, y de muchas de las actuales. Los molinos barquiformes, los más abundantes durante la prehistoria, producen distintos tipos de harinas dependiendo de la intensidad aplicada. Para producir una harina con un alto contenido de salvado es necesario aplicar la técnica de vaivén, ese movimiento hacia adelante y hacia atrás, al menos cinco veces; para conseguir una especie de sémola o harina gruesa se debe repetir este proceso durante nueve veces, y solo es posible conseguir una harina fina con este movimiento de vaivén al menos en quince ocasiones. Si además se quiere conseguir un producto más refinado, tras esta operación de vaivén se debe llevar a cabo un segundo proceso que consiste en la realización de un movimiento circular continuo con la mano de molino.

¿Qué significa eso en términos de trabajo de las mujeres? Los estudios realizados sobre la Galilea romana han demostrado que para el consumo diario de una familia de seis miembros se necesitarían al menos de dos a tres horas de molienda al día. Las comparaciones etnográficas también van en ese sentido. En las poblaciones hopis de Arizona, las mujeres tardan tres horas aproximadamente en obtener los 1,84 kilos de harina necesarios para abastecer a sus familias, mientras que en Nigeria se necesitan entre hora y media y dos horas para obtener un kilogramo de harina de mijo. En ambos casos este trabajo es realizado diariamente en el marco de la cotidianidad y procesado por las mujeres de estos grupos sociales. Es mucho tiempo haciendo un trabajo muy exigente corporalmente hablando.

¿Qué significa eso en términos de salud para las mujeres? El estudio realizado sobre los cuerpos enterrados en varias necrópolis argáricas del sudeste de la península Ibérica indicaría que las mujeres presentan una mayor intensidad y concentración de patologías degenerativas como la artrosis en la columna vertebral, manos, caderas, rodillas y pies (tobillo y dedos), articulaciones relacionadas directamente con la posición adoptada para llevar a cabo la molienda.

¿Qué significa eso en términos de tecnología para las mujeres? Estamos de nuevo ante lo que podemos denominar procesos de baja tecnología, tan tremendamente efectivos que no cambiaron prácticamente nada durante 10.000 años. Conocemos útiles para la molienda desde antes de que se adoptara la agricultura y, durante todo ese tiempo, las escasas variaciones documentadas se refirieron a innovaciones ergonómicas como colocar los molinos en una plataforma fija más elevada o disponerlos de forma inclinada para una mayor adaptación a la postura del cuerpo, poco más. Solo a partir de los últimos siglos antes de nuestra era la tecnología empezó a cambiar, y hacia el siglo I a. C. aparecen en todo el Mediterráneo innovaciones tecnológicas que consiguen más harina con menos trabajo. Una de estas innovaciones es el molino rotatorio, dos piedras redondas con un orificio en la parte superior a través del cual se introducía el grano y una especie de asa de madera que serviría para hacer rotar una piedra sobre la otra. Ganancias tanto en la cantidad de harina producida como en el esfuerzo físico necesario. Aunque me da la impresión de que su mejora tuvo mucho más que ver con la necesidad de aumentar la producción que con la preocupación por la salud de quienes lo hacían. Solo cuando las necesidades económicas cambian, se producen cambios tecnológicos significativos. Mientras el proceso fue eficiente y cumplió su cometido, no lo hizo.

Tejer

El análisis del desgaste dental de 106 individuos enterrados en el yacimiento argárico de Castellón Alto (Granada) reveló que cinco de las mujeres que habitaron el asentamiento se ayudaban de los dientes para realizar tareas relacionadas con la elaboración de hilos y cordajes. Los dientes presentan muescas, roturas en el esmalte y surcos producidos por la manipulación de fibras de origen vegetal y animal relacionadas con la producción textil y la cestería. Hace 4.000 años, en este poblado, existía una especialización en el trabajo por la que un grupo reducido de personas se dedicaría a la artesanía relacionada con la confección de hilos, y eran mujeres. El hecho de que estas marcas se hayan identificado en mujeres de distintas edades, con un desgaste más pronunciado a medida que son más mayores, permite hablar de aprendizaje, de transmisión de conocimiento, y nos hace ver que ese aprendizaje, esa especialización, empezaba en su adolescencia y proseguía durante toda su vida. No es el único yacimiento de la misma época que presenta estas evidencias: en Cabezo Redondo (Villena) se ha documentado el desgaste en los dientes en algunas de las mujeres enterradas, especialmente en sus incisivos, que muestran surcos en forma de U o V, seguramente relacionados con el procesamiento de fibras.

Personalmente, lo de ser capaz de tejer me parece una maravilla. Poco dotada como estoy para cualquier actividad que tenga que ver con lo manual, no deja de asombrarme, y te diría que incluso darme cierta envidia, ver lo que son capaces de hacer otras mujeres con agujas, hilos y telas. Requiere técnica, requiere creatividad, requiere aprendizaje... Y así desde la prehistoria. Lo que pasa es que lo hemos visto muy poco. Es cierto, es imposible negarlo, que uno de los grandes problemas que tiene el textil es que es orgánico, lo que provoca su mala preservación. Pero aun así podríamos haber puesto más empeño en considerar, por ejemplo, los útiles y espacios de trabajo que sí podemos identificar arqueológicamente. Y eso no lo hemos hecho. Al igual que en otras actividades de mantenimiento, en la producción textil hemos constatado su presencia, pero no la hemos explicado. No hemos comprendido lo que tiene que enseñarnos, como todos los trabajos vinculados a las mujeres que estamos viendo, en términos de tecnología, innovación e impacto en las personas.

Y otra vez, la etnografía es una gran aliada para poder acercarnos a aquello que nos dejamos sin ver. Te pongo un ejemplo muy interesante: los análisis de huellas de uso —esas marcas que se producen en los útiles cuando se utilizan— muestran una tendencia obvia a escoger materiales con un claro sesgo androcéntrico. En el estudio de las huellas de uso de útiles procedentes de yacimientos del Paleolítico europeo, cuando se estudian objetos como lanzas, puntas o palos de diversas clase y consideraciones se experimenta con materiales que provienen de animales, vinculados fundamentalmente a la caza; solo el 4 por ciento del total se dedica a especies de pequeño tamaño o peces. Supongo que se consideran poco trascendentales. Sin embargo, las investigaciones etnográficas han puesto de manifiesto el error que supone menospreciar determinados materiales. Entre las poblaciones inuits de Alaska, la piel de los peces es utilizada para confeccionar protecciones impermeabilizantes para el agua: parcas, guantes, mocasines, delantales, contenedores, bolsas... Lo mismo ocurre con el trabajo realizado sobre la corteza de árboles o las raíces, de las que se obtienen materiales para contenedores, techumbres, redes. Incluso distintas especies herbáceas, que no se estudian en las sociedades paleolíticas porque no suponen aporte alimenticio, las encontramos en estas poblaciones inuits, usadas como materia prima para fabricar lechos para dormir o como aislante en botas y zapatos. Acuérdate de lo que contaba la señora islandesa sobre su madre y el cuidado del calzado. Pues bien, se han recuperado restos de hierbas de hace unos 4.000 años en el interior de un calcetín de piel en el yacimiento de Qeqertaussuk, en Groenlandia.

Es difícil encontrar textiles y fibras en época prehistórica en la península Ibérica, pero los hay. Aparecen fundamentalmente en contextos funerarios debido a que proporcionan condiciones más o menos propicias para su conservación. Encontramos elementos de cestería como bolsas, cestas, esteras de esparto, cordones o calzado documentados en yacimientos neolíticos. Espectacular es la conservación de las cestas y sandalias del yacimiento de La cueva de los Murciélagos en Albuñol (Granada), o las vestimentas argáricas de las personas enterradas en necrópolis como las de Castellón Alto, en la que se documentó la probable presencia de lana y lino en las vestimentas de un hombre adulto y una criatura, o el excepcional hallazgo de la Edad del Cobre de Cueva Sagrada I en Lorca (Murcia), donde se encontraron dos túnicas de lino casi completas dobladas junto a un cuerpo femenino. En ocasiones esos restos textiles aparecen de manera muy marginal asociados a otros útiles, por ejemplo, objetos metálicos a los que se ha adherido algún fragmento de la ropa de la persona enterrada y que al mineralizarse se conservan y nos proporcionan información sobre especies de procedencia y técnicas de fabricación.

La producción textil supone además una doble fuente de conocimiento. Por un lado, la propia información tecnológica del proceso de producción, de las formas del trabajo, de la innovación. Y por otro, su función de elaboración de vestimentas que cubren las necesidades de abrigo y protección, pero que también, como ya vimos en su momento, sirven como indicadores de identidades sociales, marcados por las diferencias que se pudieron establecer por razones de estatus social, género o edad, o identidad individual o colectiva. Lo veremos en el siguiente capítulo.

Al igual que la preparación de alimentos, la producción textil es un proceso con múltiples fases, desde la elección de la materia prima y su preparación —ya que algunos materiales como la seda, el lino, el algodón o la lana requieren tratamientos previos a la obtención del hilo— hasta la elaboración del tejido, el teñido, el diseño de la vestimenta, su manufactura, la aplicación de motivos decorativos... Y podemos identificar arqueológicamente estos procesos analizando los espacios que ocuparon en las viviendas y las estructuras y herramientas necesarias para su ejecución.

Así que volvamos nuestra mirada de nuevo hacia las sociedades argáricas. En estos asentamientos las áreas de producción textil se sitúan mayoritariamente, y con toda la lógica del mundo, en espacios cercanos a los puntos de luz: ventanas, puertas, zonas de paso, tragaluces. La acumulación de todos aquellos instrumentos que forman parte del proceso de producción —pesas de telar, punzones, agujas o leznas, e incluso las improntas de las estructuras de madera que debieron de componer los telares— son elementos que nos permiten identificar esos lugares. En mi opinión uno de los utensilios más complejos de usar en la prehistoria es el telar. Cada vez que veo alguna recreación de una de estas estructuras me asombro tanto de la complejidad del diseño del instrumento como de la técnica necesaria para usarlo. Y sí, ya he mencionado que no soy demasiado hábil, pero, aun así, es indiscutible la dificultad que entraña su uso, las horas de aprendizaje necesarias y la destreza precisa en el trabajo.

En el yacimiento de Peñalosa, que ya observamos cuando hablamos de la alimentación, también tenemos datos muy significativos de la actividad textil, en cuanto a su distribución espacial y, por tanto, a la organización del trabajo. Estos elementos, pesas de telar, punzones y agujas que nos hablan de la producción del tejido, aparecen en solo una de las viviendas de cada una de las terrazas ocupadas, lo que indica que la elaboración del tejido solo se está llevando a cabo en estos espacios en concreto. Curiosamente, en el resto de las viviendas aparecen otros útiles, como las leznas, que se usan para remendar y coser tejidos ya elaborados. Pero no para producirlos. Esto ha llevado a plantear dos hipótesis distintas. Una nos hablaría de una actividad especializada, que va más allá de lo doméstico, en la que únicamente algunas personas tendrían la habilidad y los conocimientos necesarios para llevar a cabo esta producción. Dicha hipótesis casaría bien con lo que hemos comentado al principio de las mujeres de Castellón Alto, donde solo algunas serían las responsables del textil, o al menos de uno de los procesos incluidos dentro de la producción. Otras hipótesis apuntan a espacios de reunión cuya motivación principal sería esa manufactura, donde generalmente las mujeres se reunirían para realizar trabajos de producción, cosido y reparación de ropas y tejidos, situación muy frecuente en otras sociedades históricas.

Y si en el caso de la molienda los cambios tecnológicos durante la prehistoria se limitaron a ajustes ergonómicos, en el caso de la producción textil la transformación de los sistemas tecnológicos nos muestra un enorme dinamismo que se produce a relativa —recuerda siempre que son cientos de años— rapidez. Desde los elementos de arcilla utilizados en la producción textil de la Edad del Cobre, pasando por las estructuras de telar en madera y las pesas circulares en arcilla en el mundo argárico, hasta las fusayolas en piedra (esas piezas que funcionan como pequeñas pesas en los husos, los instrumentos para hilar a mano) aparecidas en asentamientos de época ibera.

Pero ¿podemos vincular estas actividades de producción textil a las mujeres? Hay varias evidencias que nos sugieren que así era. A las que ya hemos observado en lo referente a las marcas dentales, podemos sumar las evidencias de los objetos depositados en los ajuares. Ya te conté que los punzones argáricos en metal aparecerían mayoritariamente en las tumbas ocupadas por mujeres y apoyarían su vinculación simbólica a la producción textil. El estudio de 140 sepulturas en diferentes necrópolis argáricas del sureste de la península Ibérica ha proporcionado un total de 27 punzones que formaban parte de los ajuares funerarios.

Veinticinco de ellos en metal y solo dos de hueso trabajado. Es interesante observar que los únicos ejemplares en hueso aparecen asociados a un individuo adulto varón y un individuo infantil. Los análisis estadísticos realizados sobre esta muestra dan un valor significativo y altamente representativo a la asociación entre mujeres y punzones. Es indudable que estos útiles formaron parte de la identidad social e individual de las mujeres argáricas y no cabe duda de que dicha actividad tuvo una significación social determinada en la vida cotidiana de los grupos argáricos del sureste, hasta tal punto que sobrepasó la esfera de lo cotidiano para reflejarse en lo simbólico y ritual.

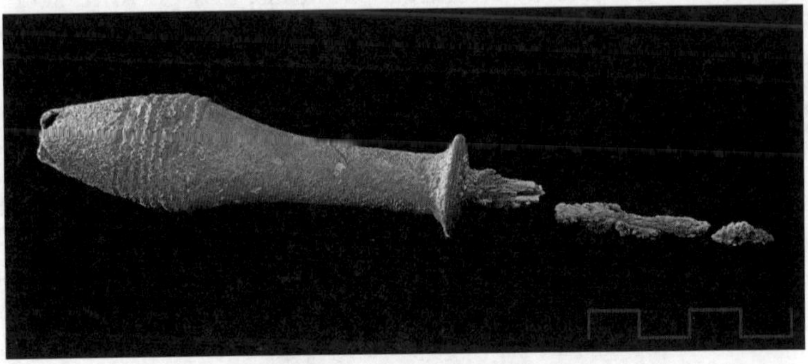

Figura 18. Punzón argárico

La Almoloya (Pliego, Murcia). Sepultura 38.

También los estudios que en los últimos años se están realizando para las sociedades iberas vinculan a las mujeres con estas actividades. Por ejemplo, representaciones como la de uno de los vasos cerámicos del Tossal de Sant Miquel de Llíria, que muestra a dos mujeres jóvenes (lo sabemos porque van peinadas con una larga trenza y una anilla en uno de los casos, sentadas ante un telar; hilan y tejen sobre sus altas sillas decoradas, lo que nos remitiría a aspectos relacionados con el aprendizaje y transmisión de conocimientos de los diferentes procesos de tejido). Una hipótesis reforzada también con el análisis del papel que pueden jugar en la transferencia de conocimiento las miniaturas de esos útiles que a menudo aparecen en contextos arqueológicos.

El estudio de la producción textil en la época ibera a través del análisis de la cultura material asociada a estas actividades en asentamientos, santuarios o enterramientos revela que eran parte integral de la vida cotidiana. En el caso del *oppidum* de Puente Tablas (Jaén) no se han encontrado evidencias directas, es decir, tejidos, debido a la dificultad de su conservación, pero la aparición de las materias primas (lana, lino y esparto) y de los instrumentos necesarios para su realización (fusayolas, telares de placa y pesas de telar), junto al estudio de las fuentes literarias romanas, nos permite acercarnos al desarrollo de las actividades del hilado desde diversas perspectivas y contextos. Por ejemplo, desde el punto de vista tecnológico, las diferentes formas y pesas del telar, y la posibilidad de crear patrones con los telares de placa, sugieren tipos de producción diferenciados para vestimentas, ropa de cama, tapices o ajuar doméstico.

Figura 19. Procesos de aprendizaje textil

Cultura ibera.

Antes de terminar, quiero hablarte de otro de los aspectos importantes del textil, el mantenimiento de esas vestimentas que tan fundamental resulta para procurar su conservación y alargar su vida de uso de la mejor forma posible. Aquí no hay *low cost*. Ya has visto que en algunos asentamientos encontramos útiles relacionados con la reparación de esas piezas textiles. Pero no podemos olvidar algo que también ha estado vinculado a las mujeres y que se ha terminado convirtiendo en un espacio de socialización de las mujeres a lo largo de la historia: los lavaderos.

No, no voy a elevar este espacio a la quintaesencia de las relaciones femeninas, ni este ni las orillas de los ríos que han utilizado las mujeres durante cientos de años para lavar. Lavar en el río o en un lavadero es una tarea dura, de las más duras, que se hacía siempre en malas condiciones, exigente físicamente, da igual que haga mucho calor o mucho frío. Había que lavar. Pero las mujeres siempre hemos aprovechado cualquier reducto para configurar formas de relación, porque probablemente estos lavaderos, junto a las fuentes y los mercados, han sido durante mucho tiempo los únicos lugares en los que podían relacionarse entre ellas, compartir información, establecer una conversación. Y no creas que te estoy hablando de miles de años, hay mujeres, sobre todo en los entornos rurales, que aún tienen memoria de ir a lavar a esos espacios. En realidad, hay mujeres que aún los usan en nuestro país, y ya no te cuento en otros lugares del mundo. Y al igual que los mercados y las fuentes, los lavaderos son espacios públicos, que en este caso en particular están dedicados a un trabajo exclusivamente femenino.

La llegada del agua corriente a los hogares y la instalación de las (benditas) lavadoras hicieron que estos espacios fuesen cayendo en desuso. El problema es que la mejora de las condiciones de trabajo de las mujeres supuso por otro lado eliminar uno de los pocos espacios de socialización que estas mantenían. En entornos rurales eso es especialmente importante, ya que las mujeres de determinada edad no van al bar. Cuenta mi amiga y compañera Paloma González Marcen que la pérdida de esos espacios en estos lugares hizo que las mujeres, sobre todo las mayores, generaran nuevos lugares de socialización, como ir, por muy temprano que fuese, a comprar el pan cuando pasaba el panadero por la plaza del pueblo aunque pudieran encontrar ese mismo pan en la tienda dos horas después. Da igual, el hecho de comprar el pan en ese lugar les permitía disfrutar de un rato de charla y relación. En los últimos años, determinadas políticas públicas en algunos lugares están intentando paliar esa falta de espacios con iniciativas relacionadas con la recuperación de tecnologías textiles, la enseñanza de recetas tradicionales o la participación en actividades que rescatan el patrimonio de esos lugares.

Figura 20. Lavadero de Sorita (Castellón)

Más allá de que estos espacios y la recuperación, no de la actividad pero sí de lo que suponen socialmente, beneficien a las mujeres actuales, en realidad estamos recuperando parte de la historia de las comunidades del pasado, ya que esos espacios eran lugares en los que el intercambio de información compondría estrategias de solidaridad, de convivencia o de resolución de conflictos: quién se ha puesto enfermo, cómo preparas este plato, cómo has remendado esos pantalones, qué te tomas para ese dolor..., informaciones que pueden parecer insignificantes, pero que mejoran sustancialmente la vida cotidiana de las personas, de toda la comunidad.

Pues aun así, aunque suponga un beneficio común, el patriarcado sigue ejerciendo sus prácticas de menosprecio. Un ejemplo: en catalán, un lavadero es un *safareig* y en ese idioma existe la expresión *fer safareig* (hacer lavadero), muy habitual y despectiva para aludir a «cotillear, hablar de otros maliciosamente». ¿Lo ves? El lenguaje defiende unos valores androcéntricos que devalúan las conversaciones entre mujeres y su empoderamiento, adjetivando y desconsiderando un intercambio de información en el que no participan los hombres. Los lavaderos y los molinos, así como cualquier otro espacio donde se realizaran algunas de las actividades de mantenimiento, se fueron convirtiendo a lo largo de la historia, a lo largo de ese extenso proceso de construcción de la desigualdad, en los lugares en los que simplemente las mujeres están, sin preguntarnos por qué nosotras y no ellos, sin preguntarnos por la tecnología, el esfuerzo o la innovación que promueven y, sobre todo, sin entender la importancia crucial de su práctica.

18

BIOGRAFÍAS

En todos los capítulos de este libro he intentado que vieras a las mujeres prehistóricas como mujeres reales, como mujeres con experiencias distintas, con vidas complejas, con circunstancias vitales e históricas que quizá no podamos llegar a entender completamente pero que expresan la mayoría de esas cuestiones a través del cuerpo y sus representaciones. En los últimos años, la denominada *arqueología del cuerpo* ha puesto de manifiesto la relevancia que tiene el estudio del cuerpo de las personas del pasado para reflejar las experiencias vividas y las relaciones con el mundo que las rodea. Como has visto, a través del estudio de los restos óseos y del análisis de la cultura material y de sus contextos hemos podido acercarnos a conocer aspectos relacionados con la alimentación, el estado de salud, la esperanza de vida, el esfuerzo físico realizado o las actividades desarrolladas. Quiero ahora que nos acerquemos a las manifestaciones corporales de las identidades de género, edad o estatus social. Que nos acerquemos a la(s) biografía(s) de algunas de esas mujeres. Y para ello, a pesar de que podría usar otros tantos ejemplos, me voy a centrar en las mujeres que vivieron durante la cultura de El Argar (2200-1550 a. C.) y el mundo ibero (750-0 a. C.). Y lo voy a hacer desde la fenomenología. ¡Vaya palabro!, lo sé. Pero es una aproximación que a mí me ha servido mucho y que quiero explicarte. De forma muy resumida, mucho, la idea fundamental de la mirada desde la fenomenología a la arqueología es que las personas y los objetos están esencialmente interrelacionados. La descripción, la definición, en definitiva, el conocimiento tanto de las personas como de los objetos es esencial para comprender a unas y otros. Y eso no entiende de periodos históricos. Te pongo un ejemplo de arqueología contemporánea antes de volver a nuestras mujeres prehistóricas.

En el verano de 2011, durante las excavaciones de una fosa de la guerra civil en el parque de La Carcavilla (Palencia) por parte de la Asociación para la Recuperación de la Memoria Histórica de Palencia y la Sociedad de Ciencias Aranzadi, se encontró el cuerpo de una mujer rociada con cal viva y enterrada sin ataúd. Junto a esos restos óseos apareció un sonajero, un juguete que aún conservaba vivos colores. El cuerpo pertenecía a Catalina Muñoz Arranz, de treinta y siete años, procedente de Cevico de la Torre, un pueblo cercano a la capital palentina. Catalina tenía cuatro hijos cuando la asesinaron; su hijo más pequeño contaba nueve meses. Ese sonajero, un objeto cotidiano, sencillo, que pudiera parecer casi insignificante, nos proporciona un conocimiento de la realidad histórica de 1936 atado a la biografía de una persona concreta. Desde una perspectiva feminista, considerar ese objeto pasa no solo por esclarecer y narrar las circunstancias de la muerte de Catalina, el contexto de la represión durante la guerra civil o el papel de las mujeres en la resistencia al golpe de Estado, sino también comprender otros ámbitos de la existencia humana como la maternidad, la infancia, los juguetes o el cuidado y, por supuesto, valorarlos históricamente. Explicar ese objeto significa explicar una parte trascendental de nuestra historia.

El sonajero rojo, amarillo, azul y verde nos acerca a la biografía de Catalina, a sus ideales, a su cotidianeidad, a su muerte... Las técnicas forenses han logrado volver a traer el rostro de Catalina a nuestros días; su hijo Martín, el bebé de nueve meses que perdió su sonajero, ha podido ponerle cara a su madre por primera vez en ochenta y tres años. Me encanta la arqueología, o más bien, me encanta lo que somos capaces de hacer con ella. Un cuerpo y un objeto que nos cuentan una historia, y qué historia...

Evidentemente no siempre podemos acercarnos a esos instantes que nos explican la vida de las personas en el pasado. En este libro has visto partos dramáticos, dolores de muelas, caídas, viajes... que son casi una fotografía de un momento determinado de una persona concreta. Pero más allá de esas escenas, lo que interesa es la capacidad que tengamos de reconstruir las estrategias de las personas para estar en el mundo.

Y las formas de aproximación a esas experiencias de las mujeres de cada uno de los periodos que voy a utilizar son muy diferentes. En el caso de las sociedades argáricas, el cuerpo y su relación con los objetos son prácticamente los únicos instrumentos para acceder a esa información, porque no tenemos representaciones de ningún tipo. No hay iconografía, no hay imágenes creadas por las sociedades argáricas de las sociedades argáricas. Me voy a permitir un símil, una deformación de la realidad mediante la exageración: es como si en El Argar, lo que tuviéramos fuesen esas fotografías victorianas del *memento mori*, unas cuantas imágenes del momento de la muerte en las que se refleja solo ese episodio final de la biografía de las personas, que a veces aparecen desenfocadas porque desde el principio no se tomó bien la imagen y otras veces aparecen cuarteadas o sucias por el paso del tiempo. Pero aun así, podemos reconocer a quienes están en esa fotografía, los objetos, sus vestimentas, su contexto, y ello nos permite conocer muchas cosas de esas personas. Por el contrario, en la cultura ibera tenemos muchas fotografías que nos muestran toda la biografía de estas mujeres, tenemos una polaroid con la que se han tomado muchas imágenes que nos van a permitir reconstruir momentos concretos de su vida. Todavía no es el móvil, el papel de la polaroid es caro, y tampoco salen siempre nítidas, pero incluso así el recorrido que podemos hacer es muy interesante.

Vamos entonces a los *memento mori* de El Argar. Empezaremos por revisar la instantánea de dos sepulturas del Cerro de la Encina (Monachil, Granada). La sepultura número 6 es una pequeña fosa que acoge un enterramiento doble perteneciente a una mujer de unos treinta años, tumbada sobre su lado derecho con las piernas flexionadas mientras rodea con los brazos a una criatura de unos cuatro años, sobre su lado izquierdo, con las piernas también flexionadas. Las cabezas están situadas cara a cara. La causa más probable de muerte es una enfermedad infecto-contagiosa, ya que ninguno de los dos cuerpos presenta señales de traumatismos o dolencias. En la mayoría de las ocasiones las enfermedades infecciosas avanzan tan rápido que no da tiempo a que dejen marcas en los huesos. Su ajuar funerario, los objetos con los que se los enterró, consta de un punzón de cobre y tres vasijas cerámicas.

En este mismo yacimiento encontramos la sepultura 21, muy distinta a la anterior, pues presenta unas características excepcionales debido a su monumentalidad. Consiste en una gran fosa abierta en la roca con forma rectangular de 2 metros de longitud por 1,20 metros de anchura. En uno de los lados mayores de la estructura se han documentado los restos mal conservados de lo que debieron de ser dos tablones de madera cuya disposición permite plantear que quizá formaran parte del sistema para la sujeción de la techumbre. La sepultura estaría cubierta por un entramado de lajas de piedra de medianas y grandes dimensiones apoyadas sobre tablones y vigas de madera. Un esfuerzo constructivo importante. Contenía la tumba de dos individuos situados sobre diversas lajas de piedra dispuestas a modo de suelo. Ambas inhumaciones aparecieron perfectamente articuladas, en posición flexionada y parcialmente superpuestas, puesto que los pies de uno de los individuos aparecen bajo el cuerpo del segundo. El primero en ser enterrado es un varón de unos veintidós años recostado sobre su lado izquierdo. Junto a él aparece una mujer de unos diecisiete años flexionada sobre su lado derecho. Como característica curiosa se ha documentado, en la escápula izquierda de esta joven, la presencia de restos de pigmento de color rojo, hecho que se ha relacionado con las coloraciones de las vestimentas. Presenta huesos de medianas dimensiones y un desarrollo muscular muy débil, y no se observan evidencias de lesiones o patologías. El enterramiento simultáneo de estos dos individuos sugiere que, otra vez, la causa más probable de muerte fue una enfermedad infecciosa.

Estos cuerpos están asociados a un ajuar considerable, con objetos que pueden ser asignados a cualquiera de los dos, siete vasijas de muy diverso tipo y tres ofrendas cárnicas, entre ellas una copa y tres fragmentos de las extremidades de un bóvido que se integrarían en los rituales de comensalidad que ya hemos visto. Y hay otros objetos que se vinculan directamente a sus cuerpos. El individuo masculino tiene dos aretes de plata con triple espiral, dos pulseras, una de plata y otra de cobre; en su radio-cúbito izquierdo apareció un brazalete de arquero y bajo el húmero izquierdo se documentó un cuchillo de cobre con tres remaches en plata y un fragmento de materia orgánica, muy posiblemente relacionada con el enmangue. En el caso del enterramiento femenino, y asociado al radio-cúbito izquierdo, a la altura de la muñeca se documentaron dos pulseras de cobre, una abierta con doble espiral y otra cerrada. En el radio-cúbito del brazo derecho presentaba también dos brazaletes, el primero realizado en plata y otro abierto, de una sola vuelta, realizado en cobre. En el dedo corazón de la mano izquierda presentaba un anillo de doble espiral realizado en plata. Junto al húmero izquierdo y sobre varias costillas aparecieron restos muy fragmentados de dos posibles aretes de cobre de sección circular. Asociado a la mano derecha de la joven apareció un punzón de cobre y bajo la base del cráneo y junto a las vértebras cervicales se encontró un coletero consistente en una lámina de plata de sección circular dispuesta en espiral hasta completar diez vueltas. En la misma zona relacionada con las cervicales aparecieron varias cuentas de collar, dos de ellas realizadas a partir de un fino hilo de cobre. El resto de las cuentas de collar, en concreto cuatro, fueron realizadas en piedra pulida de color verdoso.

Dos fotografías en las que vemos que esas dos mujeres poseen rasgos comunes y peculiaridades que las diferencian en el momento de su muerte nos dan a entender que tuvieron vidas paralelas pero desiguales. Comparten el hecho de ser enterradas, como en la mayoría de las sociedades prehistóricas —en las poblaciones argáricas no todo el mundo es enterrado—, así que estas mujeres comparten una característica común que va más allá del hecho de pertenecer o no a un determinado grupo social o tener una edad específica. Ambas son enterradas. Las dos están flexionadas sobre su lado derecho, un patrón muy repetido en las necrópolis argáricas. Mujeres sobre su lado derecho, hombres sobre el izquierdo. Y ambas fueron enterradas acompañadas, tanto la mujer que ocupa la sepultura número 6, sepultada con la criatura, como esta última, sepultada con un varón joven. Una última coincidencia: ambas tienen en su ajuar un punzón metálico; recuerda que es el elemento transversal de las mujeres argáricas, no importa su edad o su estatus social. Hasta aquí las similitudes. Ahora podemos enumerar unas cuantas diferencias que explican las distintas biografías de estas dos mujeres. Los estudios antropológicos realizados tanto a la mujer de la sepultura 6 como a la criatura con la que está enterrada nos hablan de una posible relación familiar, ya que ambos comparten una característica física muy determinada: sus brazos son algo más largos con respecto a sus piernas, aunque por ahora no podemos afirmar que la mujer sea la madre de la criatura. Sin duda, una de las grandes diferencias es que la mujer enterrada en la sepultura 6 no tiene ni un solo elemento de adorno en su ajuar, mientras que la joven enterrada en la sepultura 21 tiene pulseras, aretes, brazaletes, anillos, un coletero y varias cuentas que pertenecerían a un collar. Como sabes, los elementos de adorno, al igual que la vestimenta, proporcionan un importante medio para articular las diferentes cualidades de la identidad. El vínculo entre el cuerpo y este tipo de objetos se hace cada vez más fuerte y cada uno se convierte en parte del otro, ya que es la relación entre ellos lo que verdaderamente da significado tanto al cuerpo como a estos objetos. Mírate, ¿qué llevas? ¿Una alianza? ¿Un reloj? ¿Una pulsera de actividad? ¿Un pendiente? ¿Dos pendientes? Todos son elementos que hablan de ti. En el caso de estas mujeres argáricas, la distinta presencia de estos elementos de adorno entre una y otra sugiere diferentes apariencias en vida y, por tanto, diferentes experiencias.

Pero salgamos del Cerro de la Encina y viajemos hasta Pliego (Murcia) para conocer a una de las mujeres más famosas de la cultura de El Argar. La enterrada en la sepultura 38 del yacimiento de La Almoloya. En una gran vasija cerámica debajo del suelo de un edificio singular de este asentamiento aparecieron los restos de un hombre y una mujer enterrados hace aproximadamente unos 3.700 años. El primero en ser enterrado fue el varón, de unos cuarenta años, que ha sido interpretado como un guerrero porque el desgaste de sus huesos sugiere que pasó mucho tiempo a caballo y su cráneo presenta cicatrices profundas de una lesión facial grave. Sujetaba su cabello con coleteros de plata y llevaba dilatadores de oro en los lóbulos de las orejas. Poco después fue enterrada una mujer de unos treinta años con un ajuar realmente único. Pulseras, dilatadores, anillos, espirales de plata y, sobre todo, una diadema de plata, que todavía estaba situada sobre su cráneo. Estas dos personas no estaban relacionadas genéticamente entre sí, pero compartían una hija que fue enterrada en un lugar próximo. La riqueza de los objetos asociados al cuerpo de la mujer apunta a que posiblemente fuera ella y no él quien hubiera ocupado el estatus social más elevado. Y eso ha llevado a interpretar que las mujeres de las élites pudieron gobernar durante la época argárica.

Realmente no sé si podemos afirmar que fueron solo las mujeres —o solo algunas mujeres o solo esta mujer— quienes tenían el poder en estas sociedades argáricas. Hasta ahora únicamente disponemos de otras diez diademas halladas en sepulturas de mujeres de este periodo, algunas con ese característico disco que llevarían hacia abajo para cubrir el ceño y la nariz. Pero desde luego esta mujer lo tenía, y mucho. Y también tuvo una biografía diferente a las mujeres que hemos visto en el Cerro de la Encina. Frente a la homogeneidad con la que muchas veces observamos a las mujeres de la prehistoria, como si todas hubieran tenido las mismas motivaciones, deseos o casuísticas, estas tres mujeres nos demuestran que no todas eran iguales, que sí que comparten una cultura común pero con desarrollos vitales muy diferentes.

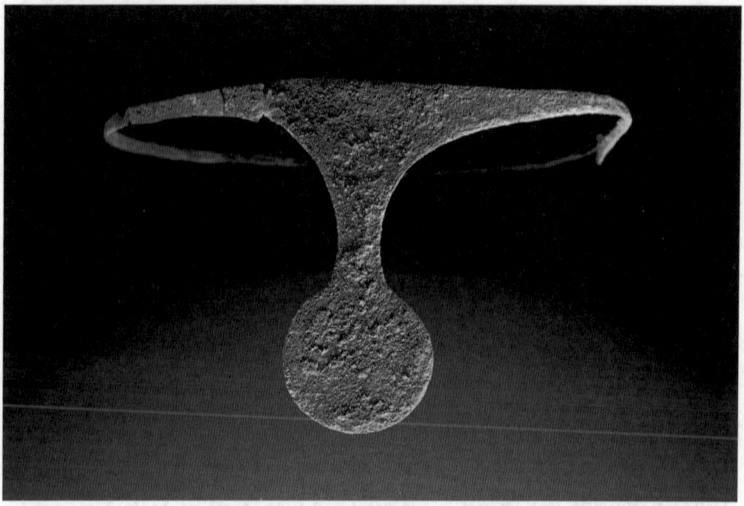

Figura 21. Diadema argárica

La Almoloya (Pliego, Murcia). Sepultura 38.

Un apunte más sobre estas sepulturas dobles: cuando las encontramos en estas sociedades las combinaciones son múltiples —una persona adulta (mujer u hombre) y una criatura, dos hombres, dos criaturas o un hombre y una mujer—, pero hasta ahora no se ha documentado ninguna sepultura doble en la que aparezcan dos mujeres. Y ya son cientos las sepulturas excavadas... Un dato que me tiene absolutamente intrigada. Un apunte más para acabar con estereotipos. En los dos casos que hemos visto de dos personas adultas, tanto en La Almoloya como en el Cerro de la Encina, las parejas fueron enterradas con muy poco tiempo de diferencia, aunque esto no siempre es así. Otras sepulturas dobles argáricas en las que se han podido datar los dos cuerpos evidencian que la distancia temporal más probable entre las dos personas enterradas sería de dos o más generaciones, de manera que no corresponderían a parejas heterosexuales, esa asunción que si recuerdas hacemos rápidamente cuando encontramos cuerpos con estas características. La propuesta es que los vínculos que mantendrían serían por descendencia.

¿Y qué sabemos de la infancia de estas mujeres? Pues estas «fotografías» aún no nos lo cuentan todo. En las poblaciones argáricas, en realidad en todas las poblaciones del pasado, una de las grandes dificultades es que resulta bastante difícil conocer el sexo de las criaturas a través de los restos osteológicos. Hay algunas propuestas de análisis desde la antropología física, pero la incertidumbre es alta y el porcentaje de acierto es aún demasiado bajo como para poder hacer determinadas afirmaciones. Será el desarrollo, y sobre todo el abaratamiento, de los análisis de ADN y otras metodologías como el análisis de la dentina lo que nos permitirá aproximarnos a esos primeros momentos de vida de las criaturas. Por ahora, y mientras sigamos sin ponerlas en el centro de interés de la investigación arqueológica —tan olvidadas como las mujeres—, deberemos trabajar con los ajuares funerarios. Estos ajuares, por el momento, nos señalan diferencias de estatus en el uso de metales como la plata y especialmente el oro en los objetos ornamentales. Lo que te puedo decir sobre el estudio de esas niñas y niños argáricos es que las diferencias de género no parecen ser especialmente significativas en los primeros seis o siete años de vida y que la profusión de elementos ornamentales sugiere una clasificación más ligada a la edad que al sexo. Una tendencia que empieza probablemente a cambiar a partir de esa edad, cuando se inicia de forma progresiva la introducción de útiles metálicos como cuchillos y punzones, es decir, cuando empiezan a definirse sus funciones en estas sociedades.

Donde sí podemos acercarnos con más precisión a los ciclos de vida de las mujeres es en la cultura ibera. Voy a hacer especial hincapié en esas polaroids que suponen los exvotos, los vasos cerámicos o la estatuaria. Sobre todo los primeros, los exvotos, un tipo muy concreto de cultura material de este periodo que es altamente informativo. Los exvotos son figurillas elaboradas en piedra, bronce o terracota, imágenes estilizadas de oferentes masculinos y femeninos que aparecen depositadas en santuarios y que se utilizarían para pedir protección, bienestar o salud. Y verás que menciono especialmente los aparecidos en el santuario de Collado de los Jardines (Santa Elena, Jaén), un abrigo rocoso de Sierra Morena, un espacio de culto especialmente relevante que comienza a inicios del siglo IV a. C.

La primera fotografía corresponde precisamente a uno de esos exvotos, una criatura «enfajada», un cuerpo de pocos meses de edad que aparece totalmente envuelto, dejando libres la cabeza y los pies, y en el que no se pueden apreciar diferencias en cuanto al sexo. En un par de polaroids aparecen con mujeres, posiblemente sus madres, que los amamantan o los tienen en brazos. Pero las criaturas crecen y empezamos a ver cómo entre los cuatro y los catorce años comienzan a construir socialmente su género y sus futuras ocupaciones. Si recuerdas, lo vimos cuando hablamos sobre el textil, en el vaso del Tossal de Sant Miquel de Llíria del siglo II a. C. donde se representa a dos mujeres jóvenes realizando trabajos textiles: una de ellas hila con un huso que sostiene con ambas manos, la otra teje en un telar vertical. Prácticas de aprendizaje que les enseñan a manejar la tecnología, a ser productivas, y que hay que combinar con las prácticas de socialización que les enseñan quiénes son. Y alrededor de los quince años nos las encontramos realizando ritos de paso.

Estos ritos de paso se configuran como actos sociales, religiosos y públicos que seguimos repitiendo en la actualidad. Sí, ahora los llamamos fiestas de las quinceañeras, o bailes de debutantes o ceremonias de la menarquia... Para gustos, colores. Pues bien, estos ritos de paso iberos también quedan reflejados en las instantáneas que suponen los exvotos. Y lo que nos cuentan los encontrados en Collado de los Jardines es que es probable que estos rituales se desarrollaran en pareja. Los elementos con los que se materializa este rito son el vestido, el peinado y las ofrendas. Atuendos compuestos por una túnica larga para las niñas y corta para los niños, ceñida a la cintura por un fajín o cordón, en ocasiones enrollado también en los hombros a modo de tirantes, y en el pecho. Los brazos se muestran extendidos hacia el frente y las palmas de las manos hacia arriba con las ofrendas. El peinado se convierte en el elemento crucial en este rito. Primero observamos el cabello en dos trenzas sobre los hombros, tanto en hombres como en mujeres. Es el rasgo propio de la juventud. Después las trenzas se cortan y se entregan como ofrendas en el santuario. Lo sabemos porque, aunque el pelo desaparezca, nos quedan las anillas que adornan los extremos. En el caso de las jóvenes, el peinado queda definido por un tocado transitorio que oculta el cabello; en el caso de los muchachos, por la denominada melena-casco, el peinado del varón adulto. Una transición entre la adolescencia y la adultez que se materializa en un cambio de aspecto bien establecido y muy evidente.

Figura 22. Atuendo y símbolos implicados en los ritos de paso

Exvotos de la colección del Museo Arqueológico Nacional.

A partir de este momento, y exceptuando imágenes muy concretas que veremos después, empezamos a tener constancia solamente de una parte de las mujeres adultas, las que pertenecen a la aristocracia. Mujeres que adquieren un papel relevante en la organización social de la comunidad y que lo hacen porque se convierten, a través del matrimonio, en garantes de la continuidad social, del linaje, como esposas, madres, cuidadoras y gestoras, y que ponen en marcha una serie de ceremonias religiosas y prácticas rituales para asegurar que todo irá bien. Rituales que incluyen ceremonias nupciales, ritos de fertilidad, plegarias para la protección de la gestación o la curación de dolencias relacionadas con la reproducción. Una de esas ceremonias nupciales de campanillas tuvo que ser la del matrimonio de Himilce, princesa ibera de Cástulo, con el general cartaginés Aníbal, una alianza clave en el desarrollo geopolítico de la Segunda Guerra Púnica, ya que la inmensa dote de Himilce, grandes minas de plata según cuentan, sirvió para provecho del cartaginés y supuso el apoyo de este territorio a sus intereses. Muy fan de Himilce, lo reconozco.

De nuevo el análisis de la iconografía de los exvotos de bronce en el santuario de Collado de los Jardines, en el territorio de la ciudad de Cástulo, nos acerca a cómo pudieron desarrollarse esos ritos nupciales. Esta polaroid inmortaliza la ceremonia: las figuras de bronce aparecen con el atuendo nupcial, el mismo para ambos, una túnica muy fina sobre la que se coloca un manto con apertura en el costado derecho y acabado en tres o cuatro volantes. Prendas casi transparentes, que dejan notar aspectos de la anatomía como el pecho o las ingles. A ello hay que sumar un velo, colocado sobre la mitra (una especie de cofia alargada) en el caso femenino, que cae abierto por la espalda hasta debajo de la cintura. Un velo que también pueden llevar los hombres, aunque más corto, sobre los hombros y cubriendo la tonsura, ese corte de pelo ritual que deja ver la coronilla. Llevan joyas similares, brazaletes en espiral en ambos brazos y collares. Es la única vez en que los hombres asumen atributos del universo femenino, como el velo o el collar.

Figura 23. Esquema del atuendo nupcial

Exvotos de la colección Gómez Moreno.

Y a partir de ahí, volvemos a la carrera por la reproducción, acuérdate de la cantidad de estrategias que vimos en el capítulo dedicado a la maternidad para asegurar la descendencia. Aquí las volveremos a ver de forma muy evidente. En las polaroids de este momento aparecen tanto mujeres como hombres desnudos. En ocasiones con los atributos sexuales muy marcados o exagerados, y con diferentes gestos: con los brazos abiertos y extendidos para recibir los beneficios de la divinidad o apoyados en la cintura, las caderas o el pecho. Algunos de estos exvotos pudieron ofrendarse en común en el santuario, como ritos de pareja. Pero en el caso particular de las mujeres, encontramos gestos que enfatizan el pecho, el vientre o el sexo, en un lenguaje directo y explícito. Se cubren completamente, de la cabeza a los pies, pero se abren el vestido para mostrar el sexo. Es curioso que aparezcan muy pocas representaciones de mujeres embarazadas. Una de las más conocidas pertenece, de nuevo, a Collado de los Jardines, donde encontramos a una mujer con el brazo izquierdo sobre el pecho, portando en su mano una granada, símbolo de la fecundidad, y tocándose el abultado vientre con la otra.

Más allá del embarazo y el parto, aunque seguramente vinculados a estos procesos, en los santuarios iberos encontramos exvotos que representan úteros y pechos asociados a peticiones de curación de determinadas dolencias ginecológicas. Pero también exvotos que representan otras partes del cuerpo humano: piernas, brazos u ojos que se ofrecen a la divinidad con el anhelo de sanar. Una práctica que se mantiene a día de hoy, pues el hábito de colgar en las ermitas exvotos (normalmente de plata o latón) con partes del cuerpo se sigue manteniendo dos mil años después. Seguramente conocerás alguno de estos lugares. El ritual es exactamente el mismo.

La última polaroid nos muestra el ideal de las mujeres iberas en su etapa de madurez. Ha sido madre, ha garantizado el linaje y ahora muestra su rango social a través de un atuendo aristocrático muy característico. A partir de mediados del siglo IV a. C. la iconografía femenina se hace mucho más visible y rica. Recuerda a la Dama de Elche, el prototipo de mujer poderosa, ataviada con mitra y rodetes que enmarcan el rostro, enjoyada con grandes pendientes y collares dobles o triples, que también vemos en algunos exvotos de Collado de los Jardines, con pendientes y arracadas, anillos y brazaletes. Se viste con una túnica larga, en lino o en lana, en ocasiones decorada con detalles en formas geométricas. Y sobre esta, el manto sujeto por medio de un alfiler en el hombro izquierdo.

Figura 24. Ideal de la mujer aristocrática a través de su atuendo
La Damita de Castellar, Museo Arqueológico de Cataluña.

Estas mujeres también poseen diademas, como en El Argar, y al igual que en estas sociedades es el único elemento exclusivo de las mujeres. Las diademas formarían parte de la dote de las mujeres y contribuirían a construir su imagen social. Las mitras y las diademas son elementos principales de la indumentaria femenina que sirven para ocultar el pelo, normalmente recogiéndolo total o parcialmente, y que se acompañan de piezas destinadas a facilitar el recogido, como por ejemplo los rodetes. Esa pieza hueca es un aplique que sirve para ordenar el cabello en ambos lados de la cara a partir de su división central en dos bandas. Estas mujeres, al igual que la de la sepultura 38 de La Almoloya, son poderosas e influyentes y lo manifiestan a través del uso de la cultura material.

19

HOY

—Hay demasiada sangre —dice Patxuka mirando el dibujo—. El momento en el que hay más sangre es cuando sale la placenta. Tal y como aparece ahí parece un desgarro importante. No es normal.

—Ya —dice Carmela—, tienes razón. ¿Y no creéis que no debería estar desnuda? Una túnica ligera o algo, ¿no?

—Sí —contesta Patxuka—, y además la barriga cambia de forma durante la salida de la criatura. Esa es muy redondita, está muy bonita, pero no es real.

—La sangre, la túnica, la barriga... —Anota Carmeta concentrada—. ¿Qué más? ¿No creéis que ese fuego tiene mucha llama? Calorcito sí, pero es que se van a cocer...

—Sí —dice riendo Ana—, o le baja la llama o lo pone más lejos. Y otra cosa, ¿el cuchillo y el cordel no podrían estar metidos en una cesta de mimbre? Yo es que no los veo donde están...

—Me encanta la cara que le ha puesto a la que ayuda desde atrás —dice Carmeta—, es una cara de alegría, ya está viéndole la cabeza, es como si le dijera: ya solo queda un empujoncito, ¡ánimo!

—Sí —comenta Patxuka—, el gesto del parto, el ambiente, la posición de las tres mujeres están muy bien representados. Es que es tan realista Carmen, es fantástica.

—Que no se me olvide mandarle los motivos decorativos para las cerámicas, que me los pidió ayer —recuerda Carmela.

—Ah, una cosa más. Esa agua produce demasiado vapor, estará casi hirviendo... No es correcto —señala Patxuka mirando el recipiente del agua a los pies de la parturienta—. Y, ya que estamos, el taburete de la matrona tiene que ser más bajo, tiene que estar por debajo de la parturienta para recoger bien a la criatura.

—¿Y si ponemos en alguna parte una granada? Es el símbolo de la fertilidad —apunta Ana.

—Sí —dice Carmela—, la ponemos junto al exvoto que representa la maternidad, en la repisa de arriba.

—A ver —resume Carmeta—, vamos a hacer un repaso: el taburete, el agua, la llama, la barriga, la túnica, la sangre y lo del cuchillo y el cordel. ¿Está todo?

—Sí, creo que sí —van contestando el resto.

—Ya se lo puedes mandar. Esta imagen va a quedar espectacular —sentencia Carmela.

Figura 25. Escena de parto

Cultura ibera.

Esta conversación es casi real, quizá no se produjo en esos términos, no sé exactamente quién dijo qué, pero sí fue lo que se dijo. Las protagonistas son Patxuka de Miguel, profesora asociada de la Universidad de Alicante, osteoarqueóloga y de profesión matrona; Carmeta, Carmen Rísquez Cuenca, catedrática de Prehistoria de la Universidad de Jaén y directora del Instituto Universitario de Arqueología Ibera; Carmela, Carmen Rueda Galán, contrato Ramón y Cajal del mismo Instituto, y Ana Herranz, que acaba de doctorarse en esa misma universidad. La ausente es la magnífica ilustradora María del Carmen Ruiz Moreno. «RuMor.» Y esta conversación se produjo durante la elaboración de esta imagen para el proyecto Pastwomen. Volveremos a ella más tarde.

Al principio del libro te dije que a quienes hacíamos arqueología desde una perspectiva feminista se nos acusaba alegremente de hacer política con la arqueología. Y casi les doy la razón, sí: hago política con la arqueología, política en el sentido de que como ciudadana quiero intervenir en los asuntos públicos, en las políticas públicas, quiero ser relevante en la toma de decisiones y quiero que esas decisiones se tomen con conocimiento y criterio científico. Eso es la política. Quizá no es lo que estamos viendo en los últimos años en el mundo, y a lo mejor tengo que eliminar el *quizá*, pero eso es la política de verdad. No confundamos política (que es, en definitiva, servicio) con poder.

Porque el poder es el que ha generado los estereotipos que la arqueología ha ayudado a construir durante más de un siglo, de los que has visto algunos ejemplos en este libro, y que han sustentado ideas acerca de la desigualdad entre mujeres y hombres. Hay un sexo superior y otro inferior, un sexo fuerte y otro débil, de modo que la discriminación sexual prevalece sobre todas las demás formas de desigualdad social.

En 2019, el Foro Económico Mundial, sí, el que organiza el Foro de Davos, concluyó en su informe sobre la brecha de género que se tardarán 99,5 años en lograr la igualdad de forma global. Casi un siglo para lograr que hombres y mujeres tengan la misma participación política, acceso a la educación, a la salud e igualdad económica y laboral. Pero cuando hablamos específicamente de estos dos últimos, los entornos laborales y la economía, la igualdad no se alcanzará hasta dentro de más de doscientos años. Eso era así en 2019, imagínate la situación de esta brecha después de una pandemia mundial y ahora, además, con una guerra que está afectando a los cimientos del sistema económico global. He elegido este informe del Foro Económico Mundial por no ser sospechoso de nada, pero anualmente se producen cientos de informes que apuntan en esa misma dirección. El informe de ONU Mujeres sobre la repercusión de la pandemia de la COVID-19 es demoledor en ese sentido, ya que ha puesto de manifiesto la dependencia que la sociedad tiene de las mujeres, tanto en la primera línea de trabajo frente a la enfermedad como en los hogares, en los que estas siguen manteniendo la mayor carga del trabajo de cuidados. Al mismo tiempo se han puesto de manifiesto las desigualdades estructurales en todos los ámbitos, ya sea el económico, el sanitario o en la seguridad y la protección social. En épocas de crisis, las mujeres y las niñas se enfrentan a repercusiones desproporcionadas con consecuencias de enorme alcance que no hacen más que agravarse en contextos de fragilidad y conflicto. Y no hace falta ni siquiera una pandemia, las políticas de igualdad son las primeras que se venden en la negociación para conseguir gobernar, esas y las de la memoria, una bonita (e institucional) forma de borrar lo que sacude los cimientos del poder, de borrar a unas y a otros, a todo aquello que impida mantener los privilegios, ¿o no lo estás viendo ya?

Así que frente a la involución, revolución, una preciosa frase que le escuché precisamente a una política, Manuela Villa, durante una comparecencia. Y en arqueología aún queda mucho por hacer. Aunque se estén dando importantes pasos, todavía no vemos a las mujeres en determinados lugares de los discursos que generamos en nuestra disciplina. Y esto no es en absoluto banal, pues las mujeres, las niñas que no se ven reflejadas, o lo hacen de manera estereotipada, en museos, exposiciones temporales, centros de visitantes y en textos divulgativos, entienden que no forman parte de nuestra historia o, en el mejor de los casos, que lo han hecho de modo muy parcial. Nosotras no protagonizamos las escenas de las reconstrucciones «ideales» de los yacimientos arqueológicos, nos vemos invisibilizadas por un lenguaje que es, pretendidamente, «neutro», y como has visto, la explicación de las sociedades sigue priorizando actividades que hemos entendido como exclusivamente masculinas. Y esto nos sitúa en posiciones de desigualdad ante los hombres a la hora de explicar cómo hemos llegado a ser lo que somos como sociedad.

Imagina. Imagina una clase de primaria que visita un museo arqueológico, cualquiera; imagina a niñas y niños paseando de sala en sala. Se fijan en los objetos y en los dibujos, casi no leen los textos. Empiezan en la sala de evolución humana y ven una fila de señores simios hasta llegar a un señor hombre que seguramente lleva en la mano un móvil y una cartera. En la sala del Paleolítico ven a unos señores cazando en medio de un paisaje idílico o creando arte rupestre. En la sala del Neolítico encuentran un señor con barba que siembra o lleva el ganado. Y cuando llegamos a la Edad del Bronce vemos a este mismo señor fundiendo mineral o vestido de guerrero. ¿Hay mujeres? Quizá alguna habrá, sí, serán más pequeñitas, estarán en un segundo plano, en la entrada de la cueva o podrás vislumbrarlas en el interior de la casa. Poco más. Alguna estará haciendo algún trabajo doméstico, pero no estará en el primer plano. Porque esas actividades no están en el primer plano de la historia. Dime que no es así. Recuerda las cifras de representación de los museos que te conté en el primer capítulo. Pasea por el museo de tu ciudad y compruébalo, a ver cuántas mujeres hay, dónde están y qué están haciendo. Y ¿sabes lo que pasa cuando una niña ve esas imágenes? Que de manera inmediata entiende el papel que hemos jugado las mujeres en la historia, y que, con mucha suerte, será escaso. Y eso la pondrá en una situación compleja con sus compañeros de clase, que, en cada panel, ven a alguien que se parece a su padre, a su abuelo o a su hermano mayor. No a ellos, porque tampoco representamos la infancia, pero sí a alguien muy parecido a ellos. Ellos sí estuvieron allí. Sí han hecho historia. Nosotras no.

Y todo eso a pesar de que en los últimos años se ha generado mucha literatura científica relacionada con los museos, las mujeres y el género. Y a pesar de que existe una legislación absolutamente clara y contundente en este ámbito. Pero la realidad es que todo esto tiene escasa repercusión en los museos, en los centros de recepción de visitantes de los conjuntos arqueológicos y monumentales o en las exhibiciones permanentes. Queda, en la mayor parte de las ocasiones, en manos de la buena voluntad y el compromiso de las personas que gestionan estos espacios. Y sí, es cierto que es muy complejo cambiar los discursos museológicos (lo que contamos) y museográficos (cómo lo contamos) en las exposiciones permanentes de los museos. Y sí, también sé que las exposiciones temporales, o al menos muchas de ellas, están empezando a considerar estos aspectos. Y que se está haciendo un esfuerzo importante en los museos para incorporar actividades que incluyan a las mujeres en recorridos y exposiciones... Pero, qué quieres que te diga, sigue pareciéndome insuficiente. Y lento. Muy lento.

Como he dicho, frente a la involución, revolución. Una revolución tranquila, persistente, de calado, transformadora, científica y comprometida. Nosotras no somos de esprints, somos de carrera de resistencia. De construir con cimientos fuertes, porque los vientos, los que vinieron y los que vienen de camino, son fuertes. Por eso, como he intentado compartir contigo en este libro, si a las mujeres nos hace falta el ADN y la huella dactilar para que se nos vea en la historia, los buscaremos. Porque nuestro activismo está basado en la idea profunda de igualdad y en la ciencia como sustentadora de nuestro discurso. Y por eso, el dibujo del parto con el que comenzaba este capítulo está lleno de debate científico, de conocimiento profundo del periodo histórico, de su cultura material, de sus costumbres, de cómo se produce un parto... Y esa es nuestra fortaleza.

Porque, además del esfuerzo que debemos poner en la investigación de las sociedades del pasado, también debemos estar profundamente comprometidas con la difusión de ese conocimiento. Porque si el conocimiento que generamos sobre las mujeres del pasado, el que sirve para desmontar estereotipos, el que habla de las mujeres, el que construye genealogía, no llega a la ciudadanía, nuestro afán transformador no será útil. Y si no disponemos de las autovías o las autopistas del *mainstream*, tendremos que usar las carreteras secundarias, que son mucho más bonitas y divertidas, aunque haya que ir con más cuidado. Seamos proactivas, seamos activistas, entendamos que el esfuerzo académico y la búsqueda de la igualdad son elementos básicos de la práctica de la arqueología feminista, con todas sus características: práctica colaborativa, multivocalidad, herramientas para el empoderamiento, enfoque crítico y vocación transformadora. Seamos capaces de servir al empoderamiento de personas y grupos sociales basados en el género mediante su representación inclusiva en el imaginario de nuestro pasado; valoremos todas las experiencias históricas independientemente de quién las viva; incorporemos a las mujeres y a la infancia como protagonistas de la memoria colectiva y del patrimonio arqueológico, histórico y cultural.

En los últimos años, diversas circunstancias me han permitido dedicar parte de mi tiempo a la divulgación científica. He participado en concursos de monólogos en tres minutos, he impartido conferencias en bares, he participado en actos de divulgación científica en teatros y colaboro en un programa de televisión. No es fácil, o al menos para mí no lo fue en un principio, salir de la zona de confort que suponían mis clases en la universidad. Fue todo un reto. He sufrido, y aún lo sufro, el síndrome de la impostora, y muchas veces justo antes de salir al escenario del teatro me pregunto: ¿qué hago yo aquí? Pero al fin y al cabo pienso que esta es mi forma de colaborar, de contribuir de alguna manera a lo que están haciendo otras muchas compañeras, desde la arqueología y desde otros ámbitos patrimoniales, porque cada cual elige la forma de transmitir: desde los museos, recorriendo calles y plazas y descubriendo a las mujeres en las aceras y ventanas, desde las actividades en el ámbito de la infancia, desde Twitter o Instagram, desde las páginas de un libro...

Y algo que empezó siendo muy orgánico, muy emocional, se ha terminado convirtiendo en algo que hago de forma consciente, y cada vez que me enfrento al folio en blanco, a crear el guion o la pequeña charla, intento proponer imágenes inclusivas del pasado, que permitan desafiar los patrones presentistas, intento incorporar en la memoria histórica y colectiva a las mujeres, de modo que se sientan protagonistas dentro de su comunidad. Intento, como he tratado de mostrarte en estas páginas, que los debates sociales contemporáneos se puedan enriquecer con la investigación arqueológica sobre y por las mujeres. Algo que resulta beneficioso para toda la sociedad.

A veces, en ese entramado resbaladizo que suponen las redes sociales, alguien cuenta que para que su hija haga un trabajo de clase sobre la prehistoria le ponen un vídeo en el que hablo de las mujeres en este periodo. Solo eso ya merece la pena. Si he logrado que en algún momento de tu lectura te hayas preguntado por qué hemos construido la historia de esta manera, ha merecido la pena. Gracias por llegar hasta aquí.

AGRADECIMIENTOS

Este libro le debe mucho a mucha gente. De hecho, hubiera sido imposible de otra manera. Así que voy a hacer una de las cosas que más me gusta hacer: dar las gracias. Quiero agradecerle a mi editora, Martina Torrades, el que haya lidiado con tanta paciencia con mis inseguridades. Aunque llevo algún tiempo en la divulgación científica, una cosa es narrar de viva voz y otra muy distinta ponerlo todo sobre el papel. Y yo en papel no había hecho nada parecido. Ya sabes, el eterno «síndrome de la impostora». Y para curar ese síndrome ha sido imprescindible mi amiga y escritora Clara Peñalver; ella me puso delante de mis recelos y me ayudó a que se convirtieran en certidumbres. El mundo de la divulgación ha traído a personas maravillosas a mi vida, desde quienes hacen posible la comunicación científica en la Universidad de Granada hasta la asociación Hablando de Ciencia, que se empeña, año tras año, en sacar adelante un evento científico tan especial como «Desgranando Ciencia», a mis compañeras y compañeros de «El Condensador de Fluzo»... No te puedes hacer una idea de lo que he aprendido con esta gente en las dos temporadas del programa, desde el equipo técnico hasta quienes somos más visibles. Es que me tiene encandilada esa combinación de sabiduría, simpatía y profesionalidad que se respira todo el rato. Y me lo paso tan bien... Y muy especialmente a mi prologuista, Miguel Ángel Cajigal, el Barroquista. Gracias, amigo. Iñaki Diéguez me ha regalado esa preciosa línea del tiempo, no solo es un dibujante excepcional, es que siempre está ahí cuando acudo a él. Tampoco sería posible este libro si no hubiera tenido la multitud de oportunidades que me ha brindado trabajar en la Universidad de Granada, desde la investigación hasta la docencia, desde la gestión hasta la transferencia, cada una de las experiencias con mis compañeras y compañeros de institución han forjado una forma especial de mirar la ciencia. Pero, sobre todo, este libro no sería posible sin mis compañeras de Pastwomen. Son lo mejor que me ha pasado en mi vida académica. Lo mejor. Son la red que me ha sustentado muchas veces, amigas y compañeras de vida, inteligentes y trabajadoras como nadie, comprometidas con la igualdad y el feminismo, generosas como no te puedes imaginar. Y son tan autoras de este libro como lo puedo ser yo. Las quiero mucho. Son imprescindibles en mi vida.

Y no sería quien soy sin mi madre y sin las mujeres de mi familia, mujeres fuertes, generosas y valientes. Mujeres con demasiadas ausencias a su lado. Que saben lo radicalmente humano que es cuidar, y a mi hermano, que también lo sabe bien. Y finalmente a mis chicos. A mi marido, Gonzalo, compañero de vida y profesión, con el que este libro tiene una deuda inmensa, en conocimiento y en tiempo. Y a mi hijo, al que estas páginas le han quitado muchas horas de juego, de paseos y de películas. Espero que algún día, cuando lea este libro, entienda las razones. Porque lo hago por él.

A MODO DE BIBLIOGRAFÍA

Como he mencionado en los agradecimientos, hay mucha gente que ha hecho posible este libro. Muchas conversaciones y debates a lo largo de los años. Así que, aunque te dejo más abajo un listado por capítulos de las publicaciones consultadas, me gustaría nombrar a las personas a las que he consultado durante la elaboración de este texto, porque también te pueden servir de referencia por si quieres saber más. Como se suele decir, la responsable última de lo que aquí está escrito soy yo, pero no puedo dejar de reconocer a quienes han dedicado su tiempo a comentar, aconsejarme y matizar el texto. Francisca Hornos, actual directora del Museo de Jaén, conoce bien la escasa presencia de las mujeres en los museos. Ella y María Ángeles Querol, catedrática de Prehistoria de la Universidad Complutense de Madrid, han recorrido buena parte del país analizando las distintas exposiciones permanentes de los museos. El capítulo dedicado a la desigualdad es uno de los más complejos, porque resulta muy difícil describir los procesos lentos pero certeros que nos han traído hasta aquí. Y esa reflexión le debe mucho a Almudena Hernando, catedrática de Prehistoria de la Universidad Complutense de Madrid, una de las personas que más han contribuido a este debate sobre las identidades y los inicios de las desigualdades. Le agradezco mucho que haya revisado y comentado el capítulo. María Cacheda, gestora cultural y arqueóloga de la Agencia Catalana del Patrimonio Cultural, y Anna Torres, antropóloga y educadora patrimonial de la Roca de los Moros del Cogul, han sido imprescindibles para lo referido a este yacimiento. Sobre la caza, y frente a la simplicidad de las publicaciones de los años sesenta y setenta, hoy sabemos que es un tema muy complejo que lleva aparejado otros debates como el del carroñeo. Para esta temática he recurrido a Juan Manuel Jiménez Arenas, de la Universidad de Granada y director del PGI ProyectORCE. Carmen Rueda Galán, de la Universidad de Jaén, directora del proyecto 3D Y SIG para la interpretación y difusión de un acontecimiento histórico-arqueológico: la batalla de Baecula en el camino de Aníbal, me ha asesorado tanto en la lectura del capítulo dedicado a la guerra como en el caso particular de Baecula. Con ella y con Carmen Rísquez Cuenca, también del Instituto Universitario de Arqueología Ibera de la Universidad de Jaén, he compartido los textos referidos a este periodo histórico. Y Ana Herranz me ha regalado unas cuantas imágenes para este libro. Para el tema de las mujeres guerreras en el mundo vikingo he recurrido a Laia San José (*The Valkyrie's Vigil*); si te interesa este periodo, y especialmente las mujeres en este periodo, búscala.

Yo trabajo con sociedades de lo que llamamos prehistoria reciente, es decir, Neolítico, Edad del Cobre y Edad del Bronce, así que para las etapas más tempranas me han aconsejado sobre bibliografía y temáticas varias el ya mencionado Juan Manuel Jiménez Arenas, Ignacio Martín Lerma, profesor de la Universidad de Murcia y excelente divulgador, y Begoña Soler Mayor, conservadora del Museo de Prehistoria de Valencia. Es muy destacable el trabajo que se está haciendo sobre evolución humana en sus distintos periodos en nuestro país, grandes yacimientos acompañados de grandes equipos de investigación que están dando unos resultados brillantes. Finalmente, si quieres conocer cómo se han criticado las lecturas androcéntricas sobre evolución humana, te recomiendo la obra de María Ángeles Querol.

Sobre embarazos y partos en la prehistoria no se había escrito en nuestro país demasiado hasta la aparición de Julianna, como denominó María Manuela Ayala, profesora de la Universidad de Murcia, a la embarazada aparecida en el Cerro de las Viñas de Lorca. Con Patxuka de Miguel, de la Universidad de Alicante, y Marta Díaz-Zorita, de la Universidad de Tubinga, he charlado sobre partos, lactancia, enfermedades, traumatismos e isótopos. Y Erica Couto-Ferreira y Agnes García Ventura han resuelto mis dudas sobre las mujeres y las prácticas de salud en el Próximo Oriente. Sandra Montón, investigadora de la Pompeu Fabra, me ha prestado el ejemplo de los cambios sociales y la molienda en Senegal. Eva Alarcón me ha ilustrado sobre toda la investigación que ha llevado a cabo en el yacimiento de Peñalosa sobre las actividades de mantenimiento, una categoría de análisis que le debe mucho al trabajo de Marina Picazo y Encarna Sanahuja.

Por último, Paloma González Marcén y Gonzalo Aranda Jiménez han leído la práctica totalidad del libro. Con Paloma he hablado largo y tendido sobre la movilidad, las actividades de mantenimiento o la divulgación; con Gonzalo sobre prehistoria reciente y su cultura material, especialmente sobre la cultura de El Argar.

Ahora sí, mi pretensión con este listado bibliográfico es ofrecerte más información en tu acercamiento a las mujeres en las sociedades prehistóricas. Son indicaciones para que, si te interesa, sigas profundizando a partir de este listado.

1. Lo que se espera de nosotras

AA. VV., Venus y Cain. Nacimiento y tribulaciones de la prehistoria en el siglo XIX. Catálogo de exposición, Ministerio de Educación, Cultura y Deportes, Madrid, 2003.

Bachofen, J. J., Das Mutterrech. Eine Untersuchung *über* die Gynaidogratie der alten Welt nach ihrer religiosen und rechtlichen Natur, Kreis y Hofmann, Basilea, 1861. Versión castellana: El matriarcado: una investigación sobre la ginecocracia en el mundo antiguo según su naturaleza religiosa y jurídica, Akal, Barcelona, 1982.

Bécares, L., Memorias e identidades silenciadas. La legitimación del pasado androcéntrico en los museos, Trabe, Oviedo, 2020.

Eisler, R., The Chalice and the Blade: Our History, Our Future, HarperOne, San Francisco, 1987. Versión castellana: El cáliz y la espada, Capitán Swing, Madrid, 2021.

Hornos, F., y Risquez, C., «Representación en la actualidad. Las mujeres en los museos», Arqueología y género (ed. M. Sánchez Romero), Universidad de Granada, Granada, 2005, pp. 479-490.

Lerner, G., The Creation of Patriarchy, Oxford University Press, Oxford, 1986. Versión castellana: La creación del patriarcado, Crítica, Barcelona, 1990.

Lugli, F., Di Rocco, G., Vazzana, A., et al., «Enamel Peptides Reveal the Sex of the Late Antique 'Lovers of Modena'», Scientific Reports, 9 (13130) (2019) <https://doi.org/10.1038/s41598-019-49562-7>.

Prados, L., y López, C., eds. Museos arqueológicos y género. Educando en igualdad, UAM ediciones, Madrid, 2017.

Querol, M.ª A., y Hornos, F., «La representación de las mujeres en los modernos museos arqueológicos: estudio de cinco casos», Revista Atlántica-Mediterránea de Prehistoria y Arqueología Social, 13 (2011), pp. 135-156.

—, «La representación de las mujeres en el nuevo Museo Arqueológico Nacional: comenzando por la Prehistoria», Complutum, 26 (2) (2015), pp. 231-238.

Sánchez Romero, M., «La (Pre)Historia de las mujeres. Una revisión crítica de los discursos sobre el pasado», Andalucía en la Historia, 61, pp. 40-45.

2. Lo que se dijo de nosotras

AA. VV., *Prehistoria y cómic*, Museo de Prehistoria de Valencia, Valencia, 2016.

Ansede, M., «Una invasión borró del mapa a los hombres de la península Ibérica hace 4.500 años», *El País*, 2 de octubre de 2018.

Chávez, J. R., y González, J. C., «Los Picapiedra entre la tecnologización y la "prehistoria"», *AdVersuS*, IX (2012), pp. 131-141.

Jardón, P., Pérez Herrero, C. I., y Soler Mayor, B. (eds.), *Prehistoria y cine*, Museo de Prehistoria de Valencia, Valencia, 2012.

Montaner, R., «Cuando el 'macho' ibérico se extinguió porque las mujeres prefirieron a los rusos», disponible en: <https://afondo.levante-emv.com/comunitat-valenciana/cuando-el-macho-iberico-se-extinguio-porque-las-mujeres-prefirieron-a-los-rusos.html>.

Olalde, I., Mallick, S., Patterson, N., *et al.*, «The Genomic History of the Iberian Peninsula over the Past 8000 Years», *Science*, 363 (6432) (2019), pp. 1230-1234, <https://doi.org/10.1126/science.aav4040>.

3. Lo que se pensó de nosotras

Absolon, K., «The Diluvial Anthropomorphic Statuettes and Drawings, Especially the So-Called Venus Statuettes, Discovered in Moravia: A Comparative Study», *Artibus Asiae*, 12 (3) (1949), pp. 201-220.

Conard, N. J., «A Female Figurine from the Basal Aurignacian of Hohle Fels Cave in Southwestern Germany», *Nature*, 459 (7244) (2009), pp. 248-252.

Dixson, A. F., y Dixson. J. B., «Venus Figurines of the European Paleolithic: Symbols of Fertility or Attractiveness?», *Journal of Anthropology*, 2011 (569120).

Hamilton, N., «Can We Interpret Figurines?», *Cambridge Archaeological Journal*, 6 (2) (1996), pp. 281-307.

McDermott, L. D., «Self-representation in Upper Paleolithic Female Figurines», *Current Anthropology*, 37 (2) (1996), pp. 227-275.

Mellars, P., «Origins of the Female Image», *Nature*, 459 (2009), pp. 176-177.

Rice, P. M., «Prehistoric Venuses: Symbols of Motherhood or Wo-

manhood?», *Journal of Anthropological Research*, 37 (4) (1981), pp. 402-414.
Ucko, P. J., y Rosenfeld, A., *Palaeolithic Cave Art*, Weidenfeld & Nicolson, Londres, 1967.
White, R., «The Women of Brassempouy: A Century of Research and Interpretation», *Journal of Archaeological Method and Theory*, 13 (4) (2006), pp. 251-304.

4. La desigualdad

Aixelà, Y., «Androcentrismos en África. Los casos matrilineales y el ejemplo bubi de Guinea Ecuatorial», *Estudios africanos: Historia, oralidad, cultura* (eds. J. Martí y Y. Aixelà), CEIBA, Vic, 2008, pp. 155-169.
Carbajo, M., «Casas menstruales y liminalidad en sociedades orales: el bashali de la cultura kalasha (Pakistán)», *Complutum*, 32 (2) (2021), pp. 623-640.
Claassen, C. P., «Rock Shelters As Women's Retreats: Understanding Newt Kash», *American Antiquity*, 76 (4) (2011), pp. 628-641.
Frandsen, P. J., «The Menstrual "Taboo" in Ancient Egypt», *Journal of Near Eastern Studies*, 66 (2) (2007), pp. 81-106.
Gimbutas, M., *The Goddesses and Gods of Old Europe*, Thames and Hudson, Londres, 1982.
Hernando, A., *Arqueología de la identidad*, Akal, Madrid, 2001.
—, *La fantasía de la individualidad. Sobre la construcción sociohistórica del sujeto moderno*, Katz, Buenos Aires, 2012.
—, «Teoría arqueológica y crisis social», *Complutum*, 23 (2) (2012), pp. 127-145.
Kadariya, S., y Aro, A. R., «Chhaupadi Practice in Nepal – Analysis of Ethical Aspects», *Medicolegal and Bioethics*, 5 (2015), pp. 53-58.
Steinem, G., «If Men Could Menstruate», *Women's Reproductive Health*, 6 (3) (2019), pp. 151-152.

5. Aquí no pintáis mucho

Alonso, A., y Grimal, A., *L'art rupestre del Cogul: primeres imatges humanes a Catalunya*, Pagès, Lleida, 2007.
Cacheda, M., *Coeducació patrimonial en arqueologia prehistòrica: mo-*

del i aplicació en els casos de la Roca dels Moros del Cogul (Les Garrigues, Lleida) i el Museu d'Art Precolombí i Indígena (Montevideo), Universitat Autònoma de Barcelona, tesis doctoral, 2021.

Escobar, I., y Rodríguez, B. (eds.), *Arte sin artistas. Una mirada al Paleolítico.*

Catálogo de la exposición, Museo Arqueológico Regional, Alcalá de Henares, 2012.

Escoriza, T., *La representación del cuerpo femenino. Mujeres y arte rupestre valenciano del arco mediterráneo de la península Ibérica*, BAR International Series, 1082, 2002.

Fritz, C., Tosello, G., y Conkey, M. W., «Reflections on the Identities and Roles of the Artists in European Paleolithic Societies», *Journal of Archaeological Method and Theory*, 23 (2016), pp. 1307-1332.

Guthrie, R. D., *The Nature of Paleolithic Art*, University of Chicago Press, Chicago, 2005.

Hays-Gilpin, K., «Gender and Prehistoric Rock Art», *A Companion to Gender Prehistory*, ed. D. Bolger, John Wiley & Sons Inc, Nueva Jersey, 2012, pp. 121-141.

Lillo Bernabeu, M., *La imagen de la mujer en el arte prehistórico del arco mediterráneo de la península Ibérica*, Universidad de Alicante, tesis doctoral, 2014.

Martínez-Sevilla, F., Arqués, M., Jordana, X., *et al.*, «Who Painted That? The Authorship of Schematic Rock Art at the Los Machos Rockshelter in Southern Iberia», *Antiquity*, 94 (377) (2020), pp. 1133-1151.

Sánchez Romero, M., «Las mujeres en el arte prehistórico. De autorías y presencias», *Art Primer. Artistes de la Prehistòria*, Museu d'Arqueologia de Catalunya, Barcelona, 2020, pp. 164-166.

Snow, D., «Sexual Dimorphism in Upper Palaeolithic Hand Stencils», *Antiquity*, 80 (308) (2006), pp. 390-404.

Viñas, R., «La Roca dels Moros de El Cogul. Primer hallazgo de arte levantino en territorio catalán», *Art Primer. Artistes de la Prehistòria*, Museu d'Arqueologia de Catalunya, Barcelona, 2020, pp. 157-160.

Zubieta, L. F., «Learning through Practise: Chewa Women's rols and the Use of Rock Art in Passing on Cultural Knowledge», *Journal of Anthropological Archaeology*, 43 (2016), pp. 13-28.

6. Vosotras no deberíais hacer eso (parte 1): la caza

Dahlberg, F. (ed.), *Woman the Gatherer*, Yale University Press, New Haven, 1981.

Haas, R., Watson, J., Buonasera, T., *et al.*, «Female Hunters of the Early Americas», *Science Advances*, 10 (2020).

Jarvenpa, R., y Brumbach, H. J., «Ethnoarchaeology and Gender: Chipewyan Woman as Hunters», *Research in Economic Anthropology*, 16 (1995), pp. 39-82.

Lee, R. B., y DeVore, I. (eds.), *Man the Hunter. The First Intensive Survey of a Single, Crucial Stage of Human Development-Man's Once Universal Hunting Way of Life*, Aldine, Chicago, 1968.

Murdock, G. P., y Provost, C., «Factors in the Division of Labor by Sex: A Cross-Cultural Analysis», *Ethnology*, 12 (2) (1973), pp. 203-225.

Oakley, K. P., *Man the Toolmaker*, University of Chicago Press, Chicago, 1959.

Reyes-García, V., Díaz-Reviriego, I., Duda, R., *et al.*, «Hunting Otherwise. Women's Hunting in Two Contemporary Forager-Horticulturalist Societies», *Human Nature*, 31 (2020), pp. 203-221.

Slocum, S., «Woman the Gatherer: Male Bias in Anthropology», *Toward an Anthropology of Women* (ed. R. R. Reiter), Monthly Review Press, Nueva York, 1975, pp. 36-50.

Yravedra, J., Solano, J. A., Courtenay, L. A., *et al.*, «Use of Meat Resources in the Early Pleistocene Assemblages from Fuente Nueva 3 (Orce, Granada, Spain)», *Archaeological and Anthropological Sciences*, 13 (213) (2021).

Yravedra, J., y Jiménez-Arenas, J. M., «¿Qué comían Los Picapiedra?», *The Conversation*, 2022.

7. Vosotras no deberíais hacer eso (parte 2): la guerra

Alt, K. W., Tejedor, C., Nicklisch, N., *et al.*, «A Massacre of Early Neolithic Farmers in the High Pyrenees at Els Trocs, Spain», *Scientific Reports*, 10 (2131) (2020).

Aranda, G., Montón, S., y Jiménez, S., «Conflicting Evidence? Weapons and Skeletons in the Bronze Age of Southeast Iberia», *Antiquity*, 83 (322) (2009), pp. 1038-1051.

Bellón, J. P., Ruiz, A., Molinos, M., *et al.* (eds.), *La Segunda Guerra*

Púnica en la península Ibérica. Baecula, arqueología de una batalla, CAAI Ibérica n.º 7, UJA Editorial, Jaén, 2015.

Carman, J., y Harding, A. (eds.), *Ancient Warfare. Archaeological perspectives*, Sutton Publishing, Whiltshire, 1999.

Guilaine, J., y Zammit, J., *El camino de la guerra. La violencia en la Prehistoria*, Ariel, Barcelona, 2001.

Hollimon, S. E., «Warfare and Gender in the Northern Plains: Osteological Evidence of Trauma Reconsidered», *Gender and the archaeology of death* (eds. K. Arnold y N. L. Wicker), Altamira Press, Walnut Creek, 2001, pp. 179-193.

Mayor, A., *Amazonas. Guerreras del mundo antiguo*, Despertaferro Ediciones, Madrid, 2017.

Mirazón, M., Lahr, F., Rivera, R. K., *et al.*, «Inter-Group Violence among Early Holocene Hunter-Gatherers of West Turkana, Kenya», *Nature*, 529 (2016), pp. 394-398.

Schroeder, H., Margaryan, A, Szmyt, M., *et al.*, «Unraveling Ancestry, Kinship, and Violence in a Late Neolithic Mass Grave», *Proceedings of the National Academy of Sciences (PNAS)*, 116 (22) (2019), pp. 10705-10710.

8. Vosotras no hacéis estas cosas

Aranda, G., Montón, S., y Sánchez Romero, M., *La cultura de El Argar*, Comares, Granada, 2021.

Barndon, R., «Iron Working and Social Control: The Use of Anthropomorfic Symbols in Recent and Past East African Context», *Kvinner I Arkeologi I Norge (K.A.N.)*, 22-23 (1999), pp. 59-76.

Gero, J. M., «Genderlithics: Women's Roles in Stone Tool Production», *Engendering Archaeology: Women and Prehistory* (eds. J. M. Gero y W. M. Conkey), Basil Blackwell, Oxford, 1991, pp. 163-193.

Montón, S., «Muerte e identidad femenina en el mundo argárico», *Trabajos de Prehistoria*, 67 (1) (2010), pp. 119-137.

Murillo, M., *La metalurgia: la revolución del metal*, Fundación Atapuerca, Burgos, 2021.

Owen, L., «Lithic Functional Analysis as a Means of Studying Gender and Material Culture in Prehistory», *Gender and Material Culture in Archaeological Perspective* (eds. M. Donald y L. Hurcombe), MacMillan, Londres, pp. 185-205.

—, *Distorting the Past: Gender and the Division of Labor in the European Upper Paleolithic*, Kerns Verlag, Tubinga, 2005.

Sánchez Romero, M., «Cultural material y actitudes de género: el utillaje lítico tallado», *Arqueología y género* (ed. M. Sánchez Romero), Universidad de Granada, Granada, pp. 219-244.

Sánchez Romero, M., y Moreno, A., «Mujeres y producción metalúrgica en la Prehistoria: el caso de Peñalosa (Baños de la Encina, Jaén)», *Arqueología y género* (ed. M. Sánchez Romero), Universidad de Granada, Granada, pp. 261-282.

Schmidt, P., «Reading Gender in the Ancient Iron Technology of Africa», *Gender in African Prehistory* (ed. S. Kent), AltaMira Press, Walnut Creek, 1998, pp. 139-162.

Sørensen, M. L. S., «Women as/and Metalworkers», *Women in Industry and Technology. From Prehistory to the Present Day* (eds. A. Devonshire y B. Wood), Museum of London, Londres, 1996, pp. 45-51.

9. Vosotras no deberíais estar ahí

Arnold, B., «The Deposed Princess of Vix: The Need for An Engendered European Prehistory», *The Archaeology of Gender* (eds. D. Walde y N. D. Willows), The University of Calgary Archaeological Association, Alberta, 1991, pp. 366-374.

—, «The Vix Princess Redux: A Retrospective on European Iron Age Gender and Mortuary Studies», *La arqueología funeraria desde una perspectiva de género* (ed. L. Prados), Universidad Autónoma de Madrid, Madrid, 2012, pp. 215-232.

Chapa, T., Belén, M., Rodero, A., *et al.*, *El empleo del color en las esculturas ibéricas del Museo Arqueológico Nacional*, Semana de la Ciencia y la Tecnología, 2020, <http://hdl.handle.net/10261/222495>.

Hedenstierna-Jonson, C., Kjellstrom, A., Zachrisson, T., *et al.*, «A Female Viking Warrior Confirmed by Genomics», *American Journal of Physical Anthropology*, 164 (4) (2017), pp. 853-860.

Holck, P., «The Oseberg Ship Burial, Norway: New Thoughts On the Skeletons From the Grave Mound», *European Journal of Archaeology*, 9 (2-3) (2006), pp. 185-210.

Montón, S., «Black Swans and Archaeological Interpretation», *Norwegian Archaeological Review*, 43 (1) (2010), pp. 1-11.

Rísquez, C., «La arqueología ibérica y los estudios de género en

Andalucía: avances y desafíos», *Menga. Revista de Prehistoria de Andalucía*, 6 (2015), pp. 61-91.

Rivollat, M., Thomas, A., Ghesquière, E., *et al.*, «Ancient DNA Gives New Insights into a Norman Neolithic Monumental Cemetery Dedicated to Male Elites», *Proceedings of the National Academy of Sciences (PNAS)*, 119 (18) (2022).

10. *Eppur si muove*

Alt, K. W., Benz, M., y Vach, W., «Insights into the Social Structure of the PPNB Site of Kfar HaHoresh, Israel, Based on Dental Remains», *PLoS ONE*, 10 (9) (2015).

Frei, K. M., Mannering, U., Kristiansen, K., *et al.*, «Tracing the Dynamic Life Story of a Bronze Age Female», *Scientific Reports*, 5 (10431) (2015).

Gibbons, A., «Bronze Age Inequality and Family Life Revealed in Powerful Study», *Science*, 366 (6462) (2019).

Haak, W., Balanovsky, O., Sanchez, J. J., *et al.*, «Ancient DNA from European Early Neolithic Farmers Reveals their Near Eastern Affinities», *PLoS Biology*, 8 (11) (2010).

Johnson, K. M., y Paul, K. S., «Bioarchaeology and Kinship: Integrating Theory, Social Relatedness, and Biology in Ancient Family Research», *Journal of Archaeological Research*, 24 (2016), pp. 75-123.

Mittnik, A., Massy, K., Knipper, C., *et al.*, «Kinship-Based Social Inequality in Bronze Age Europe», *Science*, 366 (6466) (2019), pp. 731-734.

11. Desde el principio

Dean, M. C., Rosas, A., Estalrrich, A., *et al.*, «Longstanding Dental Pathology in Neandertals from El Sidrón (Asturias, Spain) with a Probable Familial Basis», *Journal of Human Evolution*, 64 (6) (2013), pp. 678-686.

Estalrrich, A., y Rosas, A., «Division of Labor by Sex and Age in Neandertals: An Approach through the Study of Activity-Related Dental Wear», *Journal of Human Evolution*, 80 (2015), pp. 51-63.

Estalrrich, A., El Zaatari, S., y Rosas, A., «Dietary Reconstruction of the El Sidrón Neandertal Familial Group (Spain) in the Context of Other Neandertal and Modern Hunter-Gatherer Groups. A Molar Microwear Texture Analysis», *Journal of Human Evolution*, 104 (2017), pp. 13-22.

García-Campos, C., Martinón-Torres, M., Modesto-Mata, M., *et al.*, «Indicators of Sexual Dimorphism in *Homo antecessor* Permanent Canines», *Journal of Anthropological Science*, 99 (2021).

Kappelman, J., Ketcham, R., Pearce, S., *et al.*, «Perimortem Fractures in Lucy Suggest Mortality from Fall Out of Tall Tree», *Nature*, 537 (2016), pp. 503-507.

Querol, M.ª A., y Triviño, C., *La mujer en «El origen del hombre»*, Síntesis, Madrid, 2004.

Querol, M.ª A., y Castillo, A., *Entre homínidos y elefantes. Un paseo por la remota edad de la piedra*, Doce Calles, Madrid, 2002.

Slon, V., Mafessoni, F., Vernot, B., *et al.*, «The Genome of the Offspring of a Neanderthal Mother and a Denisovan Father», *Nature*, 561 (2018), pp. 113-116.

Straus, L. G., Gonzalez Morales, M. R., Carretero, J. M., *et al.*, «"The Red Lady of El Miron". Lower Magdalenian Life and Death in Oldest Dryas Cantabrian Spain: An Overview», *Journal of Archaeological Science*, 60 (2015), pp. 134-137.

Wiessner, P. W., «Embers of Society: Firelight Talk among the Ju/'hoansi Bu», *Proceedings of the National Academy of Sciences (PNAS)*, 111 (39) (2014).

Zihlman, A., *The Human Evolution Coloring Book*, Harper Collins, Nueva York, 1982.

12. Cuidar

González Marcén, P., y Picazo Gurina, M., «Arqueología de la vida cotidiana», *Arqueología y género* (ed. M. Sánchez Romero), Universidad de Granada, Granada, pp. 141-158.

Hernando, A., «¿Por qué la historia no ha valorado las actividades de mantenimiento?» (eds. P. González Marcén, S. Montón y M. Picazo), *Dones i activitats de manteniment en temps de canvi*, Treballs d'Arqueologia, 11, Barcelona, 2005, pp. 115-133.

Montón, S., «Maintenance Activities and the Ethics of Care», *Situating Gender in European Archaeologies* (eds. L. H. Dommasnes, T. Hjorungdal, S. Montón, M. Sánchez Romero y N. L. Wicker), Archaeolingua, Budapest, 2010, pp. 23-33.

—, «Las actividades de mantenimiento en la arqueología del género en España», *Mujeres: miradas interdisciplinarias* (eds. M. J. Rodríguez-Shadow y L. Campos), Centro de Estudios de Antropología de la Mujer, México, D. F., 2012, pp. 268-286.

Montón, S., y Sánchez Romero, M., *Engendering Social Dynamics. The Archaeology of Maintenance Activities* (eds.), British Archaeological Report, Oxford, 2008.

Picazo, M., «Hearth and Home: The Timing Of Maintenance Activities», *Invisible People and Processes. Writing Gender and Childhood into European Archaeology* (eds. J. Moore y E. Scott), Leicester University Press, Londres, 1997, pp. 59-67.

Sanahuja, M.ª E., *La cotidianeidad en la Prehistoria*, Icaria, Barcelona, 2007.

13. Parir

Beausang, E., «Childbirth in Prehistory: An Introduction», *European Journal of Archaeology*, 3 (1) (2000), pp. 69-87.

—, *Childbirth and Mothering in Archaeology*, University of Gothenburg, Gothenburg, 2005.

Böck, B., «Medicinal Plants and Medicaments Used for Conception, Abortion, and Fertility Control in Ancient Babylonia», *Journal Asiatique*, 301 (1) (2013), pp. 27-52.

Bolger, D., «The Archaeology of Fertility and Birth: A Ritual Deposit from Chalcolithic Cyprus», *Journal of Anthropological Research*, 48 (1992), pp. 145-164.

Couto-Ferreira, E., «She Will Give Birth Easily: Therapeutic Approaches to Childbirthh in 1st Millennium BCE Cuneiform Sources», *Dynamis*, 34 (2) (2014), pp. 289-314.

—, «La salud de las mujeres en la Mesopotamia antigua: una aproximación desde las fuentes escritas», *Las mujeres en el Oriente cuneiforme* (eds. J. J. Justel y A. García-Ventura), Universidad de Alcalá de Henares, Madrid, 2018, pp. 43-64.

De Miguel, M.ª P., y Siles, J., «Perinatales en el registro funerario del yacimiento de la Edad del Bronce de El Mas del Corral (Alcoi, Alicante, España)», *Recerques del Museu d'Alcoi*, 29 (2020), pp. 19-28.

De Miguel, M.ª P., Majó, T., Díaz-Zorita, M., *et al.*, «Un cas de mortalité maternelle dans le cimetière paroissial du monastère de Fitero (xive-xvie siècles) (Navarre, Espagne)», *Rencontre au-*

tour du corps malade. Prise en charge et traitement funéraire des individus souffrants à travers les siècles (eds. S. Kacki, H. Réveillas y C. J. Knüsel), Gaaf, Burdeos, 2021, pp. 303-306.

Malgosa, A., Alessan, A., Safont, S., *et al.*, «A Dystocic Childbirth in the Spanish Bronze Age», *International Journal of Osteoarchaeology*, 14 (2004), pp. 98-103.

Marshall, A., «About the Efficacy of Egyptian Pregnancy Tests», *Ancient Egypt Magazine*, 97 (17/1) (2016), pp. 40-43.

O'Donnell, E., «Birthing in Prehistory», *Journal of Anthropological Archaeology*, 23 (2004), pp. 163-171.

14. Amamantar

Crown, P. L., «Women's Role in Changing Cuisine», *Women and Men in the Prehispanic Southwest* (ed. P. L. Crown), School of American Research Press, Santa Fe, 2000, pp. 221-266.

Fulminante, F., «Infant Feeding Practices in Europe and the Mediterranean from Prehistory to the Middle Ages: A Comparison between the Historical Sources and Bioarchaeology», *Childhood in the Past: An International Journal*, 8 (8) (2015), pp. 24-47.

García-Ventura, A., y Couto-Ferreira, E., «Nodrizas y lactantes en el Próximo Oriente antiguo», *Visiones sobre la lactancia en la Antigüedad. Permanencias, cambios y rupturas* (ed. S. Reboreda), Dialogues de Historie Ancienne, 2019, pp. 31-46.

Martín, C., «La guerra de la lactancia: ideas para un debate en el feminismo», *El Salto*, 25 de septiembre de 2019.

Nájera, T., Molina, F., Jiménez, S., *et al.*, «La población infantil de la Motilla del Azuer: Un estudio bioarqueológico», *Infancia y cultura material en arqueología* (ed. M. Sánchez Romero), Complutum, 21 (2) (2010), pp. 69-103.

Rebay-Salisbury, K., «Breast is Best – and Are There Alternatives? Feeding Babies and Young Children in Prehistoric Europe», *Mitteilungen der Anthropologischen Gesellschaft in Wien*, CXLVII (2017), pp. 13-30.

—, «Bronze Age Beginnings: The Conceptualization of Motherhood in Prehistoric Europe», *Motherhood in Antiquity* (eds. D. Cooper y C. Phelan), Palgrave Macmillan, 2017, pp. 169-196.

Rebay-Salisbury, K., Pany-Kucera, D., Spannagl-Steiner, M., *et al.*, «Motherhood at Early Bronze Age Unterhautzenthal, Lower Austria», *Archaeologia Austriaca*, 102 (2018), pp. 169-196.

Sánchez Romero, M., Pratiques maternelles: allaitement et sevrage dans les sociétés préhistoriques», *Visiones sobre la lactancia en la Antigüedad. Permanencias, cambios y rupturas* (ed. S. Reboreda), Dialogues de Historie Ancienne, 2019, pp. 17-28.

Zhang, F., Ning, C., Scott, A., *et al.*, «The Genomic Origins of the Bronze Age Tarim Basin Mummies», *Nature*, 599 (2021), pp. 256-261.

15. Alimentar

Alarcón, E., y Mora, A., «De la materialidad a la interpretación arqueológica: análisis de las desigualdades sociales en el poblado argárico de Peñalosa», *Arkeogazte*, 4 (2014), pp. 83-107.

Aranda, G., «Cohesión y distancia social. El consumo comensal de bóvidos en el ritual funerario de las sociedades argáricas», *Cuadernos de Prehistoria y Arqueología de la Universidad de Granada*, 13 (2008), pp. 107-123.

Aranda, G., Montón, S., Sánchez Romero, M. (eds.), *Guess who's coming to Dinner. Commensality Rituals in the Prehistoric Societies of Europe and the Near East*, Oxbow, Londres, 2011.

Clark, D., «The Raw and the Rotten: Punk Cuisine», *Ethnology*, 43 (1) (2004), pp. 19-31.

Hastorf, C. A., «Gender, Space and Food in Prehistory», *Engendering Archaeology: Women and Prehistory* (eds. J. M. Gero y W. M. Conkey), Basil Blackwell, Oxford, 1991, pp. 132-159.

Montón, S., «Las prácticas de alimentación: cocina y arqueología», *Arqueología y género* (ed. M. Sánchez Romero), Universidad de Granada, Granada, pp. 159-175.

Sánchez Romero, M., «El consumo de alimento como estrategia social: construcción de la memoria y creación de identidades», *Cuadernos de Prehistoria y Arqueología de la Universidad de Granada*, 13, 2008, pp. 17-39.

Stiner, M. C., y Kuhn, S. L., «Paleolithic Diet and the Division of Labor in Mediterranean Eurasia», *The Evolution of Hominid Diets: Integrating Approaches to the Study of Palaeolithic Subsistence* (eds. J. J. Hublin y M. P. Richards), Springer, Nueva York, 2009, pp. 155-167.

16. Sanar

Goldgeier, H., Munro, N. D., y Grosman, L., «Remembering a Sacred Place–The Depositional History of Hilazon Tachtit, a Natufian Burial Cave», *Journal of Anthropological Archaeology*, 56 (2019).

Gracia, A., Martínez-Lage, J. F., y Arsuaga, J. L., «The Earliest Evidence of True Lambdoid Craniosynostosis: the Case of "Benjamina", a Homo Heidelbergensis Child», *Child's Nervous System*, 26 (2010), pp. 723-727.

Grosmana, L., Munroc, Natalie D., y Belfer-Cohen, A., «A 12,000-Year-Old Shaman Burial from the Southern Levant (Israel)», *Proceedings of the National Academy of Sciences (PNAS)*, 105 (46) (2008), pp. 17665-17669.

Guerra, E., y López Sáez, J. A., «El registro arqueobotánico de plantas psicoactivas en la prehistoria de la Península Ibérica. Una aproximación etnobotánica y fitoquímica a la interpretación de la evidencia», *Complutum*, 17 (2006), pp. 7-24.

Hawkes, K., O'Connell, J. F., Blurton Jones, N. G., *et al.*, «The Grandmother Hypothesis and Human Evolution», *Adaptation and Human Behavior* (eds. L. Cronk, N. Chagnon y W. Irons), Routledge, Nueva York, 2000.

Juan-Tresserras, J., y Villalba, M.ª J., «Consumo de la adormidera (Papaver Somniferum L.) en el Neolítico peninsular: el enterramiento M28 del complejo minero de Can Tintorer», *Sagvntvm-Plav*, (Extra-2) (1999), pp. 397-404.

Kessler, S. E., Bonnell, T. R., Setchell, J. M., *et al.*, «Social Structure Facilitated the Evolution of Care-giving as a Strategy for Disease Control in the Human Lineage», *Scientific Reports*, 8 (13997) (2018).

Petrone, P., Niola, M., Di Lorenzo, P., *et al.*, «Early Medical Skull Surgery for Treatment of Post-Traumatic Osteomyelitis 5,000 Years Ago», *PLoS ONE*, 10 (5) (2015).

Roca, C., y Soler, J. A., «Trepanaciones en la Prehistoria. Los casos datados por C14 de las Cuevas de la Pastora (Alcoi) y en Pardo (Planes)», *Restos de vida, restos de muerte: la muerte en la Prehistoria* (coords. B. Soler y A. Pérez), Museu de Prehistòria de València, Valencia, 2010, pp. 117-140.

Trinkaus, E., y Villotte, S., «External Auditory Exostoses and Hearing Loss in the Shanidar 1 Neandertal», *PLoS ONE*, 12 (10) (2017).

17. Tecnologías y cuerpos

Alarcón, E., *Continuidad y cambio social. Las actividades de mantenimiento en el poblado argárico de Peñalosa (Baños de la Encina, Jaén)*, tesis doctoral, Universidad de Granada, 2010.

Alarcón, E., y Sánchez Romero, M. «El vaivén cotidiano: la transformación del cereal en las sociedades prehistóricas», *Los trabajos de las mujeres en el mundo antiguo* (eds. A. Delgado y M. Picazo), Instituto Catalán de Arqueología Clásica, Barcelona, 2016.

Gleba, M., «Tracing Textile Production in the Bronze Age - Early Iron Age Iberian Peninsula: An Introduction», *Interweaving Traditions: Clothing and Textiles in Bronze and Iron Age Iberia* (eds. B. Marín Aguilera y M. Gleba), Sagvntvm-Extra 20 (2020), pp. 17-27.

Izquierdo, I., y Pérez, J., «Grupos de edad y género en un nuevo vaso del Tossal de Sant Miquel de Llíria (València)», *Saguntum*, 37 (2005), pp. 85-103.

Jover, F. J., López, J. A., y Basso, R. E., «Significance of Textile Production the Argaric Culture (Spain)», *Interweaving Traditions: Clothing and Textiles in Bronze and Iron Age Iberia* (eds. B. Marín Aguilera y M. Gleba), *Sagvntvm-Extra*, 20 (2020), pp. 83-96.

Lozano, M., Jiménez, S., Willman, J. C., *et al.*, «Argaric Craftswomen: Sex-Based Division of Labor in the Bronze Age Southeastern Iberia», *Journal of Archaeological Science*, 127 (105239) (2021).

Macintosh, A., Pinhasiand, R., y Stock, J. T., «Prehistoric Women's Manual Labor Exceeded that of Athletes through the First 5500 Years of Farming in Central Europe», *Science Advances*, 3 (11) (2017).

McGaw, J., «Reconceiving Technology: Why Feminine Technologies Matter», *Gender and Archaeology*, (ed. R. P. Wright), University of Pensilvania Press, Filadelfia, 1996, pp. 52-75.

Meyers, C., «Harina de otro costal: género y cambios tecnológicos en la producción de harina en la Galilea romana», *Dones i activitats de manteniment en temps de canvi* (eds. P. González Marcén, S. Montón y M. Picazo), Treballs d'Arqueologia, 11, 2005, pp. 25-50.

Oldenziel, R., «Object/ions: Technologie, Culture and Gender», *Learning from Things. Method and Theory of Material Culture Studies* (ed. W. D. Kingery), Smithsonian Institution, Washington/Londres, 1996, pp. 55-72.

Owen, L., *Distorting the Past: Gender and the Division of Labor in the European Upper Paleolithic*, Kerns Verlag, Tubinga, 2005.

Rísquez, C., Rueda, C., Ana, H., y Vílchez, M. «Among Threads and Looms. Maintenance Activities in the Iberian Societies: The Case of El Cerro de la Plaza de Armas in Puente Tablas (Jaén)», *Interweaving Traditions: Clothing and Textiles in Bronze and Iron Age Iberia* (eds. B. Marín Aguilera y M. Gleba), Sagvntvm-Extra, 20 (2020), pp. 97-112.

Schwartz Cowan, R., *More Work for Mother: The Ironies of Household Technology from the Open Hearth to the Microwave*, Free Association Books, Londres, 1989.

Wajcman, J., *Feminism Confronts Technology*, Polity Press, Cambridge, 1991.

18. Biografías

Aranda, G., Montón, S., y Sánchez Romero, M., *La cultura de El Argar*, Comares, Granada, 2021.

Aranda Jiménez, G., Montón Subias, S., Sánchez Romero, M., *et al.*, «Death and Everyday Life: The Argaric Societies from South-East Spain», *Journal of Social Archaeology*, 9 (2) (2009), pp. 139-162.

«Cuerpos, gestos y emociones en la ritualidad femenina: el lenguaje de los bronces ibéricos», Pastwomen, disponible en: <https://youtu.be/TvXuETyRVnc>.

Lull, V., Rihuete-Herrada, C., Risch, R., *et al.*, «Emblems and Spaces of Power during the Argaric Bronze Age at La Almoloya, Murcia», *Antiquity*, 95 (380) (2021), pp. 329-348.

Rueda, C., «La mujer sacralizada: la presencia de las mujeres en los santuarios (lectura desde los exvotos de bronce iberos)», *Complutum*, 18 (2007), pp. 227-235.

Rueda, C., Rísquez, C., Herranz, A., *et al.*, *Las edades de las mujeres iberas. La ritualidad femenina en las colecciones del Museo de Jaén*, Museo de Jaén, Jaén, 2016.

Sánchez Romero, M., «Cuerpos de mujeres: la construcción de la identidad y su manifestación durante la Edad del Bronce», *Arenal*, 15 (2008), pp. 25-29.

Para terminar, te dejo algunas referencias a recursos online vinculados a proyectos de investigación. Existen en la actualidad muchas webs que ofrecen contenidos de divulgación, y cada vez más es frecuente en redes sociales que empecemos a ver también este tipo de contenidos, pero en este caso solo voy a mencionar tres que son fruto directo de proyectos de investigación estatales:

Pastwomen. Es un sitio web que tiene como objetivo dotar de visibilidad a las líneas de investigación en arqueología e historia que se vinculan al estudio de la cultura material de las mujeres, al tiempo que pretende proporcionar recursos actualizados desde las perspectivas feministas a todos los sectores involucrados en la divulgación histórica. Este sitio se define, asimismo, como un proyecto colaborativo entre investigadoras e investigadores en este ámbito mediante una estructura abierta y plurilingüe que pueda ir incorporando, gradualmente, nuevas aportaciones gráficas, textuales, técnicas y bibliográficas. (www.pastwomen.net)

Otras miradas al pasado. Con esta exposición virtual la Red Pastwomen aporta otras miradas al pasado, siguiendo otros patrones: la centralidad de la vida comunitaria en la historia humana y la agencia de las mujeres y de las personas invisibilizadas en el relato de nuestros orígenes. (https://otrasmiradas.pastwomen.net/)

ArqueólogAs. El proyecto «Recuperando la memoria: recorridos femeninos en la historia de la arqueología española (siglos XIX y XX) (ArqueólogAs)» tiene como objetivo analizar el papel de las mujeres en la arqueología española desde la profesionalización de la disciplina en el siglo XIX hasta nuestros días. A través de la construcción de múltiples microhistorias, de biografías de mujeres que estuvieron de una manera u otra implicadas en la arqueología, se pretende en último término elaborar una narración macrohistórica que cree un relato claro pero complejo y no necesariamente lineal. (https://www.ub.edu/arqueologas/proyecto/)

CRÉDITOS DE LAS IMÁGENES

De la ilustración de la línea del tiempo, © Iñaki Diéguez Uribeondo.

Figura 1. © Granger, NYC / ALBUM.

Figura 2. © Eunostos / Wikimedia.

Figura 3. © Dan Shachar / Shutterstock.

Figura 4. © Jc Domenech.

Figura 5. © G. DAGLI ORTI / DEA / Album.

Figura 6. © Bycro / WikiCommons.

Figura 7. © Mauritius images GmbH / Alamy /ACI.

Figura 8. AESA.

Figura 9. Cortesía de Pastwomen. © de la ilustración, Iñaki Diéguez.

Figura 10. Cortesía de Gonzalo Aranda Jiménez. GEA. © de la fotografía, M. A. Blanco.

Figura 11. Shutterstock.

Figura 12. Cortesía de Pastwomen. © de la ilustración, Andrés Marín.

Figura 13. Cortesía de Pastwomen. © de la ilustración, Andrés Marín.

Figura 14. Cortesía de Pastwomen. © de la ilustración, Andrés Marín.

Figura 15. © de la fotografía, M. A. Blanco.

Figura 16. Cortesía de Gonzalo Aranda Jiménez. Grupo de investigación GEA HUM-065. © de la ilustración, Miguel Salvatierra.

Figura 17. Cortesía de Francisco Contreras Cortes. GEPRAN. Proyecto Peñalosa. UGR.

Figura 18. Cortesía del Grupo de Investigación en Arqueoecología Social Mediterránea, Universitat Autònoma de Barcelona (@ASOME-UAB). © de la fotografía, J. A. Soldevilla.

Figura 19. Cortesía de Pastwomen. © de la ilustración, Iñaki Diéguez y Esperanza Martín.

Figura 20. Cortesía de Paloma González Marcén. © de la fotografía, Paloma González Marcén.

Figura 21. Cortesía del Grupo de Investigación en Arqueoecología Social Mediterránea, Universitat Autònoma de Barcelona (@ASOME-UAB). © de la fotografía, J. A. Soldevilla.

Figura 22. © del dibujo, Ana Herranz.

Figura 23. © del dibujo, Ana Herranz.

Figura 24. © del dibujo, Ana Herranz.

Figura 25. Cortesía de Pastwomen. © de la ilustración, María del Carmen Ruiz Moreno, RuMor.